KRASSE ABSTÜRZE

W0012087

Natascha Sagorski

Krasse Abstürze

33 fabelhafte Berichte über
heftige Filmrisse, verrückte Totalausfälle
und peinliche sexuelle Ausrutscher

SCHWARZKOPF & SCHWARZKOPF

Für alle, die meine Abstürze, Aufbrüche
und Abstecher bis jetzt ertragen mussten.
Mögen noch viele weitere folgen.

INHALT

»Trends come and go,
but friendship never goes out of style.«
CARRIE BRADSHAW

DER APERITIF

Das Vorwort

Meine beste Freundin kotzte in der ersten Nacht bei den Eltern ihres Freundes den Marmorboden voll, ich hatte statt meines Angebeteten plötzlich Feuerquallen zwischen den Beinen und ein Freund wurde fast wegen Mordes verhaftet, obwohl er sich rein gar nichts zuschulden kommen lassen hatte. Irgendwie lag da die Idee, ein Buch über Abstürze zu schreiben, recht nahe.

Eigentlich bin ich ganz normal. Ich habe geregelte Tagesabläufe, esse gerne Pasta, studiere Politik und der Höhepunkt meiner »kriminellen« Karriere war ein Strafzettel wegen Falschparkens. Doch manchmal, vorzugsweise an Wochenenden, passiert es auch scheinbar ganz normalen Menschen: Eben saß man noch gepflegt in einer schicken Cocktailbar und hat sich angeregt mit seinem zivilisierten Gegenüber unterhalten, und schon im nächsten Moment kotzt man die Rückbank eines unschuldigen Taxifahrers voll. Am schlimmsten ist dann die schleichende Erkenntnis im Laufe des nächsten Tages, wenn sich dank der Anrufe lieber Freunde der Schleier des abendlichen Filmrisses langsam lüftet und man am liebsten ganz tief im Boden versinken, eine Erdmännchenkolonie gründen und niemals wieder zurück in die Menschenwelt aufsteigen möchte. Diese unglaubliche Geschwindigkeit des Übergangs von einer leichten Heiterkeit in den Abgrund der absoluten Unzurechnungsfähigkeit fasziniert mich jedes Mal aufs Neue.

Doch so ein richtiger Absturz, der braucht nicht einmal Alkohol. Ich finde Fettnäpfchen auch nüchtern immer recht gerne und schnell. Glücklicherweise geht es nicht nur mir so. In meinem Bekanntenkreis tummeln sich die potenziellen Koloniebewohner nur so. Doch egal ob durch Tollpatschigkeit, unglückliche Umstände oder doch einfach zu viel Rum-Cola – blamiert haben wir uns alle schon mal.

Na ja, oder zumindest fast alle. Es gibt ja diese Menschen, die immer so selbstgefällig behaupten, sie wüssten genau, wie viel Alkohol sie vertragen, und würden einfach rechtzeitig auf Wasser umsteigen. Das tue ich in neunzig Prozent der Fälle auch. Und ich spreche ja auch nicht vom mittlerweile berühmt-berüchtigten Komasaufen. Das ist in jedem Alter bescheuert und einfach nur gefährlich: Damit haben gepflegte Abstürze nichts zu tun. Die passieren spontan und vor allem ungewollt, aber angeblich ja nie diesen besagten ach so perfekten Menschen. Hatten die denn noch niemals schmerzhafte Trennungen zu verarbeiten, heiß ersehnte Erfolge zu feiern oder einfach nur mal zu viel Spaß beim Mädelsabend? Vermutlich doch, aber darüber zu reden gehört sich ja irgendwie nicht. Da wird schön alles unter den Teppich gekehrt und eisern geschwiegen. Was ja irgendwie auch nachvollziehbar ist.

Denn Abstürze sind für die betroffene Person kurzfristig erst einmal einfach nur unglaublich peinlich. Mittel- und erst recht langfristig sind sie dann aber im Rückblick nicht nur für alle anderen Menschen, sondern auch für den Abgestürzten selbst meist sehr unterhaltsam. Wie oft kam es schon vor, dass ich mich mit meiner besten Freundin stundenlang über ein und dieselbe Story schlappgelacht habe. Und warum? Weil sich darin eine von uns beiden – oder im Idealfall alle beide – so richtig zum Deppen gemacht hat!

Was ist das Gute daran? Abstürze sind peinlich, ja! Aber nur eine gewisse Zeit lang. Also, ihr Mitabstürzer und Tollpatsche dieser Welt, hört auf, euch zu schämen und fangt an zu lachen! Die folgenden 33 Abstürze könnten schon mal ein guter Anfang sein.

In diesem Sinne – genießt die Geschichten, aber denkt daran, die nächste könnte euch passieren!

München, im Herbst 2009

Natascha Sagorski

ONE-NIGHT-FLIGHT

Ich liebe es zu fliegen. Weitaus weniger liebe ich dagegen One-Night-Stands. Sex für eine Nacht ist einfach nicht so mein Ding. Vielleicht kann man mich sogar als ein wenig konservativ bezeichnen. Immerhin verweigere ich von jeher jegliche Art von Analsex und trage gerne Perlen-ohrringe. Wie es dennoch zu folgendem Absturz kommen konnte, weiß ich selbst nicht mehr genau.

Es war mein erstes Mal in den USA. Und ich war begeistert: Die fast schon kilometerbreiten Highways, die überdimensionalen Shoppingmalls und viel zu viele der besten Burger, die ich jemals gegessen hatte – Boston war toll.

Doch trotz meiner neu entdeckten Liebe zur Neuen Welt, ich freute mich auch wieder auf die Rückkehr in die Alte. Denn das wilde Partyleben hatte ich in den USA nicht gerade erlebt. Ich verbrachte drei Wochen bei der Familie meiner Freundin Veronika. Ihr Vater arbeitete in Boston und in den Ferien besuchte ihn Veronika immer.

Da wir aber beide noch keine 21 waren, durften wir weder in Clubs gehen noch Alkohol trinken. Unsere Ausgehaktivitäten beschränkten sich aufs Essengehen in Familienrestaurants, an deren Wänden singende Elchköpfe mit blinkenden Nasen hingen. Nach drei Wochen Feier-Abstinenz wunderte ich mich nicht mehr darüber, dass sich die amerikanischen Austauschschüler bei uns immer so hemmungslos volllaufen ließen. Und so verabschiedete ich mich am letzten Tag zwar schwermütig von Boston, freute mich aber gleichzeitig auf zwei feierreiche letzte Ferienwochen im herrlich liberalen Deutschland.

Als wir am Flughafen endlich sämtliche Sicherheitskontrollen hinter uns gebracht hatten, verriet ein Blick auf die Anzeigetafel, dass der Flieger nach Frankfurt erst mit einer Stunde Verspätung abheben würde. Außer einem kaputten Cola-Automaten, einem Porträt von George W. Bush und einer vergilbten amerikanischen Flagge gab es in dem trostlosen Warteraum nichts, mit dem man sich die Zeit hätte vertreiben können. Genervt beschloss ich, noch mal nach draußen zu gehen und eine zu rauchen. Veronika, die wesentlich mehr Respekt vor den amerikanischen Sicherheitskontrollen hatte als ich, wollte nicht noch mal alle Securitychecks durchlaufen und ließ sich unter dem Bush-Porträt auf einem orangefarbenen Plastiksessel nieder. Also verließ ich den Sicherheitsbereich allein und steuerte zielsicher die Raucherzone neben dem Ausgang an. Genüsslich steckte ich mir eine Zigarette zwischen die Lippen und sog ein letztes Mal den Duft der amerikanischen Freiheit ein.

»Na, auch nach draußen geflüchtet? Blöde Amis mit ihrem Rauchverbot!« Irritiert drehte ich mich nach hinten, um zu sehen, wer mich da so ohne Vorwarnung anquatschte. Eigentlich hätte ich auf die geistreichen Anmachsprüche deutscher Männer gut und gerne noch ein paar Stunden verzichten können. Doch es hätte schlimmer kommen können. Vor mir stand ein blonder Anzugträger, nicht außergewöhnlich attraktiv, aber auch nicht ausgesprochen hässlich und vermutlich so Mitte zwanzig. Er zündete sich gerade mit einem silbernen Angeberfeuerzeug seine Gauloise an und seufzte erleichtert, als er den ersten Zug Nikotinrauch einsog. Vielleicht war es die Solidarität unter Rauchern, meine Schwäche für Männer in Anzügen oder auch einfach das Flirtdefizit der letzten Wochen, aber ich ging auf seinen Konversationsversuch ein.

»Ich bin auch im Flieger nach Frankfurt, habe dich und deine Freundin schon am Gate gesehen«, verriet er gleich. Dann war der Boss-Träger wohl nicht ganz zufällig hier draußen, dämmerte es mir. So schnell würde ich den Anzugheini wohl nicht wieder loswerden. Angesichts der mangelnden Alternativen war das aber auch nicht die ganz große Katastrophe. Als ich ihm von meinem Ausgehdefizit erzählte, lachte er nur und meinte, dass wir das ja im Flugzeug nachholen könnten. »Wie das?«, fragte ich skeptisch und betrachtete mein Gegenüber zweifelnd. Die Partytauglichkeit einer Lufthansa-Linienflugmaschine schätzte ich nicht sehr hoch ein.

»Die haben den besten Alkohol an Bord und auf Langstrecken sogar gratis!«, verriet mir Sam, so hieß er, grinsend. Anscheinend hatte er davon schon öfter Gebrauch gemacht. Und da er mit seinem Vater geschäftlich (ich habe bewusst nicht weiter nachgefragt) wegen irgend so einem Börsenkram in Boston war, hatte er in den Staaten auch nicht gerade einen Feiermarathon hingelegt. Also verabredeten wir uns für später im Flugzeug (ich hatte Reihe 23C, er 4A) an meinem Platz. Zwar säße er in der wesentlich komfortableren Businessclass, mir zuliebe würde er sich aber in die Economy bequemen. Ich glaube, vor seinem Daddy wollte er sich mit einer wildfremden Blondine nicht betrinken.

Zurück am Gate erzählte ich Veronika von Sam, der mit seinem Vater in irgendeiner Businesslounge verschwunden war. Ihre Begeisterung hielt sich allerdings in Grenzen, was vielleicht anders gewesen wäre, wenn Sam statt seines Vaters einen netten jungen Kollegen dabeigehabt hätte. So aber hatte Veronika keine Lust, mit uns im Flieger anzustoßen, sondern stöpselte sich gleich nach dem Start ihre Kopfhörer ein und widmete sich dem Programm des Bordkinos. Nachdem die Anschnallzeichen erloschen waren, kam Sam auch schon angetigert, zwei schwere Gläser mit bernsteinfarbenem Inhalt in der Hand. Eigentlich stehe ich ja nicht so auf Bourbon, beziehungsweise finde ich alles, was mit Whiskey zu tun hat, einfach nur widerlich, aber das Zeug einfach abzulehnen kam mir so kleinmädchenhaft und irgendwie unhöflich vor. Und da es so aussah, als würde Sam in den nächsten acht Stunden mein einziger Gesprächspartner sein – Veronika starrte beleidigt auf den Bildschirm vor sich, in dem gerade die *Monster AG* lief –, wollte ich ihn nicht gleich vergraulen. Also lächelte ich Sam an, erinnerte mich schaudernd an die Unmengen von pappsüßem Eistee, die ich vor lauter Frust während der letzten Abende in mich hineingeschüttet hatte, und kippte den Bourbon in einem Zug runter.

»Hey, das war ein 1980er Single Malt!«, rief Sam und schaute irritiert in mein leeres Glas. Ich lächelte nur und unterdrückte den Hustenreiz, den das widerliche Gesöff bei mir auslöste. Wir einigten uns darauf, es bei den kostenlosen Drinks aus der Economyclass zu belassen und bestellten bei der Stewardess zwei Gläser Prosecco.

Irgendwann befanden sich nur noch härtere Sachen in unseren Gläsern, und ich fand mich auf Sams Schoß wieder. Wir hatten richtig viel Spaß, lachten um die Wette und nervten die Passagiere um uns herum mit unserem Rumgealbere. Hätte ich zwei Reihen weiter gesessen, ich glaube, ich hätte mich am liebsten aus dem Flugzeug gestürzt. Doch unsere Mitreisenden entpuppten sich als erstaunlich leidensfähig. Eine Stunde später war Sams weißes Hemd wie durch Zauberhand bis zum Bauchnabel aufgeknöpft (das mussten die Heinzelmännchen gewesen sein, oder der schwule Steward aus den Reihen 30 bis 45) und angesäuselt, wie ich war, freute ich mich über den unverhofft glatten und muskulösen Body, der sich mir unter dem Hemd offenbarte. Als ich gerade mein x-tes Glas Prosecco leerte, während Sam irgendwelche Dinge an meinem Hals machte, grinste ich verschwörerisch meine Freundin an. Doch Veronika wollte meine Freude nicht recht teilen, sondern starrte weiter verbissen auf ihren Monitor. Ein blaues behaartes Monster unterhielt sich gerade mit grünen Würmern – in meiner alkohol- und höhenmeterbedingten Jubelstimmung störte ich mich nicht daran, sondern wandte mich weitaus weniger behaarten Lebewesen zu. (Ich habe mich am nächsten Tag übrigens gebührend bei Veronika entschuldigt.)

Sam und ich knutschten daraufhin wohl ziemlich wild herum, denn irgendwann kam eine der Stewardessen und fragte, ob wir zwischendurch nicht auch mal etwas Wasser bestellen wollten, da der Alkohol auf 12.000 Metern ja viel schneller wirke. Wir bestellten das Wasser und noch zwei Wodka dazu. Ich weiß nicht mehr, ob es Sam war oder ich die Idee hatte, auf jeden Fall schlichen wir uns nach einem weiteren Wodka kichernd auf die Flugzeugtoilette. Allerdings auf die Businessclass-Toilette, so viel Stil musste sein.

Wir zwängten uns in die trotzdem unfassbar enge Kabine und schlossen die Tür. Dann ging alles ganz schnell. Dass wir nicht zum partnerschaftlichen Wasserlassen auf die Toilette gekommen waren, wussten wir beide. Wir pressten uns wild knutschend aneinander (viel pressen mussten wir eigentlich nicht, auf einem Quadratmeter Enge passiert das Aneinanderpressen quasi automatisch), dann holte Sam ein Kondom mit Erdbeergeschmack aus seiner Hose, öffnete dieselbige und streifte sich das rote Ding über. Er setzte sich mit seinem nackten Hintern auf den Toilettensitz und ich kletterte auf ihn. Ich war überaus froh, dass ich den Toilettensitz nicht berühren musste, denn der Geruch auf der Toilette verriet, dass sie heute auch schon für weitaus weniger sexuelle Dinge benutzt worden war.

Unter solchen Umständen kann man nur Sex haben, wenn man total besoffen oder total verliebt ist. Ich war sturzbetrunken und schlug mich daher ganz gut. Allerdings habe ich mich bei jeder Bewegung, die ja beim Sex doch recht regelmäßig stattfindet, irgendwo angestoßen. Es war einfach zu eng. Ich möchte jetzt keinem die Fantasie vom Sex über den Wolken madig machen, aber spaßig ist das Ganze, zumindest für Passagiere eines normalen Linienfluges, nicht. Der Sex selbst war auch alles andere als berauschend, an einen Orgasmus wagte ich gar nicht zu denken. Aber der Reiz des Verbotenen, der Gedanke, dass ich da gerade irgendwo, mehr als zwölf Kilometer über dem Atlantik, Sex mit einem wildfremden Typen hatte, war es in dem Moment wert. Zumindest in meinem volltrunkenen Glückszustand fand ich das Ganze furchtbar aufregend und musste während des Sex die ganze Zeit grinsen. Sex im Flugzeug hatte meines Wissens noch niemand, den ich kannte, gehabt. Brauchte ja niemand zu wissen, dass das abgesehen von der Location der schlechteste Sex meines bisherigen Lebens war.

Irgendwann tat mir einfach nur noch alles weh und ich hoffte, dass es bald vorbei war. Da abzusehen war, dass keiner von uns gleich kommen würde, stieg ich einfach von Sam runter (so einfach war es auf dem einen Quadratmeter gar nicht) und meinte, dass da eben jemand an der Tür geklopft hätte. Bereitwillig zog er sich seine Hose hoch und stand auf. Die Riesennummer schien es für ihn auch nicht gerade gewesen zu sein. Trotzdem grinsten wir uns an. Wir kamen uns vor wie kleine Kinder, die sich einen Tag vor Heiligabend schon ins Zimmer mit dem Weihnachtsbaum und den Geschenken geschlichen haben, und kicherten auch genauso, als wir uns aus der engen Toilette zwängten. Auf dem Weg zurück zu meinem Platz kamen wir an zwei schlafenden Nonnen vorbei und ich hatte endgültig das Gefühl, in einem amerikanischen Spielfilm mitzuspielen. Das Hollywoodfeeling, das die USA mir verweigert hatten, schenkte mir nun die gute alte deutsche Lufthansa.

Den restlichen Flug verschlief ich auf Sams Schoß. Kurz vor der Landung schlich er sich zurück nach vorne. Veronika starrte mich nur ungläubig an und fragte: »Du hast doch nicht wirklich ...?«, aber ich grinste nur und ließ mich in meinen Sitz zurücksinken. Sie fragte nicht mehr. Bei der Gepäckausgabe in Frankfurt kam Sam auf mich zu und drückte mir einen feuchten Kuss auf den Mund und seine Handynummer in die Hand. Widerwillig gab ich ihm auch meine. Eigentlich gebe ich meine Nummer nicht an fremde Männer raus, aber da ich mit ihm geschlafen hatte, dachte ich, dass es okay sei. Damals am Frankfurter Flughafen mit Kopfschmerzen und total übermüdet wollte ich nur noch, dass er verschwand. Ich konnte es kaum erwarten, nach Hause in mein Bett zu kommen und zu schlafen – und zwar allein.

In den folgenden Wochen lernte ich eine wichtige Regel auf die harte Tour: Gib niemals deine Nummer einem Typen, von dem du nichts mehr willst, *egal* ob du mit dem Typen geschlafen hast oder nicht. Sam bombardierte mich mit Liebesschwüren und schickte mir ein furchtbares Gedicht nach dem anderen aufs Handy. Für ihn war es die große Liebe – für mich war es einfach nur SMS-Stalking. Ich war heilfroh, dass er weder meine Adresse noch meinen Nachnamen hatte. Nach fünf Wochen habe ich meine Nummer geändert, seine gelöscht und die Erinnerung an den ersten und bisher einzigen One-Night-Flight meines Lebens behalten. Der Typ war zwar nicht der Hammer, der Sex wahrlich auch nicht, aber wenn ich heute an die Geschichte denken muss, grinse ich trotzdem. Wiederholen möchte ich das Ganze zwar nicht, rückgängig machen aber auch nicht. Perlenohrringe hin oder her – konservativ sein ist reine Auslegungssache.

DER TAG DANACH

Nina ist eine Feierbekanntschaft meiner besten Freundin und studiert BWL. In Augsburg nennt man sie Gerüchten zufolge auch Wodka-Woman. Wer genau diesen Spitznamen eingeführt hat, weiß ich zwar nicht, aber sagen wir es mal so: Die folgende Geschichte erklärt einiges.

Langsam entfaltete sich die Wirkung der vier Aspirin und meine Kopfschmerzen wurden etwas erträglicher. Der Professor schrieb vorne irgendwelche Gleichungen an die Tafel, doch von meinem Platz hinten konnte ich kaum eine Zahl erkennen. Ich hatte es gerade noch so zur Vorlesung geschafft. Am Abend zuvor war ich mit meiner besten Freundin Inga unterwegs gewesen und der harmlose Abend beim Italiener artete ein wenig aus. Aber inzwischen ging es mir schon wieder einigermaßen gut. Nur etwas müde war ich. Vorsichtig nippte ich an meinem Kaffee und kramte nebenbei mein Handy aus der Tasche. Dem Gelaber vom Prof konnte ich in meinem Zustand dann doch noch nicht ganz folgen.

Gähnend tippte ich auf meiner Tastatur rum und drückte so lange eine bestimmte Tastenkombination, bis ein Ausrufezeichen nach dem anderen auftauchte. Als ich das halbe Display voll hatte, faselte der Prof immer noch von irgendwelchen Gammaverteilungen. Ich löschte die Ausrufezeichenkolonie und tippte mich in den Posteingang, um die Zeit zu nutzen und alte SMS zu löschen, bevor mein Speicher mal wieder komplett voll war. Als ich die Namen der Absender bei den gelesenen Nachrichten überflog, um zu schauen, welche ich löschen könnte, zuckte ich unwillkürlich zusammen. Warum in aller Welt hatte mir Carsten letzte Nacht um 3 Uhr 23 eine SMS geschrieben? In mir meldete sich eine böse Vorahnung. »Es tut mir echt leid, ich finde dich wahnsinnig süß, aber ich fange nichts mit den Exfreundinnen meiner besten Freunde an. Schon gar nicht, wenn sie erst zwei Wochen getrennt sind. Sorry.«

Beim Lesen zog sich mein Magen zusammen. Ich zog so scharf Luft ein, dass sich die Kommilitonen in den Reihen vor mir irritiert umdrehten. Ungläubig fixierte ich meinen Handybildschirm. Dieser Hammer hatte mich völlig unvorbereitet getroffen. Ich konnte mich an keinen SMS- oder sonstigen Verkehr mit Carsten erinnern und schon gar nicht während der letzten Nacht! Ich hatte meinen Kommilitonen zwar immer sehr süß gefunden, aber meines Wissens hatte der davon keine Ahnung. Bis vor Kurzem führte ich eine dreimonatige Beziehung mit Dennis, einem der besten Freunde von Carsten, hatte aber immer wieder ab einem gewissen Pegel auf Partys mit Carsten geflirtet. Das war aber alles lange her und kein Grund, aus heiterem Himmel mitten in der Nacht so eine SMS zu schreiben. In mir keimte die nackte Panik auf, denn – wenn ich die Kurzmitteilung offensichtlich gestern gelesen hatte – was hatte ich letzte Nacht noch alles getan, an das ich mich nicht mehr erinnern konnte?

Geistesgegenwärtig öffnete ich den Ordner mit den gesendeten Nachrichten und fahndete nach einer SMS, mit der ich Carsten möglicherweise geantwortet hatte. Mein Herz schlug schneller, als ich tatsächlich eine fand, allerdings zu einer deutlich früheren Uhrzeit. »Hey Sweetheart, hast du Lust noch ins Backside zu kommen? Würde mich freuen … Nina«, las ich mit stummen Lippen ab. Daran, dass ich mit meiner Freundin Steffi im Backside war, konnte ich mich sogar noch erinnern. An mehr allerdings auch nicht mehr. Das versprach ganz und gar nichts Gutes. Die Nachricht an Carsten ging um 22 Uhr 53 raus, er antwortete mir aber erst um kurz nach drei. Ich überlegte, da lag verdammt viel Zeit dazwischen. Konnte es sein, dass er tatsächlich noch zu mir ins Backside gekommen war, versuchte ich mich zu erinnern. Die Kopfschmerzen kamen wieder zurück. Wenn mir nur ein bisschen was wieder einfallen würde, flehte ich still und klickte mich zurück in den Posteingang.

Auf einmal sprang mir ein anderer Name ins Auge: Dennis, mein Exfreund, hatte mir um 2 Uhr 47 eine SMS geschrieben. Mit einem immer mulmigeren Gefühl im Bauch las ich seine Nachricht. »Schön zu sehen, dass es dir so gut geht. Ich hoffe, Carsten küsst besser als ich. Übrigens, du hast zugenommen. Schönen Abend noch! Dennis«. Ich schluckte, das war es dann wohl mit der Trennung in Freundschaft. Gleichzeitig drängten sich mir zwei Fragen auf. Erstens: Hatte ich Carsten geküsst? Und zweitens: Hatte ich zugenommen? Ob Carsten mich wohl deshalb nicht wollte? Ich schüttelte den Gedanken ab und kramte in meinem Gedächtnis nach irgendeinem Erinnerungsfetzen von gestern Abend. Doch in keiner meiner spärlichen Erinnerungen kam Carsten, geschweige denn Dennis, geschweige denn Küsse mit einem der beiden vor.

Unsicher fahndete ich in meinem Posteingang nach weiteren verräterischen Nachrichten. Und tatsächlich – ich kam abermals ins Stocken. Zwar war der Absender harmlos, die Nachricht dagegen alles andere als das. Meine Freundin Inga hatte mir um 3 Uhr 15 geschrieben: »Sei froh, dass er gegangen ist, es ist besser so. Und ruf ihn ja nicht an! Komm nachher gut nach Hause und wir telefonieren morgen! Kussi.« Anscheinend war Inga gestern mal wieder vor mir gegangen, so viel verstand ich noch. Aber was sie mit »Ruf ihn ja nicht an!« meinte, war mir nicht ganz klar. Ich schaute in meinem Anrufverzeichnis nach und fand den brisanten ausgehenden Anruf um 3 Uhr 20. Da hatte ich laut Aufzeichnung eine knappe Minute mit Carsten telefoniert. Auch daran hatte ich keinerlei Erinnerung, doch leider war mein Handy ein unbestechlicher Zeuge. Ich hatte zwar keine Ahnung, warum, wieso oder weshalb, aber dass ich heute Morgen um zwanzig nach drei ein Telefonat mit dem Kumpel meines Exfreundes geführt hatte, stand wohl unzweifelhaft fest. Und das Schlimmste war, vermutlich fand dieses Gespräch statt, nachdem er zu mir in den Club gekommen war, mit mir rumgeknutscht hatte und etwas später wieder gegangen war. Zwischendurch hatte uns mein Ex erwischt. So viel konnte ich mir aus den Nachrichten mittlerweile zusammenreimen.

Es musste ja wirklich ein spannender Abend gewesen sein, ich bedauerte fast schon, dass ich mich nicht mehr daran erinnern konnte. Dann hätte ich wenigstens eine Vorstellung davon gehabt, wie groß das Chaos genau war, das ich da wieder fabriziert hatte. Ob ich vielleicht einmal meinen Ex anrufen sollte, überlegte ich unsicher. In diesem Moment vibrierte mein Handy. Vor Schreck hätte ich es beinahe fallen gelassen. Etwas zögerlich und mit klopfendem Herzen öffnete ich den Posteingang, aber es war nur eine SMS von Inga. »Na, kannst du schon wieder gerade stehen?:-) Mach dir keinen Kopf wegen Dennis, der kommt schon drüber weg und das mit Carsten hätte sowieso nie geklappt! Ruf mich heut Abend mal an, bin jetzt beim Training! Kussi!« Na toll, das klang ja nicht besonders mitfühlend, ärgerte ich mich leicht. Und wirklich weitergebracht hatte die Nachricht meiner Freundin mich auch nicht. Also schrieb ich: »Was zum Teufel ist gestern passiert??? Ich kann mich an nix mehr erinnern!!! Hilf mir mal!«

Die nächsten zwei Minuten verbrachte ich mit Fingernägelkauen. Da vibrierte es wieder. Hektisch las ich: »Lol! Du hast Carsten gefragt, ob er ins Backside kommt, ihn dann gnadenlos angebaggert und in dem Moment geküsst, als Dennis kam. Dennis ist ausgeflippt und abgehauen, Carsten hinterher und du kichernd auf dem Boden. War echt lustig. Dann bin ich nach

Hause. Weißt du echt nix mehr?« Langsam ließ ich meine Stirn auf den klebrigen Tisch vor mir fallen. *Nein, nein, nein*, schoss es mir immer wieder durch den Kopf. Der letzte Hoffnungsschimmer in mir war erloschen. Hatte ich mich wirklich so zum Idioten gemacht?

Ich konnte es kaum fassen. Ein anderer – noch erschreckenderer – Gedanke drängte sich in mein angeschlagenes Bewusstsein: Besuchte Carsten nicht gerade die gleiche Vorlesung wie ich? Ich meinte, mich erinnern zu können, dass er da mal was erzählt hatte. Aber bei meinem Erinnerungsvermögen hieß das natürlich nicht viel. Ich wollte trotzdem auf Nummer sicher gehen und packte hektisch meine Sachen zusammen. Die Vorstellung, einem der Hauptakteure des gestrigen Abends über den Weg zu laufen, löste Panik in mir aus.

So rücksichtsvoll wie möglich quetschte ich mich durch die Reihen sitzender und schlafender Studenten nach außen. Trotz meiner Bemühungen leise zu sein, drehte sich der halbe Saal nach mir um. Kurz war es mir, als ob ich in der Masse der herumwirbelnden Köpfe Carstens blonden Schopf gesehen hätte. Schlagartig bekam ich einen kochend heißen Kopf und stolperte die letzten Meter sehr unelegant nach draußen. Als ich die Tür zum Auditorium hinter mir zugeknallt hatte, lehnte ich mich kurz an dieselbige an und versuchte, meinen Atem zu regulieren. Ich konnte mich zwar nach wie vor nicht an die Ereignisse der letzten Nacht erinnern, aber ich ahnte langsam, welche Konsequenzen mein Ausfall zur Folge hatte. Ich beschloss, dass es am sinnvollsten wäre, wieder nach Hause zu gehen und mich ins Bett zu legen. Den ganzen Schlamassel einfach auszuschlafen, erschien mir einen Versuch wert.

Ein unheilvolles Vibrieren in meiner Hosentasche ließ mich kurz vor der Haustür stehen bleiben. Mein Display zeigte eine SMS von Kati, einer Kommilitonin, mit der ich mal eine Seminararbeit geschrieben hatte, an. »Stimmt es, dass du letzte Nacht im Backside gestrippt hast???«, las ich mit wachsendem Entsetzen. Was um Himmels willen hätte ich darauf antworten sollen, ich hatte doch keine Ahnung! Stattdessen klappte ich mein Handy geräuschvoll zu und beschloss, diese Nachricht einfach zu ignorieren. Ich wollte gar nicht wissen, was letzte Nacht noch alles passiert war – ich konnte das, was ich wusste, schon nicht verkraften. Aber vor meinem inneren Auge sah ich meinen roten Spitzen-BH auf der Tanzfläche liegen. Ich löschte das Bild aus meinem Gehirn und versuchte, alle weiteren aufkommenden Bilder an meiner inneren Firewall abprallen zu lassen.

Die letzten Treppenstufen zu meiner Wohnung rannte ich hoch. Ich wollte nur noch den rettenden Hafen meiner vier Wände erreichen und hoffte, dass meine Wohnungstür sämtliche Horrornachrichten von mir fernhalten würde. Als ich die vermeintlich sichere Grenze erreicht hatte, schwand diese Hoffnung aber dahin. An meiner Wohnungstür klebte ein knallorangefarbener Zettel, auf dem in großen schwarzen Lettern »DANKE, DU GEILE SAU!« prangte. Ich riss vor lauter Entsetzen meine Augen so weit auf, dass sie zu tränen begannen. Ohne lange zu überlegen, riss ich den Zettel herunter, stürmte in meine Wohnung, stöpselte das Telefon aus und zog mir die Bettdecke über den Kopf. Was zum Teufel war letzte Nacht noch alles geschehen?

Und wieder drang das Vibrationsgeräusch an meine Ohren. Wie ferngesteuert griff ich nach meinem Handy. Es war meine Mutter. Ich nahm mein Mobiltelefon und drückte den roten Knopf, bis es ausgeschaltet war. Mehr konnte ich heute einfach nicht ertragen.

Fast alle Geschichten über diese Nacht stellten sich im Nachhinein als wahr heraus. Nur bei der Strip-Nummer hatte ich mich lediglich meines Tops entledigt und war nicht splitternackt durchs Backside gehüpft. Das hatte meinen Nachbarn (der seine

Nächte ebenfalls im Backside verbrachte) dennoch so beeindruckt, dass er mir das hübsche orangefarbene Zettelchen an die Tür gepinnt hatte. Er fand das lustig. Meine Vermieterin, die im selben Haus wohnte, nicht.

Ein paar Wochen lang war ich eines *der* Gesprächsthemen an der Uni, dann lösten mich andere arme Würstchen mit ihren Absturzgeschichten ab. Mit den zwei Jungs hatte ich es mir endgültig versaut, aber das war nicht so schlimm. Schon beim nächsten Besuch im Backside habe ich einen süßen Ersatz kennengelernt. Nur an seinen Namen erinnere ich mich leider nicht mehr …

MÄNNER UND PILZE

oder
Die Insel der Affen

Verena und Thomas sind eigentlich ein sehr patentes Pärchen. Nur bei ihren Urlaubszielen finden sie für sich nicht immer das hundertprozentig Passende. Da die beiden sich die Karibik nicht leisten können, sich aber auch für zu alternativ für einen Mallorca-Urlaub halten, fanden sie letztes Jahr einen Kompromiss und flogen nach Thailand. Allerdings ahnten die beiden nicht, welche kulinarischen Tücken in der Ferne auf sie warten sollten.

Bumm! Bumm! Bummbummbumm!!! Es war sechs Uhr morgens in Thailand und ein ohrenbetäubender Lärm weckte uns in unserer kleinen Hütte am Strand. »Diese Scheißaffen!«, schrie mein Freund Thomas und rannte in Boxershorts vor die Tür. Kurz darauf hörte ich ein lautes Poltern und dann begeistertes Triumphgeschrei meines Liebsten. Wie jeden Morgen hatte er es geschafft, die Affen in die Flucht zu schlagen. Was diese allerdings nicht davon abhalten würde, uns am nächsten Tag wieder ebenso liebevoll zu wecken. Entweder waren die Biester einfach nur bösartig oder es machte ihnen tatsächlich Freude, morgens Kokosnüsse gegen unsere Hüttenwand zu werfen. Ich seufzte. Da ich jetzt sowieso schon wach war, beschloss ich, wenigstens joggen zu gehen. Um diese Uhrzeit war die Hitze noch einigermaßen auszuhalten.

Drei Stunden später hatten Thomas und ich noch ein wenig ge- schlafen und waren trotz des morgendlichen Affenlärms fit genug, um ein wenig schnorcheln zu gehen. Den Rest des Mittags ver- brachten wir dösend am Strand. Erst der Hunger konnte uns aus unseren Hängematten treiben und so steuerten wir schließlich un- ser Lieblingsrestaurant (der Ausdruck »Restaurant« ist vielleicht etwas hochgegriffen, Imbisshütte wäre vermutlich treffender) ein paar Meter weiter unten am Strand an. Da ich bereits überdurch- schnittlich viel Sport gemacht hatte, beschloss ich, mir eine große Portion gebackener Bananen zu gönnen. Ich könnte sterben für das klebrige Zeug, doch wenn man den ganzen Tag nichts als einen Bikini trägt, überlegt man sich genau, wie viele Kalorien man seinen Hüften täglich zumutet. Ich zumindest tat das.

Nachdem ich bestellt hatte, blickte ich verträumt aufs Meer hinaus und bekam nur am Rande mit, wie Thomas mit dem thailändischen Kellner tuschelte. Erst als dieser ihm beim Ge- hen freundschaftlich auf die Schulter klopfte und irgendwas von »du wirst es nicht bereuen, my friend« faselte, wurde ich miss- trauisch.

»Was hast du gerade bestellt?«, fragte ich ihn mit argwöhni- schem Blick.

»Ein Magic-Mushroom-Omelette, das wollte ich schon immer mal ausprobieren! Magst du auch eins? Die haben genug da ...«

»Ganz sicher nicht!«, zischte ich. »Es sind 39 Grad im Schat- ten, wir haben noch nicht einmal zwei Uhr nachmittags und du willst dir Drogen reinhauen?«, fragte ich ihn bestürzt und hatte kein gutes Gefühl bei diesem Experiment.

»Hase, das sind keine Drogen, das ist alles rein pflanzlich. Nur ein paar Pilze. Alles tootaaal harmlos!«

Ich atmete tief durch und wandte mich wieder dem Meer zu. Ich kannte Thomas seit vier Jahren und deshalb wusste ich, dass es sinnlos war, seine Euphorie bremsen zu wollen. Thomas wollte psychedelische Pilze essen und das würde er auch tun, selbst wenn ich mich auf den Kopf stellte. Also versuchte ich, wenigstens meine gebackenen und vor Honig triefenden Bananen zu genießen, während mein experimentierfreudiger Freund auf seinem muffig riechenden Omelette rumkaute. Anscheinend schmeckte es genau so, wie es roch, denn schon nach der Hälfte musste er immer wieder Pausen einlegen und das Zeug mit Unmengen von thailändischem Bier runterspülen. Irgendwann dauerte es mir zu lange und ich sagte Thomas, dass ich schon mal zum Strand vorgehen würde. Nur weil er sich in den Kopf gesetzt hatte, sich heute Mittag unbedingt wegzuschießen, musste ich nicht auf meine Hängematte in der Mittagssonne verzichten. Und seine Bio-Drogen konnte er mal schön selbst bezahlen.

Eine halbe Stunde später wurde ich dann doch etwas unruhig in meiner Hängematte. Gerade als ich mich dazu entschlossen hatte, mich aus meiner bequemen Relax-Position zu erheben, ertönte hinter mir ein urschreiartiges Gebrüll. Da mir die dazugehörige Stimme unangenehm bekannt vorkam, wunderte ich mich nicht mehr allzu sehr, als mein fabelhafter Boyfriend mit splitternacktem Hintern und wie von der Tarantel gestochen an mir vorbei in Richtung Wasser rannte. Ruckartig versuchte ich, mich in der Hängematte aufzurichten und wäre beinahe unsanft auf den Sandboden geknallt. Als ich endlich sicheren Fußes auf demselbigen stand, starrte ich nur fassungslos aufs Meer, in dessen Wellen gerade Thomas' weißer Hintern versank. Die anderen Strandgäste reckten ihre Hälse und versuchten, den durchgeknallten Touri-Tarzan in den türkisblauen Wellen auszumachen.

Ich beschloss, die Sache lieber schnell selbst in die Hand zu nehmen und Thomas zur Vernunft zu bringen, bevor die allgemeine Aufmerksamkeit auf Tarzans Liane rüberschwenken würde. So viel Animation musste meiner Meinung nach dann doch nicht sein, sonst hätten wir auch den klassischen 3-Sterne-

Cluburlaub buchen können. So hatten wir aber noch zwei Wochen Badeurlaub an *diesem* Strand vor uns und die wollte ich nicht unbedingt mit Menschen verbringen, die bei unserem Anblick morgens überm Fruchtsalat sofort an Thomas' Schwanz denken mussten. Während ich – mich mühsam unter Kontrolle haltend – auf das Wasser zu stapfte, verfluchte ich gedanklich das blöde Mushroom-Omelette und meinen noch blöderen Freund.

Thomas stand mittlerweile mit verschränkten Armen und (Gott sei Dank) bis zum Bauchnabel im Wasser und hatte die Augen geschlossen. Ich watete bis ins knietiefe Wasser und rief ihn sanft: »Schatz …« Er reagierte nicht. Etwas bestimmter versuchte ich es noch einmal: »Schatz!« Und mangels Reaktion seinerseits kurz darauf erneut: »Schahatz!«

Als er es wagte, mich immer noch zu ignorieren, spritzte ich ihm mit dem Fuß energisch Wasser ins Gesicht und brüllte mehr oder weniger liebevoll: »SCHATZI!« Da öffnete er seine Augen, blickte mich seelenruhig und mit blutunterlaufenen Augen an und erklärte mir, dass er nur das Meer fühle: »Wir sind hier jeden Tag drin, aber wir haben nie eine Verbindung zu dem Ozean, seinen unendlichen Weiten und den Geschöpfen, in deren Welt wir uns bewegen.« Er schloss die Augen wieder, und ich blieb mit offenem Mund stehen und starrte ihn fassungslos an.

Ich traute es Thomas durchaus zu, dass er jetzt einen auf bekloppt machte, um mich zu verarschen. So was findet mein Freund witzig. Als ich aber sah, dass er weiter dort im Wasser stehen blieb, seelenruhig und ohne das leiseste Kichern, wurde mir langsam klar, dass der Naturstoff in dem Eiergericht echt gut gewesen sein musste. Ich seufzte und knotete mein Strandkleid zusammen. Ich kam wohl nicht darum herum, Mr. Stoned persönlich aus dem Wasser zu holen. Allerdings war das gar nicht mehr nötig, denn plötzlich erwachte er aus seiner Lethargie, starrte wie hypnotisiert an mir vorbei und rannte wie wild geworden auf den Strand zu. Das Salzwasser spritzte und seine Weichteile wippten. Als er an mir vorbeirannte, faselte er irgendwas von »Affen, die Geschöpfe des Dschungels«. Ich blieb im Wasser stehen und schlug mir fassungslos gegen die Stirn.

Als ich mich schließlich umdrehte, sah ich, dass mein Freund tatsächlich eine Gruppe Affen angesteuert hatte, die es sich im Schatten einer kleinen Palmengruppe bequem gemacht hatte. Ich dankte Gott, dass wir dieses Jahr nach Thailand und nicht an die Costa Brava geflogen waren, denn die hiesigen Touristen schienen den Anblick nackter Freaks gewöhnt zu sein. Ein paar neugierige Blicke und verhohlenes Gelächter waren bis jetzt die einzigen Reaktionen auf den FKK-Totalausfall meines Liebsten. Mit wehendem Kleid rannte ich zu der Palmengruppe. Ich stieß gerade in dem Moment zu Thomas, als er einem Affen etwas von gegenseitigem Respekt und höflichen Umgangsformen erzählte. Ich blieb hinter Thomas' Rücken stehen und lauschte ungläubig. Nach seinem kurzen Monolog verfiel er in Schweigen, blickte aber weiterhin den Affen an und nickte immer wieder, als ob der Affe ihm tatsächlich antworten würde. Das tat er zwar nicht, der Primat starrte aber immerhin fasziniert auf den nackten Mann und zwinkerte dabei ab und zu.

Ich räusperte mich leise, doch weder der Affe noch Thomas nahmen Notiz von mir. Manchmal kann ich mich echt gut unter Kontrolle halten, ich wundere mich dann selbst über meine äußere Ruhe. Als Thomas sich anschickte, seinen Vortrag fortzusetzen, tippte ich ihm vorsichtig auf die Schulter. Er zuckte kurz, hielt dann still – ich wollte ihn gerade an der Hand nehmen und in unsere Hütte führen –, als er plötzlich anfing, wie am Spieß zu schreien. Dann drehte er sich um, brüllte noch lauter und lief panisch in Richtung der Strandbars. Nach einer kurzen Schrecksekunde (wieso hatte er noch lauter gebrüllt, als er *mich* gesehen hatte?) spurtete ich hinterher.

Ich verfolgte meinen schreienden Freund vorbei an johlenden Urlaubern beim Mittagessen, pfeifenden Bananenverkäufern und schimpfenden Rentnern, doch bis ich es schaffte, ihn endlich einzuholen, vergingen gut und gerne zehn Minuten. Ich war vor Anstrengung schon kurz vorm Zusammenbrechen, als Thomas sich plötzlich einfach so in den Sand plumpsen ließ und liegen blieb. Eine lange Sekunde lang dachte ich, er wäre tot, doch sobald ich ihm näher kam, konnte ich sein lautes Schnaufen hören. »Hallo?« Vorsichtig kniete ich mich zu ihm. Er schlug die Augen auf und krächzte leise: »Ich hab Durst!« Erleichtert, dass er sich anscheinend wieder unter Kontrolle hatte, half ich meinem Freund auf und stützte ihn während unseres Spießrutenlaufs entlang des Strandes zurück zu unserer Hütte. Allerdings schämte ich mich dabei weitaus mehr als der liebe Thomas. Er jammerte nur die ganze Zeit, was für einen großen Durst er doch habe, und bemerkte gar nicht, dass ein paar der Touristen sogar anfingen, uns zu fotografieren. Ich hätte im Boden versinken können, so peinlich war mir die ganze Aktion.

Nachdem er einen halben Liter Wasser in sich hineingeschüttet hatte, legte sich Thomas total erschlagen aufs Bett und rollte sich ein wie ein Embryo. Als ich ihm ein Leintuch über die Beine legte, nahm er meine Hand und öffnete noch einmal die Augen. Tellergroße Pupillen starrten mich eindringlich an.

»Weißt du, die Affen sind nämlich in Wirklichkeit eigentlich ganz lieb. Denen ist nur langweilig. Und die mögen uns echt gerne«, flüsterte er und schlief sofort darauf ein. Als ich sah, wie er dalag, friedlich schlummernd, nach wie vor splitternackt und eingerollt wie ein Baby, bekam ich einen Riesenhass auf ihn. Erst einen Megaaufstand veranstalten, mich vor allen Hotelgästen blamieren und quer über die Insel hetzen und jetzt einen auf kleiner müder Junge machen – ich hätte ihn im Schlaf erwürgen können. Ich war dagegen gewesen, dass er das blöde Omelette aß, doch er hörte nie auf mich! Und wer durfte den ganzen Mist wieder ausbaden, wer musste den Idioten vor sich selbst retten und wer erntete jetzt den ganzen Nachmittag die bösen Blicke? Das war ich, brüllte ich mich innerlich selbst an. Wütend stürmte ich aus der Hütte und ließ mich trotzig in die daraufhin wild schaukelnde Hängematte fallen. Die grinsenden Urlauber versuchte ich, so gut es ging, zu ignorieren und versteckte mich den restlichen Tag in meiner sicheren Hängematte.

Thomas schlief bis zum nächsten Morgen durch und versuchte, dann dreisterweise so zu tun, als ob nichts gewesen wäre. Ich strafte ihn daraufhin klassisch mit totaler Ignoranz und gegen Abend schaffte er es dann tatsächlich, sich zu entschuldigen. Die ganze Sache hatte allerdings zwei Folgen für unsere restliche Urlaubszeit. Zum einen wusste Thomas nicht mehr, wo er sich seiner Lieblingsbadehose entledigt hatte, und musste sich deshalb zwangsweise ein knallfarbenes thailändisches Modell aus Polyester, bedruckt mit formschönen Hawaiiblumen von einem der fliegenden Händler am Strand kaufen, was ich persönlich ja nur gerecht fand. Zum anderen gab es aber auch eine positive Wendung: Wir konnten neuerdings morgens ausschlafen, denn – so crazy es klingt – die Affen ließen uns ab diesem Tag respektvoll in Ruhe!

VOLL INS SCHWARZE

Mark, ein guter Bekannter meines Exfreundes, weiß genau, was er zu bieten hat. Oder zumindest denkt er, dass er es weiß. Als selbsternannter Kleinstadt-Casanova tingelt er von Bar zu Bar, immer in der Hoffnung, eine attraktive Eroberung für eine Nacht machen zu können. Dass die Frauen mitnichten von ihrer Rolle als Eintagsbetthäschen wissen, versteht sich von selbst. Und irgendwie gönnt man ihm die folgende Geschichte dann auch. Also, ich zumindest.

Freitagabend. Endlich war er da, der Höhepunkt meiner Woche. Auch wenn ich werktags ein relativ unspektakuläres Dasein als Versicherungsvertreter führe, das Wochenende entschädigt mich für die Eintönigkeit mit Schlips und Kragen. Dann hole ich meine Designerhemden und Markenjeans aus dem Schrank und lasse mir freitagnachmittags noch schnell eine leichte Sommerbräune im Solarium verpassen. Ich rasiere mir immer montags die Brust. Leider entzündet sich die in den nächsten Tagen immer so, dass ich mich die ganze Woche nicht mehr rasieren kann. Freitag geht es aber wieder, sodass ich zu Beginn des Wochenendes dann wieder mit einer glatten und babyzarten Brust auftrumpfen kann. So machte ich es auch heute wieder.

Ich war mit Karl, einem meiner besten Freunde, verabredet und zwar im Apple, der absoluten In-Bar der Stadt. In-Bar nicht deswegen, weil sich dort besonders viele Promis tummelten – welcher Mann will schon freiwillig mit Typen wie Til Schweiger konkurrieren –, sondern weil dort die heißesten Frauen der Stadt verkehrten. Leider hatte sich dieser Geheimtipp unter den Männern der Stadt mittlerweile schon etwas herumgesprochen, sodass man nicht mehr ganz sicher sein konnte, dort einen Treffer zu landen, aber immer noch relativ gute Chancen hatte. Treffer landen, das heißt eine Frau mit nach Hause nehmen oder sich mit nach Hause nehmen lassen. Karl und ich hatten sogar Kategorien für Treffer entwickelt. Eine richtig heiße Frau mitzunehmen war ein schwarzer Treffer, wie beim Dart, da gibt's auch die meisten Punkte, wenn man ins Schwarze trifft. Eine normale, also nicht ganz so heiße Frau war nur ein weißer Treffer und dementsprechend weniger wert.

Momentan lag ich mit meinen schwarzen Treffern weit vorne. Nicht dass wir eine Wette oder so was Vorpubertäres am Laufen gehabt hätten. Die Einteilung in schwarze und weiße Treffer war mehr so eine Art Motivation, sich nicht mit dem Zweitbesten zufriedenzugeben. Wenn an einem Abend mal wenig los war oder ich einfach einen schlechten Tag hatte, nahm ich oft eine Frau mit nach Hause, die ich eigentlich nicht besonders attraktiv fand. Das machte ich dann nur, um den Abend nicht zu verschwenden – bis zum nächsten Freitag war es schließlich noch eine ganze Woche. Wirklich toll war das aber meistens nicht. Vor allem beim Aufwachen am nächsten Morgen, wenn man beobachten muss, wie ein Gerade-noch-so-Größe-38-Hintern im Bad verschwindet. In Filmen ist Frauen so was ja immer peinlich, in meinem Schlafzimmer nie.

Nicht dass ich selbst den perfekten Körper hätte, das war leider noch nie der Fall. Ich kann trainieren, wie ich will, ein Sixpack kommt einfach nie dabei raus. Aber das macht mir mittlerweile nichts mehr aus. Ich weiß genau, welche Hemden ich kaufen muss, um den leichten Rettungsring zu kaschieren, und der richtige Duft reicht bei vielen Frauen meistens sowieso schon aus, um den sexy Businessman markieren zu können. Dass Frauen Männer wollen, die gut riechen, habe ich schon früh gelernt. Deshalb benutze ich auch Weichspüler. Die Duftnote »Ozeanfrische« wirkt besser als jeder Bizeps. Ich glaube, das vermittelt Frauen Geborgenheit und der Geruch nach frisch gebadetem Baby weckt bei ihnen dann den Mutterinstinkt. Noch ein bisschen *Cool Water* dazu und der vertrauenerweckende niedliche Mann duftet darüber hinaus auch noch sexy.

Vertrauen erwecken kann ich besonders gut. Keine Oma der Welt kann mir bei einer Pflegezusatzversicherung widerstehen. Und ob man Pflegeversicherungen oder einen Martini auf Eis oder Prosecco an den Mann bringt, ist im Grunde genommen egal. Gekonnt ist eben gekonnt. Deswegen gehen die meisten Frauen auf einen Flirt mit mir ein. Ich habe ein markantes Gesicht und Entertainer-Qualitäten. Ich bringe Frauen zum Lachen und später in der Nacht, wenn es richtig gut läuft, auch manchmal zum Weinen. Wobei ich das immer etwas befremdlich finde: Ein Mann würde nie nach einem Orgasmus weinen. Karl meinte mal, die Frauen würden nur weinen, weil ich so schlecht im Bett bin, aber das glaube ich nicht.

Die Chancen, dass es heute Nacht wieder zu Sexträne kommen würde, standen jedenfalls gut. Mein Haar saß optimal, mein fliederfarbenes Designerhemd kaschierte den kleinen Bauchansatz perfekt und verströmte das vertraute Frische-Brise-Aroma. Ich war mit ganz besonders guten Voraussetzungen für diesen Abend gewappnet. Karl und ich teilten uns ein Taxi in die Stadt. Karl hatte wohl eine harte Woche gehabt – unter seinen Augen waren dunkle Ringe, seine Haut wirkte fahl und er verströmte einen leichten Duft nach Pommesbude. Fürs Duschen hatte es anscheinend nicht mehr gereicht. Jeder potenzielle schwarze Treffer würde nach dem ersten Beschnuppern an der Bar das Weite suchen – was meine Chancen allerdings erhöhte. Es geschah nämlich nicht selten, dass Karl und ich dieselbe Frau gut fanden. Dann sprachen wir sie immer zusammen an und warteten ab, wen von uns sie besser fand. Wir ließen also immer den Frauen die Wahl, wie sich das für emanzipierte Männer gehört. Heute Abend musste ich mir jedenfalls keine Sorgen machen, falls Karl auf die gleiche Frau zeigen sollte wie ich.

Sobald wir im Apple ankamen, setzten wir uns an die Bar. Das ist immer der beste Ort, um die Lage zu überblicken. Man bestellt sich den ersten Drink, Wodka auf Eis oder mit Martini (auf jeden Fall nie Bier, den Geruch finden Frauen eklig), dreht sich halb in den Raum und lässt den Blick gemächlich schweifen. Nie zu schnell umschauen, das wirkt nervös. Meine ersten Erkundungen bestätigten mein gutes Gefühl für den Abend. Wenig gut aussehende Männer, ein paar Schwule, kaum Pärchen und mehr hübsche Frauen, als man es im Durchschnitt erwarten darf.

Zufrieden drehte ich mich wieder an die Bar und nickte Giorgio, dem Barkeeper, zu. Barkeeper sind gefährlich. Nützlich auch, denn kennt man den Barkeeper, beeindruckt das die Frauen. Nur – der Barkeeper selbst beeindruckt die Frauen leider auch oft. Die Macht über die Theke wirkt anscheinend anziehend auf viele Ladys. Außerdem haben Barkeeper den Vorteil, dass es sie nichts kostet, großzügig zu sein und die Frauen einzuladen. Je nach Trinkfestigkeit der Frau kann das ein ganz schöner Vorteil sein, vor allem bei den Preisen von Prosecco und Co. Giorgio war glücklicherweise anders. Er hatte seine heiße italienische Frau und seine drei Bambini zu Hause und ließ sich seltsamerweise auf keine Annäherungsversuche der weiblichen Bargäste näher ein. Seine Dummheit war schon oft mein Glück gewesen, denn nach einer Abfuhr vom Barkeeper suchten die Frauen immer die nächstbeste Gelegenheit, um ihr Ego wieder aufbauen zu lassen, und die nächstbeste Gelegenheit saß meistens schon an der Bar. Im Egoaufbauen bin ich besonders gut.

Giorgio stellte mir den nächsten Drink hin und deutete mit dem Kinn nach rechts: »Isse nix?« Ich schaute rüber, um herauszufinden, wen er meinte. Mir blieb der Atem weg. Da war sie – die atemberaubendste Frau, die ich jemals gesehen habe. Braunes langes Haar fiel in sanften Locken über ihren zarten Rücken, sie trug ein kurzes schwarzes Kleid, höchstens Größe 34, und ihre schlanken Beine ohne jegliche Spur von Orangenhaut hatte sie schüchtern übereinandergeschlagen. Etwas verloren saß sie an der Bar und starrte auf ihre Cola light. Damit hatte sich meine Treffersuche für heute schon erledigt, ich hatte mein Ziel gefunden.

Grinsend nickte ich Giorgio zu, woraufhin er eine Flasche Prosecco aus dem Kühlschrank holte, ein Glas einschenkte und vor der brünetten Schönheit abstellte. »Einladung von de große Mann da drübe!« Ich lächelte still in mich hinein, zählte gedanklich bis drei und blickte nach rechts. Lässig hob ich mein Glas und prostete meinem neuen Flirt zu. Etwas irritiert und noch leicht verschüchtert lächelte sie mich unsicher an, nahm einen Schluck Prosecco, drehte sich wieder weg und schaute sich um, als ob sie jemanden suchen würde. Ich wusste schon, dass die Chancen jetzt gut standen. Wenn Frauen ohne Nachfrage den Prosecco tranken, willigten sie indirekt in den Flirt ein. Hatten sie gar kein Interesse, lehnten sie das Glas sofort ab, ließen es einfach stehen oder verzogen sich mit dem vollen Drink. Diese Dame aber würde gleich ihrer Freundin erzählen, dass ihr der Barkeeper ein Glas Prosecco auf Einladung eines süßen Typen hingestellt hatte, und dabei verstohlen kichern. Die Freundin würde daraufhin leicht neidisch werden, checken, ob der süße Typ noch einen Freund hatte, und – wenn alles nach Plan verlief – zu späterer Stunde gemeinsam mit Karl die Bar verlassen.

Das wusste auch Karl, weshalb er neben mir schon suchend den Hals reckte und gespannt wartete, wer da gleich von der Damentoilette zurückkommen würde. Die braunhaarige Schönheit an der Bar blickte verstohlen lächelnd abwechselnd von der Tür mit der Aufschrift »Ladys« zu uns und wieder zurück und konnte die Rückkehr der Freundin genauso wie Karl kaum erwarten. Da die Bar gut besucht war, konnte man kaum erkennen, welche Freundin mit welcher Optik sich denn da näherte. Überall standen Leute mit Gläsern in der Hand herum, erzählten sich gegenseitig den neuesten Klatsch und lachten.

Mir waren die aber herzlich egal, meine Welt beschränkte sich auf die Bar und auf die Distanz zwischen der Größe-34-Frau und mir. Ohne meine Bewunderung zu verbergen, lächelte ich sie offen an und ließ sie nicht mehr aus den Augen. Dass ich mein Interesse so offen zeigte, gefiel ihr und machte sie anscheinend auch gleichzeitig nervös, zumindest war das Proseccoglas schon fast leer. Also signalisierte ich Giorgio, ihr ein neues hinzustellen, was er auch prompt tat. Kein Wunder bei zwölf Euro pro Glas.

Als das Objekt meiner Begierde das zweite Glas vorbehaltlos in Empfang nahm und mir diesmal schon mutiger zulächelte, war die Sache für mich geritzt. Endlich kam dann auch die verschollene Freundin von der Toilette zurück. Sie war nicht ganz so der Hit wie ihre Begleitung, aber für Karl heute allemal gut genug. Das sah er auch so und orderte gleich ein Glas Prosecco für sie. Auch Giorgios Taktik ging auf, sein Umsatz profitierte von uns immer enorm.

Die Frauen stießen nun mit ihrem Prosecco an und drehten sich grinsend in unsere Richtung. Nachdem sie sich etwas Mut angetrunken hatten, stupsten sie sich gegenseitig an und kamen kichernd auf uns zu. Siegessicher stieß mir Karl in die Rippen. Sein Sieg würde heute allerdings nicht so ruhmreich enden wie meiner, der schwarze Treffer gehörte mir. Bei uns angekommen, ergriff leider die Begleitung des schwarzen Treffers das Wort: »Hi! Ich bin Sabine und das ist Melli!« Ich ignorierte Sabine und strahlte Melli an. Aus der Nähe sah sie noch heißer aus. Große dunkle Rehaugen strahlten mich an und sie hauchte: »Danke für den Prosecco!« Manieren hatte sie auch!

Ich übernahm das Vorstellen für Karl und mich und bestellte kurz darauf die nächste Runde Prosecco. Allerdings nur für die Mädels. Karl und ich blieben ab diesem Zeitpunkt beim Wasser, wir hatten schließlich noch einiges vor. Mit jedem Schluck Prosecco wurden die beiden Mädels ungezwungener und legten die anfängliche Schüchternheit ab. Die Methode kostete mich zwar eine ganz schöne Stange Geld, aber in den allermeisten Fällen war es das auch wert.

Melli rückte immer näher an mich ran und als ich ihr das erste Mal über den Hintern streichelte, drückte sie sich sogar noch enger an mich. Dass es so einfach werden würde, hatte ich bei dieser Hammerfrau gar nicht erwartet. Normalerweise sind die Hübschen bei der ersten Annäherung immer etwas zickig. Melli schnurrte dagegen schon fast wie ein Schmusekätzchen. Zwar hatte sie leicht glasige Augen, aber anscheinend vertrug sie einiges – ich musste schon wieder Nachschub von Giorgio ordern. Melli sah recht jung aus und ich wusste, dass die jungen Dinger heute Prosecco wie wir zu unserer Zeit Spezi tranken, deshalb dachte ich mir nichts dabei. Ihr Geständnis, dass sie erst 17 war und fast nie Alkohol trank, ignorierte ich lieber. Ich muss nicht immer alles so genau wissen. Irgendwann saß Melli dann auf meinem Schoß und ich konnte den Duft ihres Haars riechen: Pfirsich, gemischt mit einem leichten Vanilleduft, der von ihrer Haut ausströmte. Das Aroma gefiel mir und machte vor allem Lust auf mehr. Ich nahm mir vor, sie spätestens nach den nächsten zwei Gläsern in ein Taxi zu bugsieren.

Eine Flasche Prosecco später konnte ich dann endlich das Signal zum Aufbruch geben und Melli folgte mir kichernd. Da sie nicht mehr gerade gehen konnte, drückte sie sich eng an mich und ließ sich von mir führen. Das, was ich da fühlte, versetzte mich in helle Vorfreude und ich konnte es kaum erwarten, Melli aus ihren Klamotten zu befreien. Ich schnappte Karl und seinem weißen Treffer das erste Taxi vor der Nase weg, half der stolpernden Melli hinein und nannte dem Fahrer ungeduldig meine Adresse. Die Fahrt in meine Wohnung verbrachten wir mit einer wilden Knutscherei. Ich hatte mich mittlerweile zu Mellis Brüsten vorgearbeitet und war deshalb fast ein wenig enttäuscht, als der Fahrer vor meiner Haustür hielt.

Kichernd und engumschlungen stiegen wir die Treppen hinauf und fielen im Hausflur erneut übereinander her. Erst zwanzig Minuten später schafften wir es endlich in mein Wohnzimmer, Melli mittlerweile nur noch in BH mit heruntergekrempeltem Kleid und ich ohne Jeans und mit aufgeknöpftem Hemd. Eigentlich wollte ich noch meinen letzten Trumpf aus dem Ärmel ziehen und die Flasche Dom Perignon aus dem Kühlschrank holen, aber Melli geriet andauernd gefährlich ins Schwanken, deshalb verzichtete ich lieber darauf. Bevor sie noch umfiel, legte ich Melli lieber sanft auf dem Wohnzimmerteppich ab, beugte mich über sie und begann endlich mit dem Höhepunkt des Abends.

Der Sex mit Melli war toll. Sie hatte einen absoluten Traumkörper und war nicht so verklemmt wie viele andere Frauen. Ich nahm ihr wirklich ab, dass sie es toll fand, wie ich mich bewegte. Man weiß ja nie genau, ob die Frau nur etwas vorspielt, aber Melli war total enthemmt. Nach ein paar Minuten wollte sie dann sogar nach oben. Eigentlich mag ich das nicht so, weil ich immer denke, dass die Frau dann meinen fehlenden Sixpack bemerkt, aber im Wohnzimmer war es dunkel und Melli war ziemlich in Fahrt. Also legte ich mich auf den Rücken und machte den Bundesadler – streckte entspannt die Arme aus und ließ sie arbeiten.

Ich fand sie wirklich gut, auf jeden Fall überdurchschnittlich. Und nach den Geräuschen zu urteilen, fand sie es auch gut. Sie wurde immer lauter. Ich hatte fast den Eindruck, dass sie gleich anfangen würde zu heulen. So hatte sich noch nie eine Frau auf mir angehört. Ich griff gerade nach ihrem festen Hintern, als ich das erste deutliche Würgen hörte. Ich ließ den Hintern erschrocken los und konnte nicht wirklich glauben, was ich da hörte. Dem ersten leisen, eher aufgestoßenen Würgen folgte ein lauteres und vor allem gehaltvolleres. Bevor ich reagieren konnte, ergoss sich auch schon alles über mich, über mein Gesicht, meine Brust, meinen Bauch. Ich war in Sekundenschnelle in einen erbärmlichen Gestank gehüllt. Melli rutschte leise wimmernd von mir runter. Wir lagen beide voll in der Bescherung. An meinen hellbeigefarbenen Wohnzimmerteppich wollte ich gar nicht denken. Ich war erst zu geschockt, um aufzustehen. Das Zeug brannte auf meiner frisch rasierten Brust, deshalb ging ich dann doch ins Bad und stellte mich erst mal unter die Dusche.

Als ich zurück ins Wohnzimmer kam und das Licht anmachte, lag Melli immer noch auf dem Boden und neben ihr konnte ich den riesigen Fleck auf meinem Wohnzimmerteppich sehen. Das ganze Wohnzimmer stank erbärmlich. Es war widerlich. Entschlossen versuchte ich jetzt, meinen Teppichboden vor weiteren Attacken zu retten. Ich half der bleichen Melli in ihr Kleidchen, schaffte sie so schnell wie möglich aus meiner Wohnung und verfrachtete sie in ein Taxi. Der Taxifahrer rümpfte nur die Nase und ich musste noch einen Zehner drauflegen, damit er sie überhaupt mitnahm. So hatte ich mir die Nacht nicht vorgestellt.

Den Fleck in meinem Wohnzimmerteppich habe ich bis heute nicht rausbekommen. Er erinnert mich immer daran, dass ein weißer Treffer manchmal doch mehr wert sein kann als ein schwarzer. Ich trinke mir heute lieber eine durchschnittliche Frau schön, als eine heiße abzufüllen und selbst zur Zielscheibe zu werden. Das ist nämlich echt zum Kotzen.

COCKTAIL DER LIEBE

oder

Besser gut gekotzt als schlecht gefickt

Meine beste Freundin Sarah ist ein Phänomen: Zart wie eine Elfe, intelligent, gebildet und in der Lage, jeden 150-Kilo-Rocker unter den Tisch zu saufen. Im Auto wird sie zur Furie (was willst du denn, du Linksabbieger-Arschloch!!!), bei Liebeskummer zur besten Stütze, die man sich vorstellen kann. Diese Mischung macht Sarah absolut anbetungswürdig. Na ja, meistens zumindest. Ihr Exfreund sah das vermutlich hin und wieder mal etwas anders ...

Meine bisher größte Liebe hieß Andreas. Andreas war zwei Jahre älter als ich, fuhr einen Golf und kam aus gutem Hause. Nach vielen schüchternen Dates, ein bisschen Fummelei und haufenweise gehauchten Liebesschwüren sollte ich dann das erste Mal bei meinem neuen Traumprinzen übernachten. Da Andreas noch bei seinen Eltern wohnte, stand mir damit zwangsweise das gefürchtete Kennenlernen der potenziellen Schwiegereltern bevor. Und wie Mädchen eben so sind, bereitete ich mich auf diese Begegnung der besonderen Art auch besonders gründlich vor. Ich drapierte meine blonden Locken engelsgleich über die Schultern, kramte den kaum getragenen Karorock aus der hinteren Schrankecke – dies war der einzige Rock in meinem Besitz, der tatsächlich bis übers Knie ging – und beschloss nach langem Hin-und-her-Überlegen sogar trotz der zu erwartenden heißen Liebesnacht, diesmal nicht aufs Höschen zu verzichten. Ich wollte keinerlei Risiko eingehen. In unseren Breitengraden gilt unten ohne beim ersten gemeinsamen Kaffeetrinken bekanntermaßen als nicht besonders schick, deswegen zog ich brav ein rotes Spitzenhöschen an.

So brachte ich das erste Zusammentreffen mit den Schwiegereltern geradezu bravourös und als anständiges Mädchen hinter mich. »Und was möchten Sie später beruflich einmal machen?«, fragte Andreas' Mutter und zog die Nase kraus, während sie ihren Silberlöffel in die geblümte Porzellantasse tauchte.

»Nach dem Abitur möchte ich gerne Jura studieren«, »Ja, meine Familie ist katholisch«, »Nein, rauchen tue ich nicht.« Während ich mit dem höflichen Beantworten aller Fragen beschäftigt war, fragte ich mich insgeheim, wie die momentan noch so freudig dreinblickenden Eltern wohl heute Nacht auf die Geräusche aus dem Schlafzimmer ihres Sohnemannes reagieren würden und ob mein Heiligenschein groß genug war, dass sie mich auch noch morgen im Lichte der Vorzeigeschwiegertochter wahrnehmen würden.

Befreit und beschwingt brachen Andreas und ich nach dem dreistündigen Kaffeeklatsch bei den etwas konservativen, aber doch durchaus sympathischen Eltern auf. Vor lauter Erleichterung – ich hatte nicht nur die richtige Höschenentscheidung getroffen, sondern aus Sicht meiner gläubigen Schwiegereltern auch die richtige Konfession erwischt – stießen wir turtelnd mit Prosecco in einer Bar an und warteten auf Andreas' Freunde, die ich heute ebenfalls noch kennenlernen sollte. Entspannt zog ich an meiner Zigarette und freute mich. Bis hierhin lief der so wichtige Abend für mich geradezu glänzend.

Der entscheidende Fehler, den ich dann beging, war, dass ich mein Verhalten nicht schnell genug an die neue Position als Freundin eines Alphamännchen anpasste, sondern noch

Gewohnheiten aus meiner Zeit als Singelfrau an den Tag legte. Eine Singlefrau darf saufen. Sie kann es tequilatechnisch mit jedem Mann aufnehmen und erntet dafür sogar Bewunderung. Sie ist der sexy Kumpeltyp, mit dem Mann Pferde stehlen und XL-Jim-Beam-Flaschen leeren kann. Das alles ändert sich, wenn aus dem Singlemädchen plötzlich eine Frau der Spezies Freundin wird. Schließlich weiß der glückliche Auserwählte, dass ihm eine heiße Liebesnacht bevor- beziehungsweise zusteht, wieso also Geld rausschmeißen, sich eventuell sogar von der eigenen Freundin vor Publikum unter den Tisch saufen lassen, und die Angebetete dank verstärktem Würgreizeffekt oralsexuntauglich machen, wenn es auch einfacher geht?

Plötzlich sind betrunkene Frauen nämlich gar nicht mehr sexy und der Verzehr von Hochprozentigem sowieso ganz und gar nicht damenhaft. Da ich dieses Gesetz damals aber noch nicht kannte und folgerichtig *nicht* den ganzen Abend an einem lauwarmen Gläschen Prosecco rumnuckelte, hielt ich entgegen aller Verhaltensregeln promillemäßig mit. Pink Fontaine, Blue Sky, Sex on the Beach und Zombie – den Kampf mit der Cocktailkarte hatte ich noch nie gescheut und bisher selten verloren.

Vier Stunden und circa neun Cocktails später war es dann an der Zeit aufzubrechen. Eigentlich wollte ich mich auf der Damentoilette noch kurz des lästigen Höschens entledigen, doch nachdem ich mich etwas zu schnell vom Tisch erhoben und die WCs im Untergeschoss geortet hatte (nur über eine scheinbar gefährlich wankende Treppe zu erreichen), beschloss ich, dass heute doch eigentlich die perfekte Nacht für rote Spitze war.

Die Fahrt im schwarzen Golf nach Hause hatte ich dank monotonen Vor-mich-hin-Starrens und optischen Fixierens des Airbagschildchens einigermaßen heil überstanden. Andreas fragte sich zwar vermutlich, warum und vor allem seit wann seine Freundin diesen irren, leicht schielenden Blick an den Tag legte, aber so kurz vor dem Höhepunkt der bisherigen Beziehung wollte er keine Komplikationen heraufbeschwören. Meinen debilen Blick deutete er wohl als Vorfreude, wie er sie von seinem Labrador kannte, wenn dieser läufige Pudeldamen im Park witterte. Und mein leichtes Sabbern erweckte bei ihm wahrscheinlich die Vorfreude auf eine geradezu animalische Nacht.

Zu Hause bei meinem Liebsten stolperte ich unter lautem Gepolter erst die Treppe hoch und dann wieder runter, um erst im zweiten Anlauf auf dem Rücken von Andreas oben anzukommen – anscheinend ohne seine Eltern aufzuwecken. Das deutete ich als gutes Zeichen. Denn durch die Blue-Sky-Schwaden hindurch dämmerte mir langsam, dass mein Alkoholpegel für die perfekte erste Liebesnacht zu hoch war.

Als Andreas kurz verschwand, um ein Fläschchen Sekt und zwei Gläser zum – nun endlich ganz intimen – Anstoßen zu besorgen (was bei mir keineswegs die Begeisterung auslöste, die er erwartet hatte), versuchte ich, mich mit dem letzten Rest klaren Verstandes an ein altes Hausrezept meiner Oma zu erinnern.

Angeblich wurde man nach einem Handstand schneller wieder nüchtern, weil der Alkohol im Blut schneller im Kopf abgebaut wird. Ich hatte diese Methode noch nie ausprobiert und bisher auch als äußert schwachsinnig empfunden, aber die Aussicht auf das gemeinsame Anstoßen und die damit verbundene erneute Alkoholaufnahme ließ in mir die nackte Panik ausbrechen. So zielstrebig wie es mir noch möglich war, suchte ich den Raum nach einer geeigneten Stütze für meinen Handstandversuch ab, denn den gesunden Realismus, in meinem Zustand niemals einen freistehenden Handstand schaffen zu können, besaß ich gerade noch.

Die einzige nicht mit Bildern verhangene Fläche – im Hinterkopf registrierte ich zahlreiche Poster aus diversen einschlägigen Männerzeitschriften, die schwarz-weiße Szenen leidenschaftlicher Lesbenspielchen zeigten, doch darum würde ich mich später kümmern müssen – war die Zimmertür. Ohne lange zu fackeln, schließlich konnte Andreas jeden Moment zurückkommen, warf ich meine Arme hoch, nahm Anschwung und – lehnte ein paar Sekunden später tatsächlich kopfüber an der Tür. Chakkaahhh! Wenn das mal keine Leistung war! Ich überlegte mir, ob es nicht doch sinnvoll gewesen wäre, den Sportleistungskurs zu wählen, allerdings klappte das Turnen nüchtern nie so gut …

Während ich da so kopfüber Überlegungen bezüglich meiner Kurswahl anstellte, bemerkte ich mit Schrecken, dass sechs der neun Cocktails gerade begannen, sich ihren Weg die Speiseröhre hinauf, zurück in die Freiheit zu suchen. Um eine Katastrophe zu vermeiden, musste ich unbedingt wieder in die Vertikale kommen. Also in die andere Vertikale.

Verzweifelt versuchte ich, mich mit den Füßen von der Tür abzustoßen, um wieder aus dieser jetzt sehr misslichen Position zu gelangen, und verfluchte nebenbei meine Großmutter. Das war vielleicht ein netter Trick bei einer Überdosis Eckes Edelkirsch, aber für die heutigen Anforderungen war er komplett ungeeignet. Mit steigender Ungeduld drückte ich meine Füße immer wieder von der Holztür ab – mit dem einzigen Ergebnis eines lauten Poltergeräusches, das durchs ganze Haus hallte. Mit solchen Unwägbarkeiten konnte ich mich jetzt aber nicht aufhalten. Ich musste irgendwie von dieser Tür wegkommen, bevor Andreas zurückkam! Doch schon hörte ich schwungvolle Schritte auf dem Marmorboden im Flur, begleitet von einem leisen vorfreudigen Pfeifen.

Ich seufzte leise und dachte nur, dass das alles doch nicht wahr sein konnte. Meine Arme zitterten, ich unterdrückte den Würgreiz mit letzter Disziplin und krächzte: »NEIHHHN! Nicht reinkommen! Bleib draußen!«

Meine Warnung wurde nicht erhört. Das Quietschen der Klinke verriet mir, dass es jetzt so weit war, und mit einem leisen

»Depp« auf den Lippen fiel ich nicht ganz so leise um und befand mich gleich darauf inmitten von Scherben und einer großen Lache des unangenehm prickelnden Gesöffs.

»Was zum Teufel war das?« Nach einigen Sekunden der Besinnung hatte das Alphamännchen seine Sprache wiedergefunden. Stöhnend richtete ich mich auf und fixierte angestrengt die größte Brustwarze auf dem Lesbenposter, bis das Zimmer endlich aufhörte, sich zu drehen. Mit unschuldigem Blick wendete ich mich zu Andreas: »Na, ich hab mein Würg... Whhww... mein Workout hab ich gemacht. Mach ich jeden Tag, habbs nur heut nich früher geschafft. Wegm Stresss unn soh, du verstehst?!«

Hätte der Sekt nicht so hartnäckig von meinen Locken getropft, ich schwöre, ich hätte souverän, gefasst und absolut glaubwürdig gewirkt. Doch in Kombination mit meinem wirren Blick wurde sogar dem liebestollen Andreas klar, dass seine kleine Schnapsdrossel da eben bestimmt *kein* Workout betrieben hatte. Doch anscheinend hatte ich den Unfall gut überstanden und so interessierte es Andreas nicht besonders, was genau ich da eben veranstaltet hatte. Das Anstoßen mit dem Sekt hatte sich zu meiner Erleichterung nun jedenfalls erledigt.

Ohne große Umschweife schnappte sich Andreas seine Beute (mich) und hievte sie mit nicht mehr zu kontrollierender Vorfreude aufs Bett. Woraufhin sich die Welt um mich herum augenblicklich in ein schunkelndes Meer verwandelte. Dass Andreas ein Wasserbett hatte, hatte ich bis dahin nicht gewusst. Mit jeder Wellenbewegung wurde mir übler und übler. Mein Magen begann, unheilvolle Geräusche von sich zu geben. Mir dämmerte, dass es spätestens nach den nächsten zwei Wellenbewegungen zu spät sein würde. Panisch setzte ich mich auf. »Ich muss misch, mhm, schnell nochma frischmachn, im Batt. Dropfffdd alles!« Vor mir schwankten die Wände und die Möbel fuhren Karussell. Trotzdem bahnte ich mir tapfer meinen Weg durch Scherben und

Pfützen. Hinter mir raunte ein ungeduldiger Andreas: »Du musst den Sekt nicht abwaschen, ich lecke ihn sowieso am liebsten von dir ab!«

Da war er wieder, der Würgreiz, und diesmal mit einer Gewalt, die Resultate versprach. Hektisch riss ich die Zimmertür auf, schlug sie hinter mir zu und rannte über den kalten Marmorboden. Suchend blickte ich mich um. Im Halbdunkel konnte ich die schweren Holzmöbel im Biedermeierstil erkennen, auf denen Häkeldeckchen und Porzellantiere ihr Dasein fristeten. Auch ein paar Türen konnte ich wahrnehmen, aber welche von denen führte noch mal ins Bad? Stolpernd hastete ich in Richtung Treppe – an die Gästetoilette unten konnte ich mich noch erinnern. Doch schon spürte ich, wie der Würgreiz immer stärker wurde. Auch das Glucksen konnte ich nicht mehr unterdrücken und musste schließlich – kurz vor dem Ziel – kapitulieren. Kniend erbrach ich mich in aller Herrlichkeit auf den blank geputzten Marmorboden. Ich konnte die schadenfrohen Blicke der Porzellanelefanten in meinem Rücken regelrecht spüren.

Nach dem minutenlangen Akt der Erleichterung kam mir die bittere Erkenntnis. Ich saß gerade inmitten meines Erbrochenen mit nichts bekleidet als einem T-Shirt und besagtem roten Spitzenhöschen (so weit war Andreas bereits vorgedrungen) direkt vor der Schlafzimmertür meiner erzkonservativen Schwiegereltern in spe! »Scheiße« war noch das gepflegteste Wort, das mir im Kopf rumschwirrte. Doch ich versuchte, die Ruhe zu bewahren und erst mal tief durchzuatmen. Krisenerprobt war ich, also schaltete ich meinen messerscharfen Verstand ein und fand nach schneller Analyse des Problems eine qualifizierte Lösung: Meine Kotze musste weg!

Hektisch suchend blickte ich mich um. Ich brauchte nur irgendetwas zum Aufwischen und zwar schnell. Mein Scanner-Blick erfasste die Lage – so ein Mist! Kein Kleenex-Spender auf der Anrichte, keine Tischdecke ohne Häkellöcher, ja nicht mal ein Teppich in Sicht. Doch dann kam mein Verstand wieder zum Einsatz. Langsam blickte ich an mir herunter. Mein T-Shirt war aus Baumwolle. Kurzentschlossen zog ich es mir über den Kopf und machte mich daran, das aufzuwischen, was einmal Penne Arrabiata und Schwarzwälder Kirschtorte gewesen war. Doch vielleicht hätte ich heute auf das zweite Stück Torte besser verzichten sollen, denn bevor ich auch nur zwei Drittel des Schlamassels beseitigt hatte, versagte die Saugkraft der Baumwolle. Schon wieder scheiterte ich kurz vor dem Ziel. Der letzte Rest musste doch noch irgendwie zu beseitigen sein, dann würde keiner mitbekommen, was sich heute Nacht auf dem Marmorboden abgespielt hatte, überlegte ich fieberhaft. Ich stellte mir die pikierten Blicke von Andreas' Eltern vor und geriet noch mehr in Panik. Ich mochte Andreas wirklich gern und ein schnelles und unrühmliches Ende unserer noch jungen Beziehung wollte ich um jeden Preis vermeiden. Doch ein letztes Mal diese Nacht meldete sich mein Verstand und ich blickte erneut an mir herunter. Erleichtert lächelte ich. Schon morgens hatte ich geahnt, dass das rote Spitzenhöschen mir heute ganz besondere Dienste erweisen würde.

Andreas erzählte mir den Rest später so: Unabhängig voneinander hatten er (mit einer gewissen Vorahnung) und seine Eltern (ohne diese Vorahnung) sich wohl in der Zwischenzeit gefragt, was die Ursache der merkwürdigen Geräusche auf dem Flur sein könnte. Bewaffnet mit einem schweren Lampenständer zur Begrüßung eventueller Einbrecher schlichen sich Andreas' Eltern und er selbst (nur bewaffnet mit besagter Vorahnung) aus ihren Schlafzimmern. Kurz vor der Mitte des Flures machten alle halt, Andreas' Vater ließ den Lampenständer langsam sinken, die Mutter machte einen unterdrückten Laut des Entsetzens, presste ihre Hände aufs Herz und sandte einen stummen Appell gen

Himmel. Andreas meinte später, zu diesem Zeitpunkt habe er nicht gewusst, ob er einfach abhauen oder doch bleiben sollte, denn unabhängig von den bizarren Umständen gefiel ihm auch irgendwie ein bisschen, was er sah.

Von alledem bekam ich nichts mit, sondern kniete unverdrossen, zitternd, aber angeblich mit einem stillen, selbstvergessenen Lächeln auf den Lippen, splitternackt auf dem Marmorboden und bearbeitete diesen mit meinem roten Spitzenhöschen. Wäre ich nicht so direkt beteiligt und immer noch sturzbesoffen gewesen, ich glaube, ich hätte die Situation ganz amüsant gefunden. Doch so tat ich es nicht. Andi übrigens auch nicht.

Erst als er mit ernster Miene erklärte »Sie putzt so gerne. Sauberkeit ist Sarah unglaublich wichtig, unsere dreckigen Fußabdrücke haben sie bis in den Schlaf verfolgt«, blickte ich versonnen auf, lächelte erst Andreas an, wandte mich dann immer noch lächelnd mit einem Nicken an seine Eltern und fiel sanft nach hinten um, in einen friedlichen Tiefschlaf, selig schlummernd in meiner eigenen Kotze.

Andreas und ich waren sechs Jahre lang ein glückliches Paar, zogen es jedoch vor, ein paar Hundert Kilometer von der Heimat entfernt unseren gemeinsamen Liebesweg fortzusetzen. Wenn Andreas' Mutter an Weihnachten den Aperitif reichte, bekam ich immer nur ein halbes Glas Champagner. Ich weiß auch nicht, warum.

DER JUNGGAYSELLENABSCHIED

David habe ich auf einer Schwulenparty kennengelernt und bald mit wachsender Begeisterung seinen Geschichten gelauscht. Und was ich da so zwischen Prosecco auf Eis und halbnackten Kellnern zu hören bekam, widerspricht allen Konventionen. Vor allem künftige Bräute sollten sich nach dieser Story von dem Irrglauben lösen, dass Stripperinnen bei einem Junggesellenabschied die gefährlichste Versuchung für den Bräutigam sind.

Meinen besten Freund Ronny kenne ich seit der Grundschule. Mit acht sind wir zusammen auf Bäume geklettert, mit 13 habe ich ihn meine Mathehausaufgaben abschreiben lassen und mit 18 hat Ronny mein Coming-out mit Fassung getragen. Unsere Freundschaft kann eben nichts erschüttern, das weiß ich spätestens seit Ronnys Junggesellenabschied.

Seine heutige Frau hat Ronny meinetwegen kennengelernt. Ich verkaufe Designerhandtaschen und Amy ist eine meiner besten Kundinnen. Auf einem Sommerfest habe ich sie dann meinem besten Freund vorgestellt und innerhalb von Minuten war ich abgemeldet. Dank eines besonders knackigen Immobilienmaklers, den ich am Buffet getroffen hatte, war das aber auch nicht wirklich schlimm. Zweieinhalb Jahre später streckte mir Amy bei einem gemeinsamen Essen zu dritt stolz ihren Ringfinger entgegen und erzählte mit leuchtenden Augen, dass die beiden Mitte Mai einen Termin auf dem Standesamt hätten. Ronny grinste mich an und begann, mir seine Vorstellungen vom perfekten Junggesellenabschied zu schildern. So hatten beide ihre Präferenzen, wenn's um die Hochzeit ging. Diese setzten zumindest wir Männer auch kurz darauf in die Tat um und fuhren mit fünf von Ronnys besten Freunden ins Zillertal zum Skiwochenende.

Da ich der einzige Schwule in unserer Partytruppe war, entsprach das Programm natürlich nicht ganz meinen Vorlieben. Das verklickerte ich dann auch der Dame im Stripclub, die sich, sobald wir in einer der runden Sitzecken Platz genommen hatten, geschäftstüchtig auf meinen Schoß setzte. Mit unverhohlener Enttäuschung in der tiefen Whiskey-Stimme fragte sie nur: »Schwul, häh? Schad drum!« und stöckelte davon. Da meine Freunde schon alle von den Kolleginnen der pragmatischen Dame in Beschlag genommen wurden, gab es für sie selbst an unserem Tisch nichts mehr zu holen. Ich finde Frauen immer wieder faszinierend.

Während sich die anderen Jungs im Anschluss dank massenweise entblößter Silikonbrüste bestens amüsierten, tröstete ich mich mit maßlos überteuertem Bier und hoffte, dass wir bald die Location wechseln würden. Irgendwann wurde es den anderen Jungs dann auch zu bunt – oder zu teuer – und wir suchten die nächste Après-Ski-Kneipe auf. Wir feierten ganz im Stil des klassischen Junggesellenabschiedes, sprich wir nagelten und kippten Kurze um die Wette. Im Gegensatz zum Besuch in der Tittenbar machte mir dieses geradezu klassische Hetero-Programm sogar richtig Spaß. Im Morgengrauen war ich der neue Nagelwettmeister (mag für den einen oder anderen Preußen pervers klingen, aber beim Nageln geht's wirklich nur ums Nageln) und keiner von uns konnte mehr geradeaus laufen.

Ronny und ich teilten uns ein Zimmer und ließen uns sofort auf unsere schmalen Einzelbetten fallen. Trotz der durchzechten Nacht waren wir aufgekratzt und konnten beide nicht einschlafen.

»Es ist schon krass, wie schnell die Zeit vergeht. Du heiratest! Vor ein paar Jahren hast du dich noch nicht mal getraut, die

Tussi von der Eisdiele anzuquatschen, und jetzt trägst du bald einen Ehering!«, fing ich an zu sinnieren.

Ronny musste lachen und meinte nur: »Weißt du, eine Ehe ist der beste Weg, zu regelmäßigem Sex zu kommen. Hast du mal die anderen vorhin in der Stripbar beobachtet? So ausgehungert wie die die Mädels angestarrt haben, sitzen die schon länger auf dem Trockenen. Das kann mir nicht passieren …«

Ich grinste in die Dunkelheit, das war echt typisch Ronny. Für meinen besten Freund, den BWLer, war die Ehe auch eine Kosten-Nutzen-Rechnung. Dass seine Zukünftige nicht die Prüdeste war, wusste ich allerdings schon. Letzten Sommer hatten die beiden mich auf einer Party gefragt, ob ich mir einen Dreier mit ihnen vorstellen könnte, aber ich hatte dankend abgelehnt. Es ist ja schön, dass die beiden experimentierfreudig sind und mich attraktiv finden, aber dafür sollten sie sich mal schön einen Fremden suchen – das war meine Meinung. Freundschaften und Sex funktionieren fast nie parallel und die besondere Freundschaft mit Ronny wollte ich wegen eines flotten Dreiers ganz sicher nicht gefährden. Irgendwie blieben Ronny und ich während unseres letzten vorehelichen Männergesprächs nachts im Hotelzimmer beim Thema Sex hängen. Ronny schwelgte in Erinnerungen an seine alten Abenteuer als Single und erzählte mir von seinen Sex-Affären während der Studentenzeit. Da Ronny aber noch nie der wildeste Aufreißer war, revanchierte ich mich nach kurzer Zeit mit Storys aus meinem weitaus ausschweifenderen Sexleben. Gebannt hörte Ronny mir zu und fragte – vermutlich enthemmt vom österreichischen Schnaps – nach immer mehr Details. Und so erzählte ich ihm von speziellen Praktiken, von Schweiß glänzenden Bauchmuskeln und dem besten schwulen Oralsex, den ich jemals hatte, damals in einer heruntergekommenen Strandbar auf Gran Canaria. Während ich erzählte, wurde die Luft im Zimmer immer drückender und ich hörte, dass Ronny immer schwerer atmete. Dass ihn meine Erzählungen so offensichtlich erregten, machte auch mich geil. Ich erzählte immer langsamer und merkte, wie ich anfing zu schwitzen. Mittlerweile konnte man uns beide keuchen hören und ich war mir sicher, dass sich nicht nur meine Hose ziemlich ausbeulte. Ich kam zum Höhepunkt der Geschichte und wagte es nicht, sie zu beenden, da ich nicht wusste, was dann passieren würde.

»Was denkst du gerade?«, fragte ich Ronny stattdessen mit schwerer Stimme.

»Ich denke, dass du zu mir rüberkommen solltest …«, flüsterte er nur. Ohne lange nachzudenken, tat ich dann auch genau das. Die Stimmung zwischen uns war so aufgeheizt, dass es keiner weiterer Worte mehr bedurfte. Wie zwei Ertrinkende pressten wir uns aneinander und steckten uns gegenseitig die Zungen in den Hals, als ob unser Leben davon abhängen würde. Ich kannte Ronny in- und auswendig, doch seinen Körper auf eine so ganz andere Weise zu berühren, faszinierte mich.

Bis zum Äußersten kam es nicht in dieser Nacht. Irgendwann kroch ich erschöpft in mein Bett. Doch als ich gegen Mittag aufwachte, überkam mich eine riesige Angst, dass dieser einmalige Kurzschluss die wichtigste Freundschaft in meinem Leben zerstört haben könnte. Aber so war es nicht. Ronny und ich trafen ohne Worte ein Gentlemen's Agreement und sprachen nie mehr über besagte Nacht. Schon beim Abendessen am folgenden Tag war alles fast wieder wie früher. Zwei Monate später habe ich Ronny am Altar die Ringe gereicht und als sein Trauzeuge meine Unterschrift unter sein Ehegelübde gesetzt.

Amy hat von unserem kleinen Geheimnis nie erfahren. Einen Dreier mag sie wohl spannend finden, ihre Begeisterung für den Zweier zwischen ihrem Mann und mir würde sich aber wohl in Grenzen halten. Und ich fürchte, noch mehr Grenzüberschreitungen würden unserer Freundschaft dann wirklich nicht guttun.

CHEESE, DRUGS AND ROCK'N'ROLL

Auch wenn man es nach der Lektüre der folgenden Ge-schichte denken könnte, meine Freundin Isabelle ist ei-gentlich keine total verplante Vollzeitkifferin. Im Gegen-teil: Heute ist sie eine großartige TV-Redakteurin, die hin und wieder Ersatzmama für anlehnungsbedürftige Sing-lefreunde spielt und selbst glücklich verlobt ist. Sie führt ein geregeltes, aber nicht langweiliges Leben und hält ihre Ausschweifungen in Grenzen. Doch das war nicht immer so.

Donnerstag war immer unser Kiffer-Käse-Tag. Ich studier-te damals Sport und Politik in Magdeburg und hatte das Glück, meine Studienzeit mit meiner besten Freundin verbrin-gen zu können. Christin und ich verbrachten jede freie Minute zwischen Männern und Uni zusammen und hatten unsere festen Rituale. Eines davon war der Kiffer-Käse-Tag. Jeden Donnerstag zwischen 13 und 15 Uhr hatten wir vorlesungsfrei und diese Zeit verbrachten wir immer auf dem Gebäude-40-Parkplatz, rauch-ten einen Joint oder zwei und verspeisten zusammen ein großes Stück Old Amsterdam. Das besorgten wir uns immer direkt nach der 11-Uhr-15-Vorlesung im Allee-Center, denn dort gab es den besten Old Amsterdam. Mit unserer Käsebeute und einer Aus-wahl an Süßigkeiten fuhren wir dann auf besagten Gebäude-40-Parkplatz, zogen einen durch und futterten danach unseren Lieblingskäse. Pünktlich um 15 Uhr 15 saßen wir dann wieder in Professor Siegels Seminar über Internationale Politik.

Wir waren zwar immer ziemlich stoned, aber unter all den gelangweilten Freaks fielen wir nicht besonders auf. Generell fielen wir sogar eher positiv auf: Da wir beide blond waren, immer saubere und zusammenpassende Kleidung trugen und regelmäßig unser Haar wuschen, sahen wir wie zwei ostdeutsche Vorzeigestudentinnen aus. Kifferpausen auf dem Campus traute uns kein Professor zu, glaube ich. Unserem geliebten Ritual stand also grundsätzlich nichts im Wege.

An einem dieser Donnerstage fuhren wir direkt zum Parkplatz und wollten erst nach dem Kiffen ins Allee-Center, um Käse zu kaufen. Da saßen wir also in meinem silbernen Peugeot 106, rauchten unser Gras und hatten eine Menge Spaß. Schon als wir die Hälfte aufgeraucht hatten, waren wir furchtbar albern und mussten die ganze Zeit kichern. Kaum hatte Christin den Filter auf den Parkplatz geschnippt und das Fenster wieder hochgekurbelt, überkam uns auch schon der Heißhunger auf ein großes Stück Old Amsterdam. Ohne unnötig Zeit zu verlieren, wechselten wir den Wagen und fuhren mit Christins grünem Renault 306 (der nicht so verräterisch nach Gras stank) ins Allee-Center. Dort steuerten wir schnurstracks die Käsetheke an und verputzten ein besonders großes, himmlisch duftendes Stück Käse direkt vor Ort.

Eine Begleiterscheinung des Kiffens ist, dass man sich nicht um Konventionen kümmert und es einen auch nicht besonders interessiert, was andere von einem denken. Wenn jemand irritiert beobachtete, wie wir uns völlig enthemmt massenhaft holländischen Käse in den Mund stopften und dabei übertrieben genießerisch stöhnten, konnten wir über diese Blicke nur lachen. Überhaupt fanden wir die Menschen im Einkaufszentrum sehr lustig und wir verfielen von einem Lachkrampf in den nächsten.

Da wir noch massig Zeit hatten, auf Christins Uhr war es erst kurz nach zwei, beschlossen wir, noch ein bisschen zu bummeln, die lustigen Leute zu beobachten und den H&M vor Ort unsicher zu machen. Das Klamottenanprobieren in den engen Kabinen gestaltete sich recht schwierig. Trotzdem machten wir den Spiegelgang vor den Kabinen zum Catwalk und präsentierten einander und den anderen sehr verdutzten Kundinnen unsere falsch zugeknöpften Blusen und hochgerutschten Röcke. Wir stolperten über den imaginären Laufsteg und sahen dabei wohl eher grotesk als sexy aus. Wir lachten, bis uns die Tränen übers Gesicht liefen, als wir nach einem Blick auf die Uhr bemerkten, dass es langsam Zeit für die Uni wurde. Ohne H&M-Einkäufe, dafür aber mit einer Familienpackung Kinder Bueno bewaffnet, fuhren wir zu unserem Seminar.

Auf dem Weg vom Gebäude-40-Parkplatz zum Seminarraum fiel uns auf, dass es seltsam ruhig war. Kaum ein Student war auf dem Campus unterwegs und man konnte sogar anstatt des üblichen Stimmengewirrs das Zwitschern der Vögel hören, was wir gleich wieder so komisch fanden, dass wir in Gelächter ausbrachen.

Der Flur vor unserem Seminarraum war menschenleer. Wir wunderten uns, dass wir die Ersten waren, dachten uns aber nicht mehr dabei, schließlich war es kurz nach 15 Uhr und die Vorlesung begann erst in einer Viertelstunde.

»Lass uns schon mal reingehen!«, meinte meine Freundin und schaute mich mit ihren geweiteten Pupillen an, »dann besetzen wir schon mal die aaallerbesten Plätze!«

»Okehee, gute Idehee!«, stimmte ich ihr trällernd zu. Schnell steckte ich mir noch ein Kinder Bueno in den Mund und fing genüsslich an zu schmatzen. Unterdessen riss Christin stürmisch die Tür zum Seminarraum auf. Da ich direkt hinter ihr lief, kollidierten wir recht unsanft, als sie auf einmal abrupt in der Tür stehen blieb. Fast hätte ich mich an meinem Schokoriegel verschluckt. Irritiert linste ich über ihre Schulter: Der Seminarraum war voll von Studenten, die bis eben vermutlich dem an der Tafel stehenden Professor Siegel gelauscht hatten. Jetzt starrten uns alle an. Ich muss dazu sagen, dass das Seminar nicht in einem der großen anonymen Hörsäle stattfand, sondern in einem klassenzimmergroßen Raum, in dem gerade mal zwanzig Studenten plus Professor Platz hatten.

Alle Augen waren jetzt also auf uns gerichtet. Es muss ein seltsames Bild gewesen sein. Die beiden als Unitussis verschrienen Mädels gucken mit geröteten Kifferaugen ziemlich dumm aus der Wäsche. Es herrschte absolute Stille. Oh mein Gott, war das peinlich! Ich schämte mich in Grund und Boden und versteckte meinen Schokoriegel hinter dem Rücken. Und was tat Christin? Sie sah demonstrativ auf ihre Uhr und fragte provokativ, da nichtsahnend, in die Runde: »Hat schon angefangen oder was?«

»So könnte man es auch sagen. Es ist schon fast wieder vorbei!«, blaffte uns der sichtlich erzürnte Professor an. Ich zog meinen Kopf ein und wollte gerade wieder kehrtmachen und abdackeln, als Christin mich am Arm packte und in den Raum zog. »Scheiße, ich hab mich total verguckt, ist schon kurz nach vier ...«, raunte sie mir dabei zu. Ich hätte sie erwürgen können. Aber jetzt hatten wir ein anderes Problem: Sämtliche Tische waren zu einem hufeisenförmigen Stuhlkreis zusammengeschoben und die letzten freien Plätze befanden sich am hintersten Ende des Raumes. Nach wie vor total stoned und nicht gerade elegant oder geräuscharm kletterten wir über Rucksäcke und Taschen zu den zwei Plätzen. Zwar hätten wir auch den rucksackfreien Weg vorbei an der Tafel nehmen können, aber allzu nah wollten wir dem Prof in unserem Zustand lieber nicht kommen.

Als wir endlich die Plätze erreicht hatten, ließ ich mich verschämt und vermutlich mit knallrotem Kopf auf meinem Stuhl nieder und vermied es, in Richtung Tafel zu schauen. Vom Stoff bekam ich sowieso nichts mit, dafür wirkte der andere Stoff noch zu gut. »Meinst du, ich kann dem Prof dazu eine Frage stellen?«, flüsterte Christin mir plötzlich zu. Entgeistert starrte ich sie an. Ich wusste nicht einmal ansatzweise, zu welchem Thema gerade referiert wurde. Passte sie gerade wirklich auf, fragte ich mich, oder glaubte sie, unseren Fauxpas durch eine Alibifrage wiedergutmachen zu können? »Untersteh dich!«, zischte ich zurück. In ihrem Zustand würde sie vermutlich die nächste Katastrophe auslösen und irgendetwas furchtbar Peinliches fragen, zum Beispiel nach der Richtlinie der EU für Zollerleichterungen von Käseimporten aus Holland oder so. Unser Getuschel war Professor Siegel nicht entgangen. »Tststs«, zischte er tadelnd und blickte uns strafend an. Bei Christin löste das unglücklicherweise einen Lachanfall aus und ich schaffte es nicht, ihr Gewieher zu ignorieren und fiel trotz krampfhaften Dagegenankämpfens mit in das Gelächter ein.

Schon wieder waren alle Blicke auf uns gerichtet. Doch diesmal waren Christin und ich uns einig. Prustend sprangen wir von unseren Stühlen auf und kletterten über die Rucksäcke zurück zur Tür. Ohne jeglichen Kommentar flüchteten wir aus dem Raum und knallten die Tür hinter uns zu. Wir rannten lauthals lachend den Flur entlang und machten erst im Freien halt. Völlig außer Puste und mit Bauchschmerzen vor lauter Lachen standen wir vor dem Gebäude und schworen uns gegenseitig, nie wieder einen Fuß in das Seminar von Professor Siegel zu setzen.

Dieses Versprechen hielten wir beide. Ich habe niemals einen Schein in Internationaler Politik gemacht. Die Tradition des Käse-Kiffer-Tags führten wir aber weiter, schließlich hatten wir jetzt donnerstags noch mehr Zeit für unser Ritual. Es war echt eine schöne Zeit damals in Magdeburg. Und so leckeren Käse habe ich danach nie wieder gegessen.

KUNST UND GESCHICHTE

*Inga kenne ich von der Uni. Ich beruhige mich immer mit
der atemberaubenden Anzahl ihrer angesammelten Fehl-
stunden, wenn ich anstatt des VWL-Kurses doch lieber
eine Premium Hot Chocolate Nonfat im Starbucks um
die Ecke genieße. Schließlich hat Inga ihr Vordiplom
auch geschafft. Und normalerweise schläft sie nicht mit
ihren Professoren, auch wenn es ihren Noten gelegentlich
sicher nicht schaden würde.*

Seufzend stand ich vor dem Spiegel und zupfte an meinem dunkelblauen Cocktailkleid. Meine kunstbegeisterte Freundin
Amélie hatte mich dazu verdonnert, gemeinsam mit ihr auf eine
Vernissage zu gehen. Irgendein total angesagter junger Künstler
eröffnete seine erste Ausstellung in einer edlen Galerie. Wahrscheinlich wollte Amélie den sagenhaften Newcomer einfach nur
vögeln. Eine andere Erklärung hatte ich nicht für ihre jüngste
Besessenheit. Ich konnte mich einfach nicht dafür begeistern,
stundenlang über irgendwelche Strichmännchenbilder zu dis-
kutieren, geschweige denn, sie andächtig und still verharrend zu
betrachten. Ich war schon fünf Mal in Paris, aber noch nie im
Louvre. Dafür kannte ich jeden Club auf beiden Seiten der Seine
und wusste genau, wann in welchem davon Happy Hour war.
So hat eben jeder seine Vorlieben.

Da ich Amélie aber etwas schuldig war, schließlich hatte sie
mich letzte Woche sogar zum Speeddating begleitet, wartete ich
jetzt vor der kleinen Galerie in der Nähe der Uni. Sichtlich auf-

geregt und in Schale geworfen kam Amélie zwei Minuten später um die Ecke. »Salut, meine Süße! Ich kann es kaum erwarten! Lass uns reingehen, der Künstler ist sicher schon da«, flötete sie und hakte sich bei mir ein. Da musste ich jetzt wohl durch. Mit einem verkrampften Lächeln betrat ich die Galerie und fühlte mich gleich fehl am Platz. An den Wänden hingen lauter riesige und überaus düstere Bilder, vorzugsweise in Grau oder Schwarz. Sie zeigten dunkle Farbkleckse, die ineinander verliefen, sonst nichts. Ich konnte mit den Bildern überhaupt nichts anfangen. Wahrscheinlich waren sie surreal oder so.

Amélie war bereits verschwunden, wahrscheinlich war sie auf der Suche nach ihrem Künstler und zukünftigen Bettpartner. Was sie wohl an dieser Künstlerszene so sexy fand? Um mich herum standen lauter intellektuell aussehende Menschen in dunklen Klamotten, die unglaublich kleine Brillen trugen und mit ernsten Mienen die »Kunstwerke« betrachteten. Wenigstens war ich mit meinem dunklen Kleid dem Dresscode angemessen gekleidet und fiel zwischen den einzelnen Grüppchen der griesgrämigen Kunstliebhaber nicht auf. Suchend blickte ich mich nach dem Buffet um. Gab es bei solchen Veranstaltungen nicht immer etwas zu essen? Ein Buffet konnte ich nicht entdecken, stattdessen gingen etliche Kellner mit kleinen Tabletts umher und reichten Snacks und Champagner. In ihren schwarzen Uniformen waren sie von den Gästen kaum zu unterscheiden.

Ich stibitzte mir ein Glas Champagner von einem Tablett und wollte mir vom nächsten gerade ein Häppchen nehmen, als mir ein aufdringlicher Fischgeruch in die Nase stieg. Auf meine Nachfrage hin erklärte mir der Kellner, dass heute alle Kanapees aus Fisch und Kaviar bestanden. »Passend zum Thema der Ausstellung ›Das Ende der Meere!‹«, belehrte mich der hochnäsig dreinblickende Kellner. Ich fragte mich, wie diese Kunstbegeisterten die Ozeane retten wollten, indem sie deren Bewohner aufaßen, und leerte kopfschüttelnd mein Glas Champagner. Dann würde ich meinen leeren Magen eben mit flüssigen Kohlenhydraten füllen müssen, dachte ich und schnappte mir das nächste Glas Champagner.

Nach zwei weiteren Champagnerflöten und dreißig öden Minuten vor einem besonders scheußlichen Bild bereitete ich mich auf einen unauffälligen Abgang vor. Ich war der Meinung, dass ich meine Schuldigkeit getan hatte. Lächelnd drückte ich mein leeres Glas dem nächstbesten Kellner in die Hand und drehte mich gerade in Richtung Eingang, als ich gegen eine Wand aus sandfarbenem Kordstoff rannte. Irritiert blickte ich an dem Modelegastheniker hoch und schaute direkt in das Gesicht meines Geschichtsprofessors.

Die meisten Studenten mochten Professor Dr. Müller: die Jungs, weil er recht unkonventionell ist, die Mädels, weil er für einen Professor relativ jung ist, Kraftsport macht und ganz gut aussieht. Ich gehörte dieser Fan-Gruppe nicht an. Ganz im Gegenteil. Seit der Müller mich im letzten Semester eiskalt durch die Geschichtsklausur rasseln lassen hatte, stand er auf meiner persönlichen schwarzen Liste. Deswegen brannte jetzt in mir das Bedürfnis, schnell wegzurennen und den Herrn Professor vor dem scheußlichen Depri-Bild einfach stehen zu lassen. Das verhinderte er aber, indem er mich freudig strahlend begrüßte: »Frau Berger! Was machen Sie denn hier?«

»Nur eine Freundin begleiten, ich wollte gerade wieder gehen!«, antwortete ich gequält. Doch Müller machte mir einen Strich durch die Rechnung, schnappte sich zwei Champagnergläser und forderte mich zum Anstoßen auf. Anscheinend kannte er hier auch niemanden und war sogar über die Gesellschaft einer Geschichtsniete froh. Vielleicht war auch seine Exfrau anwesend und er wollte mich als junge Geliebte ausgeben. Auf solchen Vernissagen soll es ja bekanntlich bunt zugehen.

Wider Erwarten war Müller einfach nur genervt von der pseudointellektuellen Kunstszene und langweilte sich zu Tode. »Ich hasse solche Veranstaltungen, aber einer der Veranstalter sitzt in der Stiftungsförderung der Uni. Verschwinden kann ich hier so schnell nicht«, vertraute er mir leise an. Hätte ich mir gleich denken können, dass der nicht dazugehört, überlegte ich mir und musterte seufzend seinen sandfarbenen Kordanzug. Aus dieser Nummer kam ich nicht mehr so schnell raus, also ergab ich mich in mein Schicksal und machte es mir erträglicher, indem ich das nächste Glas Schampus exte. Müller tat es mir erstaunlicherweise gleich und fing an, über die anwesenden Gäste zu lästern. Im Lästern bin ich ziemlich gut und so begannen wir beide doch tatsächlich, uns etwas zu amüsieren.

Ich weiß nicht mehr, wie viele Gläser Champagner wir gemeinsam leerten, aber es waren einige. Einige zu viel. Irgendwann fand ich Armin, wir waren mittlerweile beim Du angekommen, sogar richtig attraktiv. Und er mich wohl auch, denn als wir uns gerade lachend über einen Intellektuellen mit Brille amüsierten, der der kleine Bruder von Alfred Biolek hätte sein können, ließ er seine Hand wie aus Versehen über meinen Po gleiten. Mir gefiel diese Berührung ungemein gut und ich rückte näher an Müller heran. Amélie war Gott sei Dank nirgendwo zu entdecken – hätte sie mich mit Prof. Müller gesehen, sie wäre vom Glauben abgefallen! Na ja, ich ja wahrscheinlich auch, wenn mir jemand prophezeit hätte, dass ich mit meinem Professor abziehen würde.

Irgendwann sind Armin und ich dann gemeinsam gegangen. Wie selbstverständlich sind wir Hand in Hand zu seinem Porsche gelaufen oder vielmehr getorkelt. Etwas unsicher auf den Beinen hielt er mir die Tür auf und ich stolperte in seinen Wagen. Sobald wir beide saßen, fielen wir übereinander her. Der Kordstoff fühlte sich nach altem Mann an, also zog ich ihm das Jackett aus und setzte mich auf ihn. In der Position vögelten wir dann das erste

Mal miteinander und ich fand es sehr geil, Sex in einem Porsche zu haben. Dass es mein Professor war, den ich da gerade ritt, verdrängte ich in dem Moment erfolgreich.

Anschließend fuhren wir zu ihm. Er bewohnte eine Doppelhaushälfte in einem Münchner Vorort und mir kam es vor, als ob wir ewig in seinem Porsche unterwegs gewesen wären. Wir waren beide geil und wollten so schnell wie möglich wieder vögeln, was wir dann bei ihm unter der Dusche gleich taten. Er hatte einen ziemlich geilen Body, zwar etwas zu behaart, aber für sein Alter wirklich 1A. Ich hatte schon 22-Jährige mit schwabbeligeren Körpern gesehen. Als wir irgendwann später erschöpft in sein Bett fielen, blies ich ihm noch einen unter der Decke und schlief dann erschöpft und ziemlich benebelt neben meinem Liebhaber ein.

Als ich aufwachte, hämmerte es in meinem Kopf. Beim ersten Blinzeln wusste ich gar nicht, wo ich war. In Erwartung des Anblicks meines WG-Zimmers öffnete ich die Augen und sah ein hellblau gestrichenes Schlafzimmer. Ich lag in einem zerwühlten Bett und von irgendwoher waren Duschgeräusche zu hören. »Oh Gott!«, stöhnte ich. Denn nun erwachte auch meine Erinnerung und jagte mir eine Gänsehaut des Entsetzens über den Rücken. Ich hatte die halbe Nacht mit meinem Geschichtsprofessor gevögelt! Dem Arschloch, das mich durch die Prüfung fallen lassen hatte, obwohl ich drei der vier Fragen einigermaßen beantworten konnte! Hektisch sammelte ich meine zerknitterten Klamotten vom Boden auf, schnappte mir meine Tasche und schlich die Treppe hinunter und raus aus der Doppelhaushälfte des Grauens.

Erst nachdem ich die Straße und das Klingelschild »A. Müller« ausreichend weit hinter mir gelassen hatte, fiel mir auf, dass hier nirgends ein S- geschweige denn U-Bahn-Schild zu sehen war. Ich befand mich gewissermaßen im Niemandsland. Immerhin war es werktags, so dass ich im nächsten Supermarkt eine leicht verstört wirkende Kassiererin nach dem Ortsnamen fragen konnte. Erleichtert rief ich meine Mitbewohnerin Nina an, die ohne großes Murren mit ihrem Auto kam und mich abholte. Dafür bin ich ihr heute noch dankbar, denn Geld für ein Taxi hätte ich nicht gehabt. Dafür bekam Nina einen ziemlichen Lachkrampf, als ich ihr auf der Autobahn erzählte, von wem sie mich da gerade abgeholt hatte. Ein bisschen konnte ich mitlachen, denn irgendwie war es ja schon eine geile Geschichte. Aber mir war schlecht und mein blaues Kleid stank nach altem Mann, deswegen war ich froh, als wir unsere Wohnung in Schwabing erreichten und ich unter die Dusche springen konnte.

Natürlich musste ich an dem Tag auch noch in die Uni. Glücklicherweise hatte ich aber keinen Geschichtskurs. Doch wie ich da so zwischen meinen nichts ahnenden Kommilitonen saß und dem unverständlichen Vortrag meines unspektakulären Professors lauschte, konnte ich ihn nicht ignorieren, den widerlichen Geschmack in meinem Mund. Ich fuhr mir mit der Zunge über die Zähne. Der pelzige Belag auf den linken hinteren Backenzähnen löste eine leichte Übelkeit in mir aus. Nicht mal mehrfaches Zähneputzen hatte das zähflüssige Sperma von Professor Müller beseitigen können. Die unselige Nacht verfolgte mich und haftete an mir beziehungsweise an meinen Zähnen. »Kann man von Sperma eigentlich Karies bekommen?« Der Erstsemester neben mir schüttelte auf meine, wohl versehentlich laut gestellte Frage hin mit dem Kopf und rückte etwas weiter von mir ab. Bekommen habe ich jedenfalls keins.

Zu Hause konnte ich den ekelhaften Belag mit viel Zahnseide dann endlich endgültig entfernen und die Nacht aus meinem Kopf verbannen. Die Geschichtsprüfung habe ich in diesem Semester übrigens bestanden. Ich habe zwar nicht viel dafür gelernt, ich glaube aber, ein weiteres Semester wollte Müller mich nicht mehr in seiner Nähe haben. Das war mir nur recht.

WER MORDET SCHON BARFUSS?

Philipp, ein alter Bekannter von mir, ist ein sehr liebenswerter Hotelfachmann mit einer ausgeprägten Schwäche für Weißbier und eigentlich eher wasserscheu. Seit folgendem Kampftaucherlebnis à la Jochen Schweizer nenne ich ihn dennoch bevorzugt »The Lechman«.

Ich muss nur noch schnell meinen iPod aus dem Auto holen!«, ein harmloses Unterfangen, so dachte ich eigentlich. Doch nach neun Weißbieren und ebenso vielen Kurzen sollte man wohl nicht mehr allzu viel denken. Zumindest kommt da in meinem Fall meistens nur Mist bei raus. Ich wollte also nach dem lustigen Abend mit den Jungs noch schnell den neuen iPod aus meiner Rostlaube holen, schließlich war es arschkalt und der iPod war arschteuer, keine gute Kombination, wie ich fand.

Da ich gleich um die Ecke wohnte, stand mein Auto sowieso nicht weit weg. Wobei der Ausdruck »wohnen« vielleicht etwas zu hoch gegriffen war, denn wirklich wohnen konnte man in dem Zwölf-Quadratmeter-Zimmer im Hotel nicht. Zumindest nicht in dem Teil des Luxushotels, in dem ich wohnte, nämlich nicht im Gäste-, sondern im weitaus unkomfortableren Angestelltenbereich. Seit ich den Beruf des Hotelkaufmanns ergriffen hatte, stieg nicht nur mein Hass auf schmutzige Toiletten, sondern auch mein Alkoholkonsum stetig an. Ärzte spielen Golf, Beamte sammeln Stempel und Gastronomen saufen, so einfach ist das Leben.

Diesem Hobby hatte ich also auch an jenem Abend vielleicht etwas zu ausgiebig gefrönt. Während ich da so auf einer kleinen vereisten Brücke zu meinem Auto schlitterte, suchte ich in meiner Jackentasche nach dem Schlüsselbund. Mit meinen durchgefrorenen Fingern war das allerdings gar nicht so einfach. Endlich konnte ich das lange Ende eines Schlüssels greifen und zog es mit zwei Fingern aus der Jackentasche. Vielleicht fehlte mir dank des Bieres das motorische Feingefühl oder ich hätte meine Jackentasche einfach ganz aufmachen sollen, jedenfalls verhakten sich beim Rausziehen zwei Schlüssel. Ungeduldig zog und zerrte ich an ihnen – bis die Schlüssel sich endlich lösten. Dummerweise glitt mir dabei das kalte Metall aus den Fingern, der komplette Schlüsselbund flog in hohem Bogen über das Brückengeländer und plumpste unter mir in den Lech. Ich bedankte mich in Gedanken beim Schicksalsgott, diesem Arschloch. So was passierte sonst nur in alten Dick-und-Doof-Filmen, ich war aber *weder* dick noch doof. Nur nicht mehr ganz so standsicher.

Vorsichtig beugte ich mich über das Brückengeländer und lugte nach unten. Irgendwo da im dunklen Lech lag mein Schlüsselbund. Besonders tief sah der Fluss nicht aus, fand ich. Ich seufzte. Der schnellste Weg, an meinen Schlüssel, meinen iPod und somit anschließend ins Bett zu gelangen, lag wohl darin, schnell runterzuklettern und den Schlüssel wieder rauszufischen. Die Böschung auf der anderen Seite der Brücke sah, soweit ich sie erkennen konnte, leicht überwindbar aus. Mei, dachte ich mir, es war ja auch nur der Lech, nicht die Donau oder der Amazonas. Allzu schwierig würde das Unterfangen nicht sein. Also machte ich mich daran, die vermeintlich flache Böschung herunterzuklettern. Mein Tritt war leider nicht mehr ganz so sicher und die vereiste Böschung tat ihr Übriges – alles andere als sanft kugelte ich schon nach dem zweiten Schritt rückwärts den Hang hinunter. Ich hatte einmal gehört, dass Betrunkene elegant wie Katzen fallen. Wenn das stimmte, musste ich wohl nüchterner sein, als ich gedacht hatte. Hätte nicht meine linke Körperseite im eiskalten Wasser gelegen, ich glaube, ich wäre erst mal im Schnee liegen geblieben und hätte immerhin katzengleich meine Wunden geleckt.

Dank des Eiswassers stand ich jedenfalls innerhalb von Sekunden wieder in der Senkrechte, zumindest fast. Ganz gerade stehen ging nicht mehr. Da ich jetzt sowieso schon nass war, wollte ich keine Zeit mehr verlieren, nur kurz unter die Brücke waten, den Schlüssel aus dem Wasser angeln und dann noch schnell zum Auto laufen. Alles easy, kein Grund zur Panik, sagte ich mir. Ich riss mich zusammen und stieg mit dem ersten Fuß in den Lech. »Ffffhhh«, zog ich scharf die kalte Winterluft ein. Wenn man bewusst ins Wasser stieg und nicht hineinfiel, fühlte es sich noch viel kälter an. Und etwas tiefer, als ich dachte, war das Flüsschen leider auch.

Sei kein Weichei und hol den Schlüssel, ermahnte ich mich selbst und versuchte, mich auf mein Ziel zu konzentrieren. Und plötzlich fror ich gar nicht mehr so sehr. Vielleicht wärmte mich auch das Bier innerlich, jedenfalls tat ich einen Schritt nach dem anderen und spazierte so mitten in der Nacht, mitten in der Altstadt und mitten im Lech unter die besagte Brücke. Während ich am Waten war, dämmerte mir durch meinen Biernebel, dass ich gerade meine Schuhe nass und bestimmt auch kaputt machte. Das fand ich ziemlich nicht sinnvoll, besonders billig waren die nämlich nicht gewesen. Also kehrte ich wieder um, watete zurück ans Ufer, setzte mich und zog mir die Schuhe aus. Als ich die Knoten der Schnürsenkel endlich gelöst hatte, stellte ich die tropfenden Schuhe entschlossen am Ufer ab, rappelte mich wieder auf und suchte mir erneut meinen Weg durch den Lech.

Nur die ganzen kleinen spitzen Steinchen auf dem Grund hatte ich vorher noch nicht bemerkt. Eigentlich unglaublich, dass ich überhaupt noch Gefühl in den Füßen hatte. Aber dieses Gefühl war jetzt sehr hinderlich, meine Fußsohlen taten nämlich saumäßig weh! Schnell versuchte ich, der Qual Abhilfe zu schaffen, indem ich von einem Fuß auf den anderen sprang. Dabei kam ich ins Straucheln, wackelte kurz und fiel der Länge nach vornüber ins Wasser. Ich konnte sogar das laute Aufklatschen hören. Mit Lechwasser in der Fresse und nach Luft schnappend richtete ich mich so gut es ging wieder auf. Tropfnass und zitternd fragte ich mich, was eigentlich noch alles schiefgehen könnte. Ich hatte eben keine Ahnung.

Bibbernd watete ich weiter unter die Brücke, immerhin merkte ich die Steinchen jetzt nicht mehr, die ersehnte Taubheit hatte sich endlich eingestellt. Ab wann Erfrierungen wohl gefährlich werden können, fragte ich mich in einem kurzen Anflug von Panik. Würde ich ohne Zehen überhaupt noch kellnern können? Ob es wohl so etwas wie Zehenprothesen gab? Ich versuchte, die Gedanken abzuschütteln und mich wieder zu konzentrieren.

Jetzt stand ich genau da, wo der Schlüssel meiner Meinung nach eigentlich liegen musste. Vorsichtig bückte ich mich und stützte eine Hand auf dem steinigen Grund ab, während ich mit der anderen nach dem Schlüsselbund suchte. Das Gleichgewicht zu halten und gleichzeitig mit tauben Fingern nach Metall zu tasten, war jedoch schwieriger, als ich vorhin, noch trocken auf der Brücke stehend, gedacht hatte.

Ich suchte und tastete, hob einen Stein an, ließ ihn wieder fallen, kam ins Straucheln, konnte mein Gleichgewicht zurückerlangen, bückte mich wieder, kam erneut ins Straucheln und – *klatsch* – lag wieder im Lech. So ging das eine ganze Weile. Meine gefühlte Körpertemperatur betrug ungefähr dreihundert Grad minus.

»He, Sie! Komme Sie da mal raus, jetza!«

Keuchend rappelte ich mich auf und fragte mich erschrocken, wer da zu mir sprach. Doch nicht etwa der Lechgeist oder so was? Suchend blickte ich mich um. Aber was meine Augen da am Ufer neben meinen Schuhen erblickten, war mitnichten der

Lechgeist. Zwei Polizisten in Uniform standen frierend an der Böschung und starrten mich misstrauisch an.

»Raus da!«

Die Herren wurden leicht ungehalten, da ich keine Anstalten machte, mich aus dem Wasser zu bewegen, sondern regungslos (bis aufs Zittern) und tropfend im Wasser verharrte und mit blutunterlaufenen Augen zurückstarrte. Es war ja nicht so, dass ich nicht raus wollte, ich war mir nur nicht sicher, ob ich noch konnte. Mein kompletter Körper war mittlerweile klitschnass, ich zitterte wie Espenlaub und meine Füße hörten nun überhaupt nicht mehr auf die Befehle, die mein Gehirn erteilte. »Wenn Sie net sofoart rauskomme, dann komme mir nei!« Das glaubte ich den Herren allerdings nicht. Und die sich selbst wohl auch nicht, denn sie hopsten unbehaglich von einem Bein aufs andere und schauten jetzt fast schon flehend zu mir herüber. Also nahm ich meine letzte Kraft zusammen und schleppte mich ans Ufer. Vier Arme packten mich und versuchten, mich – ziemlich ungestüm – an Land zu ziehen. Auf eine so körperliche Konfrontation mit der Staatsgewalt war ich allerdings nicht gefasst, strauchelte und – man kann es wohl erahnen – landete wieder mit einem lauten Klatschen im Lech. Schimpfend wichen die Herren zurück, sie hatten mein Spritzwasser abbekommen und fanden das offensichtlich gar nicht lustig.

»RAUS JETZT!« Von Mitleid konnte ich keine Spur erkennen und dass die Herren mich eben zu Fall gebracht hatten, tat ihnen anscheinend auch nicht besonders leid. Wieder mal rappelte ich mich auf, schleppte mich ans Ufer und kletterte – dieses Mal ohne fremde Hilfe – an Land. Tropfend und bibbernd stand ich mit gesenktem Kopf vor den Beamten wie ein Schneemann vor einem bösartigen kleinen Jungen mit Bunsenbrenner, nur dass mich die Herren nicht nur anwärmen, sondern mir eher ordentlich Feuer unterm Hintern machen wollten.

»Was hamsn da drinnen zu suchen ghabt?« Der Größere der beiden blickte mich lauernd an. Vor mir standen meine fleischgewordenen Lieblingskomiker. Über Dick und Doof konnte ich mich sonst immer köstlich amüsieren. Vorhin noch musste ich an meinen Lieblingsfilm der beiden denken. Tja, die Geister, die ich rief, hier standen sie nun in schickem Dunkelgrün und mit fiesem Leberwurstatem vor mir. Ich beschloss, dass es clever wäre, Doof zu antworten.

»Ich hab meinen Schlüssel gesucht.«

»Ah so, Sie ham also Ihrn Schlüssel gsucht, ahaha.« Beifall heischend schaute Doof zu Dick rüber. »Der iss Ihnen wohl da neingfallen, oda?«

»Yep.« Zitternd betete ich, dass die Herren sich schnell wieder vom Acker machen würden und ich endlich irgendwohin konnte, wo es warm war. Ob mit oder ohne iPod wurde mir zusehends gleichgültiger.

Die Beamten signalisierten einander mit einer sehr ausgebufften Zeichensprache (Dick schüttelte den Kopf, Doof tippte sich mit dem Zeigefinger an die Stirn), dass sie mir meine Geschichte nicht abnahmen. »Des glaub i Ihnen netta!«, unterstrich Dick die Symbolik verbal. Ja, dachten die Deppen denn, ich wollte mich im knietiefen Lech ertränken oder was? Nach einem Blick in ihre ernsten Mienen dämmerte mir, dass sie wohl genau das dachten. Ich schluckte und fragte mich, ob sie mich jetzt zu einem Psychologen schicken und meine schlimme Kindheit inklusive der Schneemanngewaltfantasie analysieren lassen würden. In der Klapse wäre es wahrscheinlich wenigstens warm.

»Sie habe wohl a bisserl was gedrungge, häh!?« Der kleine bösartige Dicke schnüffelte naserümpfend in meine Richtung. Ich hatte aber auch Pech. Ich war mir fast sicher gewesen, dass sein Leberwurstbrotgestank meine Bierfahne übertünchen würde. Dabei fühlte ich mich mittlerweile erstaunlich nüchtern.

Deswegen konnte ich den beiden auch relativ klar zu Protokoll geben, dass ich ganz harmlos mit Kollegen ein paar Bierchen gekippt hatte. Soweit mir bekannt war, war das in Bayern kein Verbrechen.

»Un wo isch Ihr Kollege dann jez?« Doof schaute mich von oben herab fragend an. Welcher Kollege, fragte ich mich und verstand nicht, was die beiden jetzt schon wieder von mir wollten. Anscheinend sahen die beiden mir meine Ratlosigkeit an, zumindest sah sich Dick bemüßigt, die Frage seines Kollegen genauer zu erläutern. »Uns habe Anwohna angrufe, dass zwei verdächtige Persohne im Lech veschwunde sin und mir suche die jez. Also wo iss er, der Kollege?«

»Ich bin ganz alleine hier, meine Kollegen sind nach dem Treffen nicht mehr mitgekommen, ich bin zu meinem Auto …« Bevor ich meinen Satz beenden konnte, wichen die Polizisten merklich zurück. Doof legte seine Hand sogar verunsichert auf seine schwarze Pistolentasche am Gürtel. Ich fragte mich, was los war. Womit hatte ich dem seltsamen Duo jetzt solche Angst eingejagt?

»Sie bestreite also, dass Sie hier zu zweit warn?« Dick wurde immer unruhiger. Plötzlich verstand ich. Die dachten, ich hätte meinen Kollegen im Lech um die Ecke gebracht! Oh scheiße, langsam dämmerte es mir. Ich wollte doch nur meinen Autoschlüssel holen und jetzt stand ich hier als Mordverdächtiger da! Ich zog Unglück aber auch magisch an. Ich atmete tief ein; das Missverständnis musste doch irgendwie zu klären sein.

Dank eines Geistesblitzes begann ich, den bayerischen Möchtegern-CSIlern die Namen und Telefonnummern aller Kollegen von heute Abend aufzuzählen. Die würden sich bedanken – auf die dummen Sprüche freute ich mich schon. Aber lieber kassierte ich ein paar blöde Sprüche, als mich von den beiden Schmalspurkomikern in Handschellen und unter Mordverdacht abführen zu lassen. Während Dick und Doof also parallel mit dem Revier und meinem halben Freundeskreis telefonierten, schaute ich ihnen mit erhobenen Händen, sie hielten mich ja für gefährlich, und blauen Lippen zu. Noch nie in meinem Leben habe ich so gezittert und ich hoffe, ich werde es auch nie wieder tun. Sogar die Beamten bekamen Mitleid, als sie sich sicher waren, dass ich kein gemeingefährlicher Flussmörder war.

»Wo wohne Sie denn?« Der Doofe startete einen Annäherungsversuch.

»Im Posthotel.«

Augenblicklich kamen beide Polizisten erneut ins Stutzen und der Dicke hörte auf, in sein Notizbuch zu kritzeln, um ruckartig seinen Kopf samt schwabbelndem Doppelkinn zu heben. Misstrauisch musterten sie mich. Ich muss sagen, ich konnte sie sogar verstehen. Ein tropfnasser, nach Bier stinkender, unbeschuhter, hagerer Mann Anfang zwanzig, der nachts aus dem Lech klettert, gehört auf den ersten Blick nicht zwangsläufig ins beste Hotel der Stadt.

»Ham Sie denn nen Schlüssel dabei?«, fragte der Dicke besonders schlau, während sein Kollege bewundernd auf ihn herabblickte.

Ich machte eine Kopfbewegung Richtung Fluss: »Der liegt im Lech.« Die Schlüssigkeit meiner Argumentation konnte nicht mal Dick bestreiten. Während ich noch bangte, dass die beiden Helden jetzt im Hotel anrufen und meine Angaben nachprüfen würden, woraufhin mein Chef vermutlich seinem polizeilich erfassten Angestellten aus Angst um seine teuren Gäste morgen so schnell wie möglich kündigen würde, entschieden sich die beiden dazu, mir zu glauben. Es war selbst für fast trockene Männer in Lederjacken ziemlich kalt. Mit der Bemerkung, dass man sich an mich wenden würde, wenn noch irgendwelche Fragen (sprich halbgefrorene Wasserleichen) auftauchen würden, verabschiedeten sie sich. Damit war ich dann entlassen.

Zwar hatte ich immer noch keinen Schlüssel, aber das war jetzt nicht zu ändern. Ich überlegte kurz, ob ein neuerlicher Tauchversuch sinnvoll wäre, aber die Möglichkeit eines erneuten Auftauchens von Dick und Doof und die steigende Gefahr eines langsamen Kältetodes schreckten mich dann doch ab. Der iPod würde es schon überleben und irgendwie musste ich doch auch ohne Schlüssel in die Nähe meines Zimmers kommen, hoffte ich.

Mit knirschenden Hosen und komplett tauben Gliedmaßen lief ich auf Socken (die Schuhe hatte ich in der Aufregung am Lechufer vergessen) in das feudale Foyer des Posthotels. Ich hinterließ eine halb nasse, halb vereiste Lechspur auf dem teuren roten Teppich. Aber morgen hatte jemand anders Putzdienst, insofern war mir das herzlich egal. Meiner Kollegin hinter dem Tresen dagegen weniger. Sie starrte mich mit offenem Mund an und musterte mich von oben bis unten. Zwar brachte ich etwas Abwechslung in ihren trüben Nachtdienst, stellte aber auch einen Problemfall in *ihrer* Schicht dar, weswegen sie mir ohne langes Zögern den Ersatzschlüssel für den Angestelltenbereich übergab und sogar vergaß, das übliche Pfand von zwanzig Euro einzukassieren. Erleichterung machte sich bei mir breit.

Mit dem Schlüssel konnte ich zwar nicht in mein Zimmer, aber immerhin in den Gemeinschaftsbereich, zu dem auch ein Bad gehörte. Ohne Umwege ging ich dann auch genau da hin, steckte den Stöpsel in die Badewanne, ließ heißes Wasser einlaufen und pulte mich so schnell es ging aus den halb gefrorenen Klamotten. Mein ganzer Körper war mit wulstigen dunkelblauen Adern und roten Flecken übersät. Ich hätte als überzeugende Wasserleiche in jedem Horrorfilm mitwirken können. Zitternd stieg ich in die heiße Wanne. In Sekundenschnelle überwältigte mich ein unglaublicher Schmerz. Es fühlte sich an, als ob hunderttausend Nadeln gleichzeitig in meinen gesamten Körper stechen würden. Von wegen endlich Wärme und Wohlgefühl! Mir blieb fast die

Luft weg. Nur mein Selbsterhaltungstrieb und die betäubende Wirkung der langsam auftauenden Promille machten es mir möglich, in der Wanne liegen zu bleiben. Und als die Schmerzen dann endlich nachließen, sank ich tatsächlich in einen Zustand tiefer glückseliger Geborgenheit.

Erst am nächsten Morgen verließ ich die Wanne. Die wütenden Klopfzeichen meiner Mitbewohner an der Badezimmertür hatte ich in meiner Glückseligkeit schlicht ausgeblendet. Zwar hatte mich meine aufgeweichte Gummihaut in eine noch grausigere Wasserleiche verwandelt, aber tot fühlte ich mich ganz und gar nicht. Und wie durch ein Wunder – außer einem leichten Schnupfen, blöden Sprüchen und 'ner Stange Geld für den Schlüsseldienst (weder der Schlüssel noch Leiche tauchten jemals auf) – kam ich mit diesem Flussabenteuer relativ glimpflich davon. Sogar der iPod hat es überlebt. Meine Schuhe habe ich allerdings nie wieder gesehen und um den Lech mache ich noch heute sicherheitshalber einen weiten Bogen.

ANGRIFF DER KILLERQUALLE

Der aufmerksame Leser wird sich vielleicht noch an meine beste Freundin Sarah erinnern, die nächtliche Strip-Putzfrau mit Kampftrinker-Qualitäten. Ja, sie ist schon etwas ganz Besonderes. Deshalb bin ich auch sehr gerne mit ihr in den Urlaub nach Tunesien geflogen, und das obwohl wir uns damals erst drei Monate kannten. Und die Abstürze in diesem Urlaub – für die konnte Sarah diesmal wirklich nichts ...

August, 35 Grad im Schatten, ein deutscher Luxusclub in Tunesien, 11 Uhr 45 Ortszeit.

Schreiend rannten Sarah und ich den Strand entlang, direkt aufs Meer zu, und warfen uns samt Sommerkleidchen in die nicht wirklich kühlen, aber immerhin türkisblauen Fluten. Ein kribbelndes Glücksgefühl machte sich in uns breit, wir hatten zwei lange Wochen Strandurlaub, Sonne und Party vor uns.

Andere mögen ja auf Trekkingtouren durch Nepal Erfüllung finden oder in den Dolomiten auf irgendwelchen Bergen herumkraxeln und sich an der Natur erfreuen. Sarah und ich sind da eben etwas anders gestrickt. Sonne, Strand, Meer, der unaufdringliche Luxus eines deutschen Fünf-Sterne-Clubs und jeden Abend ein Dessertbuffet mit reichlich Mousse au Chocolat und sprudelndem Champagnerbrunnen – das entspricht eher unserem Geschmack.

Wir freuten uns auf 14 Tage Mädchenurlaub im palmenreichen Clubresort, in dem selbst der Orangensaft mit Schirmchen serviert wurde und die Handtücher nach Melone dufteten. Oberflächlichkeit kann manchmal einfach so herrlich entspannend sein.

Da an unserem ersten Abend im Club eine große Party am Strand stattfand, wollten wir natürlich perfekt gestylt sein. Und nachdem wir kaum nennenswerte zwei Stunden an unserem Outfit gefeilt hatten, machten wir uns gut gelaunt auf den Weg. Die Laune trübte sich etwas, als wir nach den ersten weniger sexy gestaksten Metern im knöcheltiefen Sand feststellten, dass heute wohl doch nicht ganz der passende Anlass für High Heels war. Also machten wir einen kleinen Ausflug hinter die aufgestapelten Sonnenliegen, zogen uns die Stilettos aus und deponierten sie in einem Haufen zugeklappter Sonnenschirme. Tussis? Wir? Nein!

Elf Zentimeter kleiner setzten wir frohen Mutes unseren Eroberungsfeldzug gen Beachbar fort. Dort tobte schon die Hölle. Braun gebrannte Mädels in Bikinitops trugen Blumenketten um den Hals und ließen sich von den männlichen Cluburlaubern begaffen. Die trugen, je nach Bauchumfang, bunte Badeshorts mit noch bunteren Hawaiihemden oder tanzten mit freiem Oberkörper.

Aktuell hatte die Meute einen Riesenspaß daran, unter einem Bambusrohr hindurch Limbo zu tanzen. Mittlerweile robbten die meisten auf ihrem Allerwertesten unter der Stange durch. Besonders ein dunkelhaariger, braun gebrannter und gut durchtrainierter Typ fiel mir auf – und das beruhte ganz offensichtlich auf Gegenseitigkeit. Sarah grinste mich vielsagend an. Vermutlich auch deshalb, weil sie selbst ein Auge auf den Typen geworfen hätte, wäre da nicht Andreas, ihr Freund, der gerade mit Kumpels eine Kanutour in Norwegen machte (und garantiert ohne braun gebrannten Surferbody zurückkommen würde).

Sobald der Limbo-Schwachsinn beendet war, enterten wir die Tanzfläche. Je mehr Caipirinhas wir tranken, desto mehr Spaß hatten wir. Nach einer Weile verlagerten wir unser fröhliches Gehopse (»Heeyy! Ab in den Süüüden!«) auf einen Holztisch am Rande der Tanzfläche.

Ein gut gelaunter DJ aus Österreich sandte einen Strandhit nach dem anderen in die laue Mittelmeernacht, die Sterne funkelten, unsere Röcke flogen im Takt und der durchtrainierte Surferboy beobachtete jede meiner Bewegungen – wir waren auf dem Höhepunkt unseres ersten Urlaubsabends angekommen.

Den hektisch winkenden Tennistrainer, der vor uns auf und ab hüpfte, ignorierten wir anfangs mangels Attraktivität. Er schien uns irgendetwas zuzuschreien, das wir wegen der lauten Musik aber nicht verstehen konnten.

»Du, ich glaub, der will irgendwas von uns!«, schrie mir Sarah ins Ohr.

Ich sah sie an. »Interessiert's dich?«

»Nö!«

Kopfschüttelnd tanzte ich mit geschlossenen Augen weiter und wiegte mich im Takt der Musik. Hoppla, anscheinend bewegte nicht nur ich mich … Irgendwie setzte sich auch die Platte unter mir in Bewegung. So viele Caipis hatte ich nun auch wieder nicht getrunken. Sarah schien sich genau das Gleiche zu fragen, denn als ich die Augen wieder aufmachte, sah ich, wie sie mit rudernden Armen krampfhaft versuchte, das Gleichgewicht zu halten.

»Der Tisch bricht zusammen! Runter mit euch!« Jetzt verstanden wir, was der hilfsbereite Tennistrainer uns mitzuteilen versuchte. Schreiend versuchten wir, noch abzuspringen, als das hölzerne Ungetüm unter uns beiden zusammenbrach.

Dann lagen wir da. Im Sand. Auf dem Tisch. Beziehungsweise auf dem, was von dem Tisch übrig geblieben war. Um uns herum überall gesplittertes Holz. Sogar die Musik war verstummt. Die noch anwesenden Clubmitglieder starrten uns entgeistert an. Man hörte nur noch das Rauschen des Meeres und langsam einsetzendes leises Geflüster.

Nach einem sehr langen Schreckmoment ging die Musik wieder an. Sarah und ich berappelten uns einigermaßen und die Gaffer wandten sich zum Glück wieder der Tanzfläche zu. Ich traute mich nicht mehr, auch nur in die Richtung des süßen Surferboys zu schielen. Frustriert beschlossen wir, uns aufs Hotelzimmer zurückzuziehen und entschlüpften so unauffällig wie möglich in die Dunkelheit der Nacht.

Gerade als wir in dem Stapel mit feuchten Sonnenschirmen nach unserer Würde und unseren Stilettos wühlten, hörte ich hinter mir ein leises Räuspern. Mit einem pinkfarbenen High Heel in der Hand drehte ich mich um. Vor mir stand der süße Surferboy und starrte auf den spitzen 11-Zentimeter-Absatz, der gefährlich nah vor seiner nackten Brust zitterte. Schnell ließ ich meine Hand mit der Waffe sinken und versuchte ein schüchternes Lächeln aufzusetzen, während ich Sarah mit der anderen Hand hinter dem Rücken zu verstehen gab, unten zu bleiben.

»Hi, ich bin Marco. Hast du vielleicht Lust, noch einen kleinen Absacker zu trinken, zur Beruhigung?« Kurz fuhr ich mir durch die sandigen Haare und überlegte, wie sich mein mittlerweile wohl gänzlich verschmiertes Make-up in meinem roten Gesicht machte.

»Oh, furchtbar gerne, also normalerweise, furchtbar gerne. Aber jetzt muss ich blöderweise meine beste Freundin aufs Zimmer bringen.« Mit der freien Hand zerrte ich an Sarah, bis sie sich ächzend aufrichtete. »Sie hat ganz furchtbare Kopfschmerzen.« Lächelnd nickte ich Marco noch mal zu, schnappte mir Sarah und zerrte sie den Weg in Richtung der Bungalows entlang. Ziemlich verdutzt schaute Marco uns nach.

»Spinnst du?«, zischte Sarah mir zu. »Du fandest den doch so toll! Was geht denn jetzt bei dir ab?«

»Psst! Nicht so laut!« Ich blickte mich vorsichtig nach hinten um. »Süße, ein Absturz pro Abend reicht mir völlig, ich sehe aus wie eine Vogelscheuche, rieche wie eine brasilianische Eckkneipe und mein Hintern tut weh. Wir haben 14 Tage hier, das ist verdammt viel Zeit für potenzielle Urlaubsflirts.«

»Und wenn er morgen abreist?«

Strafend schaute ich Sarah an: »Schon mal Sand geschluckt?«

Der nächste Tag begann für Sarah und mich erst gegen Abend. Wir waren wieder einigermaßen fit und machten uns frisch gestylt auf den Weg zur Poolbar. Heute würde uns nichts den Abend verderben können, nicht mal ein heimtückischer Holztisch, das nahmen wir uns fest vor.

Ich ließ meinen Blick wandern. Ein Stück hinter uns saß Marco im Kreis der Volleyball-Clique. In Erinnerung an unseren peinlichen Auftritt gestern beschloss ich, erst einmal keinen Blickkontakt aufzunehmen, sondern mich der gerade stattfindenden Animationsshow zu widmen. Fünf pummelige Animateurinnen aus dem Kinderparadies versuchten gerade mit wachsender Verzweiflung, in neonfarbenen Schlaghosen und engen Bikinitops den ABBA-Hit *Dancing Queen* zu performen und dabei einigermaßen sexy auszusehen.

Peinlich berührt wandte ich meinen Blick wieder nach hinten. Und, siehe da, Marcos Augen suchten fragend meinen Blick. Es war wohl doch noch nicht alles verloren. Sarah hatte natürlich schon wieder mitbekommen, was sich da anbahnte. »Na komm, dann lass uns gleich mal in die Disco schauen, da traut er sich bestimmt am ehesten.«

Wie recht sie hatte. Schon nach einer halben Stunde tanzte ich das erste Mal mit Marco. Nach dem fünften gemeinsamen Song kam ich gerade so richtig in Fahrt. Plötzlich stoppte Marco, beugte sich zu mir herunter und rief mir ins Ohr: »Sollen wir mal ein bisschen rausgehen, damit wir uns in Ruhe unterhalten können?«

Unterhalten? Jetzt? Irgendwie dämmerte mir, dass er mit »unterhalten« wirklich Konversation meinte und keine der Aktivitäten, die normalerweise keuchend im Sand vonstattengehen. Aber schicksalsergeben nickte ich und trottete ihm durch die verschwitzte Menge hinterher. Dabei fiel mir auf, dass einige der tanzenden Mädels mir neidisch hinterherschauten und sich wohl auch gerne an Marcos Hand aus dem stickigen Club leiten lassen würden. Ein kleines Lächeln konnte ich mir nicht verkneifen.

Draußen erwartete uns eine warme Sommernacht und statt Basswummern konnte man die Grillen zirpen hören. Marco und ich steuerten einen ruhigen Tisch etwas abseits des Pools an und ließen uns erst mal mit einigem Abstand voneinander nieder. Langsam begann ich, die Sache romantisch zu finden. Allerdings fing Marco dann wirklich mit dem üblichen Geplänkel an: Wer bist du, was machst du, wo kommst du her?

Verzweifelt zirpten die Grillen gegen den akuten Angriff von Unromantik an, doch Marco setzte zum finalen Schlag an. Mitten im Satz stockte er plötzlich und meinte: »Weißt du, mir ist so ein richtiges Kennenlernen echt wichtig, meine Mutter ist nämlich letztes Jahr gestorben.«

Rumms. Das saß. Ich konnte mir in diesem Moment wirklich kein angemesseneres Gesprächsthema vorstellen.

Wie so oft rettete Sarah mich in diesem Moment, indem sie mit drei anderen Clubbesuchern aus der Disco kam und auf unseren Tisch zusteuerte. In dieser größeren Runde dominierten glücklicherweise unverfänglichere Gesprächsthemen, und die neugierigen Blicke der anderen in Marcos und meine Richtung lösten schon wieder ein leises Kribbeln zwischen uns aus.

Irgendwann begann die Runde, sich langsam aufzulösen. Auf Schlafengehen hatte ich allerdings noch keine rechte Lust. Auch Sarah trippelte immer noch aufgekratzt von einem Bein aufs andere. Marco ging es anscheinend ähnlich, zumindest machte er den Vorschlag, man könne ja noch baden gehen.

Ganz wohl war mir nicht beim Gedanken, mit einem halb fremden Beach-Casanova in nächtliche Gewässer zu steigen. Sarah teilte meine Befürchtungen anscheinend. »Baden mag ich nicht, aber ich hau mich auf eine Liege und schau mir die Sterne an!«

Ich schlug vor, in den Wellnesspool zu gehen.

»Ich dachte eigentlich, wir schwimmen ein bisschen im Meer, das ist noch total warm um die Uhrzeit, hab ich schon ein paar Mal gemacht, war immer sehr cool! Das ist völlig ungefährlich«, erklärte Marco.

Seine Augen glänzten, aber meine weiteten sich vor Schreck. Nichts auf der Welt würde mich mitten in der Nacht ins schwarze Mittelmeer treiben. Den »Weißen Hai« hatte ich drei Mal gesehen, und daher wusste ich, was mit knutschenden Pärchen nachts im Ozean passierte. Blöderweise hatte Sarah aber auch Lust auf Sternbetrachtungen in einer etwas romantischeren Kulisse, denn sie fiel mir in den Rücken und plädierte ebenfalls für einen Umzug an den Strand.

Romantisch war es am Strand allerdings wirklich. Millionen glitzernder Sterne schienen auf den Sand, der trotz der späten Stunde noch warm war. Leise rauschten die Wellen und das Wasser glänzte tiefschwarz. Sarah hatte sich gemütlich in eine der vorderen Liegen gefläzt und starrte gedankenverloren in den Himmel. Der Strand war um diese Zeit wirklich ein wunderschöner Ort, doch gerade diese fast schon kitschige Perfektion erinnerte mich an diverse Haifilme aus den Neunzigern.

Meine aufsteigende Panik wurde kurz verdrängt, als mir auffiel, dass weder Marco eine Badehose noch ich einen Bikini dabei-, geschweige denn anhatten. Mit einem verschwörerischen Zwinkern drehte Marco sich um, zog sich erst das T-Shirt, dann die Jeans und schließlich blitzschnell die Boxershorts aus und rannte ins Meer.

Ich musste schlucken. Erst das Herz ausschütten, dann die Hose ausziehen, diese Taktik des Flirtens und Werbens war mir völlig neu. Allerdings hatte ich weitaus weniger Angst vorm Nacktsein als vor den schwarzen Wassermassen. Ich holte einmal tief Luft, zog mir mein Sommerkleid und das Höschen aus und ging todesmutig auf das Wasser zu.

Als die erste Welle meine Zehen streifte, quiekte ich: »Ich will da nicht rein!«

»Beeil dich, da hinten kommt die tunesische Security!«, meldete Sarah von ihrer Sternwarte aus.

Dann doch lieber die Haie! Vorsichtig watete ich auf Zehenspitzen in Marcos Richtung. Der kniete brusttief im Wasser und schaute mir amüsiert zu. Zögernd setzte ich mich ihm gegenüber auf den sandigen Boden; es war gerade so tief, dass meine Brüste in den sanften Wellen verschwanden.

Das Licht der Sterne spiegelte sich auf der Wasseroberfläche und das warme Wasser streichelte unsere Haut, wir flirteten, lachten und blickten uns tief in die Augen. Es hätte perfekt sein können, wenn ich nicht so eine Scheißangst gehabt hätte. Nur mit größter Selbstbeherrschung schaffte ich es, mein Kopfkino sekundenweise auszuschalten, Marco verführerisch anzuschauen und nicht schreiend aus dem Wasser zu rennen. Wie beneidete ich Sarah heimlich um ihre sichere, trockene Liege.

»Weißt du eigentlich, dass Haie bevorzugt nachts jagen?«, fragte ich leicht panisch, aber Marco lächelte mich nur an und meinte, dass es im Mittelmeer gar keine Haie gäbe. Dass diese Aussage nicht stimmte, wusste ich todsicher aus zahlreichen Tierdokus, die ich mir gerne anschaue, wenn ich sonntagmorgens verkatert auf der Couch lag.

Damit war Marco für mich als Experte für nacktes Nachtschwimmen definitiv durchgefallen. Ich holte gerade Luft, um ihm einen längeren Vortrag über die diversen Haiarten im Mittelmeer zu halten, als Marco sich vorbeugte und mich küsste. Und zwar nicht mal schlecht. Etwas vorsichtig zuerst, dann immer fordernder.

Langsam schwammen alle weißen und sonstigen Haie aus meinem Bewusstsein. Ich legte meine Arme um Marcos Hals und freute mich schon darauf, mit meinen Händen in tiefere Bereiche vorzudringen. Ich konnte die angespannten Muskeln seines Nackens fühlen und spürte, dass er von der Erforschung meines Körpers ziemlich angetan war. Unsere Küsse wurden immer wilder und salziger, die Hände wanderten unter die Wasseroberfläche. In gespannter Erwartung öffnete ich leicht meine Beine und …

»AAAHH!« Zwischen den Beinen fühlte ich nicht Marcos zarte Finger, sondern einen höllisch brennenden Schmerz, der immer schlimmer wurde und sich sekundenschnell weiter ausbreitete.

Schreiend schoss ich hoch und rannte vor Schmerzen heulend aus dem Wasser.

»Sag mir doch, wenn du nicht willst!«, rief mir Marco erschrocken und wütend hinterher.

Die Schmerzen wurden immer schlimmer, ich konnte es kaum aushalten. Verdammt, was war da passiert? Hatte mich etwas gebissen? Blutete ich? Fragen über Fragen schossen mir durch den Kopf. Vor allem: War da unten noch alles da? Mir wurde leicht schwarz vor Augen. »Sarah!« Halb schreiend, halb heulend rief ich nach meiner besten Freundin.

»Ist ja gut, was ist denn mit dir los?« Langsam kam Sarah näher, sah in mein schmerzverzerrtes Gesicht und verstand Gott sei Dank schnell, dass es ernst war. »Was ist passiert?«

»Weiß ich nicht, brauch Licht!«, japste ich und rannte meine Hände zwischen die Beine pressend Richtung Rezeption. Ich brauchte Licht, jemanden, der mir helfen konnte, einen Arzt, Schmerzmittel, irgendwas. Hauptsache weg vom Strand und vor allem vom Meer und von dem Idioten, der mich dort hineingelockt hatte! Als ich die Rezeption endlich erreicht hatte, rannte ich so schnell wie möglich auf den jungen Tunesier zu, der den langweiligen Nachtdienst schieben musste und mich jetzt mit vor Schreck geweiteten Augen anstarrte. Mir wurde bewusst, dass ich nackt war. Aber die Schmerzen waren zu stark, da musste der arme Kerl jetzt durch. Andere Hilfe war um diese Uhrzeit nicht in Sicht.

»I need a doctor!«, brüllte ich dem Jungen zu und wollte nun im Licht meine wie auch immer geartete Verletzung in Augenschein nehmen. Der Tunesier lief knallrot an, drehte sich hektisch nach dem Telefon um und ließ den Hörer vor lauter Verlegenheit erst mal auf den Boden fallen. Wahrscheinlich war er ein Praktikant und bekam gerade alle Vorurteile über westliche Touristinnen bestätigt, die er jemals gehört hatte.

Doch auf den armen Jungen konnte ich jetzt keine Rücksicht nehmen. Kaum hatte er angefangen, mit aufgeregter Stimme zu telefonieren, beugte ich meinen Kopf nach unten und schaute mir das Unglück zwischen meinen Beinen an. Mir wurde schwindelig. Es sah aus, als ob mich jemand mit einer Peitsche malträtiert hätte. Feuerrote Striemen überzogen meine Oberschenkel und weiter oben sah es nicht besser aus. Was war das?

Keuchend stand auf einmal Sarah vor mir, blickte auf meine Oberschenkel und wurde kreidebleich. »Iiieh, was ist das denn?« Ihr aufmunternder Ausruf verbesserte meinen Zustand nicht gerade, und die Striemen brannten immer heftiger.

Nachdem er fertig telefoniert hatte, kam der tunesische Clubangestellte zu uns und nahm peinlich berührt meine Verletzung in Augenschein. »Feuerqualle«, sagte er nur kurz, als ob es nichts Selbstverständlicheres auf der Welt gäbe. »Der Grund, warum man soll nicht bei Nacht in Meer gehen! Die sind da nur nachts.«

Aha. Fassungslos nickte ich. Vielleicht sollte ich mich in Zukunft nicht mehr auf großspurige Don Juans aus Deutschland einlassen und mir lieber die ortskundigen Jungs etwas genauer anschauen. Sicherer wäre es wohl.

Wie auf Kommando tauchte Marco völlig außer Puste bei uns auf. Mittlerweile fuchsteufelswild drehte ich mich zu ihm um.

»Da seid ihr ja... Wow, was ist das denn? Das sieht ja krass ...!« Weiter kam er nicht.

»Du besserwisserisches Arschloch! Du kennst dich aus, ja? Das ist völlig ungefährlich? Sogar der Junge da weiß, dass im Meer nachts Feuerquallen jagen, du Vollidiot! Ich will dich nie, nie wiedersehen!«

Das saß. Marco war dann mal weg. Der Praktikant schaute zu Boden. Beschissene Männersolidarität. Gerade wollte ich loslegen und ihm klarmachen, was ich von ihm und seiner neunmalklugen Art hielt – Feuerquallen, weiß doch jeder –, als Sarah ihm unsere Zimmernummer gab, ihn bat, den Arzt dorthin zu schicken, und mich sanft aus der Rezeption schob. »Du bist nackt und es ist kalt. Wir sollten jetzt schnell aufs Zimmer gehen und versuchen, das Gift abzuwaschen, das schwillt ja immer mehr an!«

Die Schwellung ging erst zurück, als wir später den Tipp des Arztes befolgten und die Wunden mit Joghurt und Tomate kühlten (was genauso bescheuert war, wie es sich anhört). Da die Striemen eine solche Hitze ausstrahlten, musste der Joghurt-Tomaten-Mix alle zwanzig Minuten erneuert werden.

Es war schon ein besonderer Anblick: Ich lag in einem dicken Fleecepulli (Schüttelfrost), und zwar nur in einem Fleecepulli, breitbeinig auf dem Bett, während Sarah mir immer wieder Joghurt zwischen die Beine schmierte. Die ganze Nacht lang. Eine beste Freundin kann eben kein Mann ersetzen. Und ich musste mir auch fast keine blöden Sprüche anhören, zumindest solange die Schmerzen noch stark waren.

Die restliche Woche über ignorierte ich Marco gnadenlos, was mir angesichts der Schmerzen auch nicht schwerfiel. Er ließ sich alles Mögliche einfallen, um sich zu entschuldigen, aber ich war zu sauer auf ihn. Erst als die Schmerzen langsam nachließen und Marcos letzter Abend anstand, ließ ich mich erweichen. Wir knutschten ein bisschen rum (mehr ging ja nicht mehr), und ich winkte sogar seinem Reisebus bei der Abfahrt hinterher. Warum ich mich überhaupt noch auf ihn eingelassen habe, weiß ich nicht mehr. Es muss wohl das Quallengift gewesen sein.

HEADBANGING IN DER SCHWEIZ

Angelika ist promovierte Wirtschaftswissenschaftlerin, Gin Tonic-Fan und überzeugter Großstadtmensch. Dass Freiburg daher nicht gerade ihr natürlicher Lebensraum ist, hätte ich ihr als Ex-Kleinstädterin gleich sagen können. Aber Angelika muss eben immer mit dem Kopf durch die Wand ...

Ich hatte gerade mein Studium beendet und für meine Promotion meinen ersten Job als wissenschaftliche Assistentin angenommen. Dazu musste ich mein geliebtes Berlin verlassen und ins ferne Freiburg umsiedeln. Vielleicht hätten nette Kollegen den Kulturschock etwas abmildern können, aber mein Prof war eigentlich immer unterwegs. So war ich nicht sonderlich in die Uni-Strukturen eingebunden, sondern arbeitete die meiste Zeit alleine vor mich hin.

Auch meine Mittagspause verbrachte ich ohne Begleitung und beobachtete von meinem leeren Tisch aus neidisch die lachenden Studenten, die sich beim Essen den neuesten Klatsch erzählten, Verabredungen ausmachten und die nächste Party planten. Da die meisten von ihnen nicht viel jünger waren als ich, fühlte ich mich wie eine Aussätzige.

In der Woche zog ich mich ziemlich zurück und vermisste meine Freunde und meine Familie in Berlin. Dort hatte ich ein tolles Studentenleben geführt, mit vielen Partys und noch mehr Spaß, aber hier war ich nur eine Art Nerd und dazu noch ein sehr einsamer.

Ich verbrachte die Abende in meiner kleinen Zweizimmer-wohnung, lernte das erste Mal in meinem Leben das deutsche Fernsehen kennen und fing vor lauter Einsamkeit an, meine Bett-wäsche zu bügeln, den Kühlschrank zu putzen und sogar meinen Vibrator zu polieren. Alles in meinen vier Wänden blitzte und funkelte – und manchmal musste ich diesem ungewohnten, steri-len Glanz einfach entfliehen.

Dann ging ich feiern. Das kam zwar nicht besonders häufig vor, artete dafür aber umso mehr aus. Ich war neugierig und Single, wollte mich wenigstens für kurze Zeit normal, jung und abenteuerlustig fühlen und versuchen, den Glamour aus Berliner Zeiten wiederzufinden.

Leider haperte es mit dem Glamour in Freiburg ein bisschen. Ich lernte kaum interessante Leute kennen und kam meist, trotz diverser Abstürze und rekordverdächtiger Promillewerte, recht ernüchtert von meinen Feierausflügen zurück.

Eines Samstags allerdings, in einer recht warmen Sommer-nacht, nahm mich ein Bekannter in einen kleinen, coolen Club mitten im Schweizer Wald mit. Der Club war bekannt dafür, dass dort gute DJs auflegten, und ich konnte es kaum erwarten, mal wieder zu richtig geiler Musik abtanzen zu können. Außerdem war die Location weit weg von der Uni, und ich würde mich dort ganz neu erfinden können – hoffte ich zumindest.

Ich wollte raus aus meiner einsamen Nerd-Hülle und stylte mich voller Vorfreude auf. Zwar merkte ich bei der Ankunft im Club schnell, dass die Leute hier alle Anfang oder Mitte zwanzig waren, also etwas jünger als ich mit meinen fast dreißig Jahren, aber immerhin konnte ich auf Anhieb keinen meiner Studenten entdecken. Mein Bekannter verschwand nach ein paar Minuten mit der nächsten Blondine auf der Tanzfläche, was mich aber nicht sonderlich störte. Ich holte mir an der Bar einen extrastarken Gin Tonic und beschloss, dass dies ein guter Abend werden würde.

Fest entschlossen zu feiern, trieb ich mich im Club herum, tanzte ein bisschen, trank noch ein paar weitere Gin Tonics und schaute mir die Clubbesucher genauer an. Die Leute sahen zwar allesamt ganz cool aus, aber irgendwie fand ich noch keinen rechten Draht zu ihnen. Also beschloss ich, kurz rauszugehen und ein bisschen frische Luft zu schnappen.

Vor dem Club stand eine Gruppe von gut gelaunten Schweizern, die gerade einen Joint rumgehen ließen. Ich grinste sie an und siehe da: Ich kam sofort mit ihnen ins Gespräch. Mir fiel ganz besonders eine Frau unter ihnen auf. Sie hatte lange rote Haare, grüne Augen und war fast atemberaubend schön.

Ich fand sie ziemlich sexy, und da ich schon ein paar Mal Abenteuer mit Frauen gehabt hatte, beschloss ich, mein Glück mit einem Flirt zu versuchen. Trisha, so hieß mein Schwarm, ließ sich von meinen Blicken auch gleich provozieren und kam mit dem Joint in der Hand auf mich zu. Kurz bevor sie mich erreicht hatte, zog sie noch einmal intensiv an dem Stäbchen und umschloss dann meinen Mund mit ihren Lippen.

Eigentlich kiffe ich nicht, aber ich wollte Trisha unbedingt beeindrucken. Deshalb öffnete ich meinen Mund und sog den Cannabisrauch ein. Mit einem zarten Kuss (zumindest fühlte es sich so an) löste sich Trisha wieder von mir. Fasziniert sah ich ihr nach und versuchte, den aufkeimenden Hustenreiz zu unterdrücken.

Trisha verschwand schon wieder im Club, während ich noch mit dem restlichen Rauch in meinen Lungen kämpfte. Ein Junge aus der Gruppe klopfte mir grinsend auf den Rücken und versuchte während der nächsten zehn Minuten, mir beizubringen, wie man Hasch ohne Hustenanfälle raucht.

So nach dem vierten Zug klappte es ganz gut, aber ich fühlte mich langsam immer benebelter. Ich schielte immer wieder zur auf- und zuschwingenden Eingangstür, denn ich wollte wissen, wo Trisha war. Doch sie kam nicht mehr nach draußen, also ließ ich meinen Kifferlehrer stehen, um mich auf die Suche nach der rothaarigen Schönheit zu machen.

Sobald ich den ersten Schritt in den dunklen Club gemacht hatte, suchte ich die Gesichter nach Trishas grünen Augen ab. Ich wollte sie an der Bar suchen, aber ich kam nicht weit. Mir wurde schwindelig, die Gesichter um mich herum begannen zu kreisen und das Stehen fiel mir plötzlich schwer. Ich wollte einen Schwenk in Richtung Toilette machen, um mir kaltes Wasser ins Gesicht zu spritzen, doch dazu kam es nicht mehr. Ich taumelte und sank auf den Boden.

Es war aber nicht unangenehm, dort unten zu liegen, im Gegenteil. Ich hatte das Gefühl, ein wenig über der Erde zu schweben, und durch einen bunten Nebel aus Regenbogenfarben konnte ich sehen, wie die Schallwellen der Musik auf mich zuschwebten. Es war wirklich gute Musik, die meine Ohren erfüllte, und ich spürte das Bedürfnis, mich dazu zu bewegen.

Da ich auf dem Bauch lag, war das gar nicht so einfach. Aber in meiner Begeisterung tanzte ich einfach mit dem Körperteil, das ich in dieser Position am leichtesten bewegen konnte: Ich hob den Kopf und donnerte mein Gesicht im Rhythmus der Musik auf den Boden. Das gab ein ganz tolles, bassartiges Geräusch, das dem Klang der Musik noch mehr Ausdruck verlieh.

Mein Körper, der Boden und die Musik verschmolzen zu einer Einheit. Diese Perfektion wurde nur ab und zu dadurch unterbrochen, dass die Schwingtür vor mir aufging und in wiederkehrender Regelmäßigkeit die Finger meiner rechten Hand einquetschte.

Da die Tür immer ein paar Mal nachschwang, wenn jemand raus- oder reinging, wurde mein Rhythmusgefühl gestört, und meine Finger krampften sich unkontrolliert zusammen. Doch Schmerzen gab es in meinem Universum aus Watte nicht.

Immer weiter schmetterte ich meinen Kopf im Takt auf den Boden. Wenn ich nur gut genug tanzen würde, käme Trisha ganz schnell wieder zu mir, da war ich mir sicher. Doch sie ließ sich trotz meiner Bemühungen nicht mehr blicken.

Im Nachhinein wundert mich das nicht, es muss schon ein skurriler Anblick gewesen sein, wie ich da lag und mein Gesicht wieder und wieder auf den Boden schmetterte. Ich sah wohl nicht annähernd so sexy aus, wie ich mich in dem Moment fühlte.

Irgendwann hatte ein freundlicher junger Mann Mitleid mit der verrückten Frau und hob mich auf einen Sessel. Anstatt einen Exorzisten zu rufen, schleppte er mich anschließend nach draußen. Da ich kein Gleichgewichtsgefühl mehr hatte und immer wieder umfiel, schulterte er mich einfach. Das Letzte, an das ich mich erinnern kann, ist, wie ich auf den Rücksitz eines Autos plumpste und mich sofort einrollte.

Am nächsten Morgen wachte ich auf meiner kleinen und ziemlich unbequemen Couch auf. Ich hatte die dreckigen Klamotten vom Vortag noch an und Schmerzen am ganzen Körper. Wie ich in meine Wohnung gekommen war, wusste ich nicht mehr, aber das war in diesem Moment auch egal, die Schmerzen waren mein vordringlichstes Problem.

Unter Höllenqualen schleppte ich mich ins Bad, um Aspirin zu holen, und wäre vor Schreck beinahe umgefallen, als ich in den Spiegel schaute. Mein Gesicht – oder das, was davon momentan noch zu erkennen war – sah aus wie nach einer Schlägerei mit einem Profiboxer aus dem Schwergewicht. Überall waren Blutergüsse und Schwellungen, mein linkes Auge konnte ich hinter einem geschwollenen Schlitz nur erahnen. Es war furchtbar.

Als ich mir mit der rechten Hand ins Gesicht fasste, bemerkte ich zum ersten Mal, dass auch sie geschwollen und blau war. Ich hatte lauter Wurstfinger. Und zu allem Übel kam so langsam auch noch die Erinnerung zurück: Trisha, der Joint, die Musik, der Boden, mein Kopf ... Das Schamgefühl überwältigte mich in heißen Wellen, nur noch übertroffen von den Schmerzen.

Ich warf mir mit der gesunden Hand eine kleine Monatsration Aspirin ein, spülte sie mit Wasser aus dem Zahnputzbecher runter und ließ mich auf meinen gelben Badezimmerteppich sinken. Dort kauerte ich mich zusammen und hoffte, dass die Tabletten Erinnerung und Schmerzen betäuben würden.

Ein durchdringender, schriller Ton weckte mich. Erschrocken fuhr ich hoch, knallte mit meinem verletzten Kopf gegen das Waschbecken und sank gleich wieder zusammen. Dann klingelte es erneut an meiner Wohnungstür und gleich darauf noch einmal. Jeder Ton ließ meinen Kopf explodieren, und es hörte einfach nicht auf.

Ich krabbelte auf allen vieren in den Flur und zog mich ächzend an der Klinke der Wohnungstür hoch. Ich hatte keine Ahnung, wer da draußen so einen Terror veranstaltete, und es war mir auch egal, ich wollte nur, dass er damit aufhörte! Umso verdutzter war ich, als ich dann in das Gesicht von Stephan, einem meiner Studenten, schaute.

Mit einer Mischung aus Unbehagen, Besorgnis und Ekel starrte er mich an und trat erst mal einen Schritt zurück.

»Frau Legger«, setzte er an, und ich starrte wie versteinert zurück. Wieso nur musste es passieren, dass mich ein Student in diesem Zustand sah? Ich überlegte, ob ich mir eine Geschichte von einem Überfall vor dem Supermarkt aus den Fingern saugen sollte, als Stephan den Mund wieder aufmachte: »Ich wollte nur noch mal nach Ihnen schauen, ob es Ihnen gut ... also den Umständen entsprechend okay geht. Das mit gestern, also das werde ich nicht weitererzählen, und ich habe auch die anderen darum gebeten. Aber ... Sie kennen ja Martin. Ich fürchte ... na ja, auf jeden Fall leben Sie. Nachdem ich Sie gestern Abend auf Ihrer Couch abgelegt hatte, habe ich mir ein wenig Sorgen gemacht.«

Das Blut gefror in meinen Adern. Ich schnappte nach Luft und fragte: »Hast du mich letzte Nacht heimgefahren?«

Betreten nickte Stephan. Ich starrte ihn an und versuchte, mich zusammenzureißen. »Danke!«, schrie ich leicht hysterisch und knallte die Tür zu.

Im Dunkel meines Flures wartete ich an der Tür, bis ich hören konnte, wie seine Schritte sich entfernten. Dann robbte ich ins Wohnzimmer und brach in Tränen aus. Das war der absolute Super-GAU, meine Studenten hatten den furchtbaren Absturz mitbekommen. Ich würde das Gespött der Uni sein. Mit diesem Gedanken schlief ich ein.

Ich ließ mich krankschreiben und traute mich eine Woche lang nicht in die Uni. Erst dann nahm ich allen Mut zusammen. Die ersten drei Tage waren hart. Meine Seminare wurden von Gekicher begleitet und in der Mensa grinsten mich lauter wissende, hämische Gesichter an. Am Mittag des vierten Tages setzte sich Stephan mit ein paar Kommilitonen an meinen Tisch. Seitdem ging es bergauf.

Mit einigen Studenten komme ich mittlerweile richtig gut zurecht. Beim Feiern allerdings beschränke ich mich lieber auf den guten alten Gin Tonic, und wenn ich tanze, dann in der Vertikalen und nicht auf dem Boden.

Ist gesünder, denke ich.

TAXIFAHRT INS NIRGENDWO

Mein oberbayerischer Kommilitone Tobias hat viele Freunde und kennt deswegen auch viele Geschichten. Diese hier stammt von seinem Kumpel Max, ebenfalls aus Oberbayern. Man sagt ja immer »auf dem Land da gibt's koa Sünd«. Ich wage, das zu bezweifeln, aber eins kann man aus folgender Geschichte lernen: Die absurdesten Dinge passieren manchmal erst nach der Party!

Es war Samstagabend, genau genommen schon Sonntagmorgen, und hinter mir lagen acht Stunden voller Party, Wodka Bull und Elektromusik. Jetzt war ich ziemlich kaputt und wollte nur noch auf dem schnellsten Weg nach Hause. Da ich damals noch in einem kleinen Kaff namens Au wohnte, war das leichter gewünscht als getan. Nach Au fuhr weder eine Bahn noch ein Bus.

Genau genommen ist der Ausdruck »Kaff« schon etwas hoch gegriffen. Au besteht aus einer Ansiedlung von drei Höfen und einem Brunnen. Ich wuchs also auf gut Deutsch am Arsch der Welt auf. Einerseits war das als Teenie sehr nervig, andererseits habe ich seit meinem 14. Lebensjahr Auto fahren dürfen. Na ja gut, anfangs waren es eher Trecker gewesen, aber immerhin. Welches Stadtkind darf das schon? Wie dem auch sei, ich hatte eine Menge Spaß in Au, bevor ich für mein Medizinstudium nach München zog.

An jenem Abend zog es mich aber erst mal nur zum Feiern nach München und ich musste morgens wieder zurück nach

Au. Weil ich des Autofahrens selbst nicht mehr mächtig war, beschloss ich, mir ein Taxi nach Hause zu gönnen. Da der Fahrpreis von München nach Au irgendwas um die fünfzig bis sechzig Euro betrug, war der Begriff »gönnen« durchaus angemessen. Ich hatte den Club als Erster aus der Clique verlassen und musste mich daher allein auf die Suche nach einem Taxistand machen – was in meinem Zustand gar nicht so einfach war. Ich hatte heute eindeutig einen über den Durst getrunken und mich nicht einmal mehr von den anderen verabschiedet. Mittlerweile war ich so müde, dass ich im Stehen hätte einschlafen können und ich musste mich sehr zusammenreißen, um nicht genau das zu tun.

Doch entgegen allen Befürchtungen fuhr nach weniger als zehn Minuten ein Taxi an mir vorbei und – es muss das Glück der Betrunkenen gewesen sein – hielt sogar auf mein unbeholfenes Winken hin an. Erleichtert stieg ich in den senffarbenen Mercedes ein und ließ mich in den weichen Rücksitz sinken. »Nach Au!«, informierte ich den Taxifahrer mit letzter Kraft. Er drehte sich zu mir um und merkte glücklicherweise sofort, dass ich mit jeglicher Konversation überfordert wäre. Das Letzte, was ich sah, war, wie der freundliche Mann etwas in sein Navi tippte. Dann schlief ich ein. Dass der Fahrer kurz darauf wendete und in die entgegengesetzte Richtung meines Heimatortes fuhr, bekam ich nicht mehr mit.

»Hallo! Aufwachen!«

Der sonnige Sommertag, die blühende Wiese und die bildhübsche Frau im weißen Kleid verblassten langsam. Stattdessen schüttelte mich jemand immer unsanfter an der Schulter. Ich wollte nicht geschüttelt werden, ich wollte auf der Sommerwiese bei der schönen Frau bleiben! Trotzig hielt ich meine Augen geschlossen und versuchte, die lästige Störung einfach auszublenden.

»He, Sie! Jetzt wachens halt endlich auf! Wir sind in Au und ich brauch Ihre Adresse!«

Ich gab entnervt auf und öffnete die Augen. Vor mir sah ich das Gesicht des bärtigen Taxifahrers, das mich fragend und leicht ungeduldig anblickte.

Von der Sommerwiese war nur der Duft des gelben Summer-Edition-Wunderbaums, der vorne am Rückspiegel vor sich hin baumelte, übrig geblieben.

»Der Hof in der Mitt'n!«, antwortete ich kurz angebunden und schloss erschöpft wieder die Augen. Mein Zuhause war wirklich nicht schwer zu finden und deshalb ärgerte ich mich über das abrupte Ende meines Traumes.

»Wie Hof in der Mitt'n? Ich steh jetzt am Marktplatz, da sind keine Höfe!«, blaffte er zurück.

»Marktplatz?« Langsam wurde ich hellhörig. Als ich die Augen erneut aufschlug, fiel mein Blick zuerst auf das Taxameter. Es stand bei 143,80 Euro. Jetzt war ich endgültig wach und schaute erschrocken aus dem Fenster. Wo auch immer wir gerade waren, dies war nicht mein Zuhause. »Entschuldigen Sie bitte, aber wo zum Teufel sind wir hier? Ich wollte nach Au, Oberbayern, 45 km von München entfernt«, erklärte ich und war bemüht, nicht auszurasten. Mein Kopf schmerzte.

»Ja, Bursche, des musst mir scho sagen. Mein Navi hat mir nur des Au hier angezeigt. Da hättst mir schon ne bessere Beschreibung geben müssen und net gleich wegpennen. Da bist selber schuld, du wolltst nach Au und da simmer jetzt«, brummte der Fahrer und zeigte zur Bestätigung auf den Bildschirm seines Navis, auf dem jetzt groß und breit »Au Marktplatz« prangte. Mein Blick wanderte vom Navibildschirm weiter zum Taxameter, das mittlerweile bei 144,20 Euro stand, und wieder zurück. Ich musste schlucken.

»Aber ich wohn hier nicht! Außerdem hab ich gar nicht so viel Geld dabei. Was machen wir denn jetzt?«, fragte ich vorsichtig und hoffte auf das Mitleid des Taxifahrers.

»Hast du ne Kreditkarte?«, fragte der Bärtige. Meine Hoffnung auf Mitleid schwand langsam dahin. Mit der Einigung auf ein unglückliches Missverständnis und anschließender Kompromissfindung war es hier nichts, verstand ich und nickte geknickt. Für mehr reichte meine Kraft leider nicht.

»Dann isses kein Problem, i hoab a ganz a neues Lesegerät! Konnst mit Karte zahln!«, erklärte er mir zufrieden. Ich war allerdings weniger glücklich. Mein eigentliches Problem war alles andere als gelöst.

»Und wie komm ich jetzt heim?« Ich wurde immer leiser.

»Wie weit iss es'n von Müncha in dein Au?«, fragte der Fahrer und schien das Geschäft seines Lebens zu wittern.

»So ne halbe Stunde ...?«, ich hoffte, die richtige Antwort geliefert zu haben. Das Gesicht des findigen Taxifahrers leuchtete merklich auf.

»Weißt was Bursche, dann fahr i di jetzt dahin. Da simmer zwar ne guate Weile unterwegs, aber ich mach dia n guatn Preis!«, beschloss er und zwinkerte mir zu, bevor er den Motor startete und zurück in Richtung Autobahn fuhr. Vor lauter guter Laune verfiel er in tiefstes Bayerisch und seine landsmännische Solidarität war mir ziemlich suspekt. Am meisten Angst hatte ich allerdings vor seinem »guatn Preis«.

Als ich es Minuten später nicht mehr ertragen konnte, den Preis auf dem Taxameter immer weiter nach oben klettern zu sehen, schloss ich wieder meine Augen, konzentrierte mich auf das Duftbaumaroma und versuchte, den Weg zurück zur Sommerwiese zu finden. An die Realität wollte ich lieber nicht weiter denken, denn sie sah meiner Meinung nach gerade überhaupt nicht rosig aus. Meine einzige Alternative zu der horrend teuren Taxifahrt war eine Nacht in der ganz und gar nicht sommerlichen Prärie. Für andere Lösungen fehlte mir bei meinem Alkoholpegel die Fantasie.

Kurz hinter München riss mich der Fahrer abermals aus meinen Sommerträumereien und ließ sich von mir den Weg beschreiben. Das Taxameter war mittlerweile ausgeschaltet. Ich wusste nicht, ob ich mich darüber freuen sollte. Nachdem wir auch noch einmal falsch abgebogen waren (verflixter Wodka!), standen wir eine gefühlte Ewigkeit später tatsächlich vor meinem Hoftor. Am Horizont leuchtete schon zart das Morgenrot durch den Nebel der Nacht hindurch und ich unterzeichnete einen Kreditkartenbeleg über exakt dreihundert Euro. Mir wird heute noch schlecht, wenn ich daran denke. Der Taxifahrer fuhr laut hupend seinem verdienten Feierabend entgegen und ich haute mich endlich, drei Stunden später als geplant, in mein Bett.

Habe ich erwähnt, dass ich nie wieder mit dem Taxi heimgefahren bin? Das erste Mal, dass ich nach diesem Erlebnis in einem Münchner Club Wodka Bull getrunken habe, war kurz nach meinem Umzug nach Schwabing. Angesichts der Taxipreise kommt mir die Miete für mein Appartement dort auch nicht so hoch vor, wie alle immer sagen. Es ist eben immer eine Frage der Perspektive.

DER HOLZHAUSENER FENSTERSTURZ

Heinz-Rüdiger ist immer top gestylt, geht nur mit den schönsten Männern aus und arbeitet in der Werbebranche. Er ist so eine Art Bilderbuch-Homosexueller und ein richtig lieber Kerl. Aber leider haben es auch die lieben Kerle nicht immer ganz leicht ...

Wenn man schwul ist, ist es nicht einfach, auf dem Land zu leben. Deswegen bin ich auch nach dem Abi nach München gezogen. Meine Eltern und meinen Heimatort Holzhausen besuche ich trotzdem gerne, und so bin ich auch an jenem speziellen Wochenende dorthin gefahren, um den Geburtstag meiner lieben Freundin Nina zu feiern. Sie hatte unsere ganze alte Clique eingeladen und ich freute mich darauf, sie alle wiederzusehen.

Mit meinen Schulfreunden hatte ich früher nie Probleme. Es waren eher die Älteren im Dorf gewesen, die nervös getuschelt haben, als ich mit meinem ersten Freund an der Eisdiele aufgekreuzt bin oder es tatsächlich gewagt hatte, im Bierzelt ein rosa Hemd zur Lederhose zu tragen. Aber diese weniger guten Erinnerungen verdrängte ich an diesem Wochenende und machte mich voller Vorfreude schick für die große Party.

Anscheinend hatte Nina jeden eingeladen, den sie kannte, denn das geräumige Haus ihrer Eltern quoll fast über vor Menschen. Die hämmernde Musik dröhnte mir bereits auf der Straße entgegen. Im Vorgarten drängte ich mich durch die ersten Betrunkenen und überlegte, was wohl die Nachbarn von der ungewohnten Party-Atmosphäre hielten.

Drinnen angekommen kämpfte ich mich erst mal zur Küche durch, um an der improvisierten Bar etwas zu trinken. Auf dieselbe Idee war auch der Großteil unserer alten Clique gekommen, und so gab es statt Cocktails nur ein großes Hallo.

Zehn Minuten später war die Bar aber fest in unserer Hand. Sven, mein ehemaliger Banknachbar, konnte noch genauso gut mixen wie früher, und die Long Island Iceteas gingen mir runter wie nichts. Wir hatten viel Spaß, erzählten alte Geschichten und lachten miteinander, bis uns die Tränen kamen. Je mehr Long Islands wir intus hatten, desto wilder wurden die Geschichten und desto kreativer die Erzähler. An manche Storys konnte ich mich gar nicht mehr erinnern, und ich glaube, den anderen ging es ähnlich, aber so genau nahmen wir es an diesem Abend nicht.

Als ich nach einer Stunde nicht mehr ignorieren konnte, wie sehr die Drinks mir zu Kopf stiegen, verabschiedete ich mich kurz von den anderen, um auf die Toilette zu gehen und mir ein wenig kaltes Wasser ins Gesicht zu spritzen. Ich kämpfte mich durch das Gedränge die Treppe hinauf, als plötzlich jemand an meinem Arm zog. Ich drehte mich um und schaute in das Gesicht eines schwarzhaarigen Typen Anfang zwanzig, den ich noch nie zuvor gesehen hatte.

»Du bist doch der Schwule, oder?« Prüfend schaute er mich an, während er versuchte, sich nicht von der Menschenmasse abdrängen zu lassen. Ich brachte nur ein verstörtes »Was?« hervor.

»Nina hat uns von dir erzählt«, raunte er mir zu. »Komm doch mal mit. Du bist hier nicht alleine …«

Meine Antwort wartete er nicht ab, stattdessen begann er, mich die Treppe hochzuziehen. Er wirkte nicht unsympathisch, und da ich sehr betrunken war, ließ ich mich bereitwillig führen.

Plötzlich fand ich mich im schummrigen Kinderzimmer von Ninas kleinem Bruder wieder. Auf dem Bett saß ein Mann um die vierzig und lächelte uns zu.

Ich registrierte kaum, dass der junge Typ hinter mir leise die Tür schloss, in meinem Kopf drehte sich alles. Ich ließ mich auf einen Sitzsack fallen. Er war zwar nicht sonderlich bequem, aber immerhin ließ das Schwindelgefühl ein wenig nach. Der schwarzhaarige Typ setzte sich ebenfalls aufs Bett und lehnte sich an den älteren Kerl. Ich schaute die beiden fragend an.

»Ich bin Daniel und das ist Hugo«, begann der Ältere.

»Sorry, dass ich mich nicht gleich vorgestellt habe, aber draußen versteht man ja sein eigenes Wort nicht!«, fügte der Jüngere hinzu. »Wir sind Kollegen von Nina und wollten dich gerne kennenlernen. Sie hat uns viel von dir erzählt. Und wir dachten, dir wäre auch ein wenig langweilig hier.«

An der einsetzenden Stille konnte ich erkennen, dass eine Antwort von mir erwartet wurde. »Ich wollte eigentlich nur kurz aufs Klo«, nuschelte ich.

»Hast du Bock auf einen Dreier?«, platzte es aus Hugo heraus. Daniel grinste und tätschelte ihm den Oberschenkel. »Du sollst nicht immer mit der Tür ins Haus fallen«, raunte er lächelnd.

Ich lächelte auch, aber ziemlich gequält. Mir war schlecht, unten waren meine Freunde und zu Hause in München wartete mein Freund. Das Letzte, was ich jetzt wollte, war ein Dreier im Kinderbett mit Sugardaddy und seinem Boy.

»Sorry, Jungs, kein Interesse!«, lallte ich und stolperte in Richtung Tür.

»Bist du sicher?«, klang es enttäuscht vom Bett, aber ich beachtete die beiden nicht, sondern versuchte vergeblich, die Tür zu öffnen. Anscheinend hatte Hugo vorhin abgeschlossen. Die beiden schienen sich ihrer Sache ziemlich sicher gewesen zu sein.

»Du musst aufschließen«, kam es von hinten. Ich grunzte nur und versuchte, den zierlichen Schlüssel zu drehen. Das Schwindelgefühl setzte wieder ein und erschwerte das Ganze. Langsam wurde ich wütend. Der Schlüssel wollte sich einfach nicht bewegen, und hinter mir setzte jetzt leises Geschmatze ein. Als ich mich umdrehte, erkannte ich, dass die beiden ohne mich losgelegt hatten. Mein Magen fing an zu rebellieren und aus Angst, mich gleich auf die Carrerabahn von Ninas kleinem Bruder übergeben zu müssen, drückte ich so stark gegen den Schlüssel, dass er abbrach. Ich rüttelte wieder an der Tür, aber natürlich ging sie nicht auf. Der Schlüssel steckte zur Hälfte im Türschloss und war nicht mehr zu gebrauchen. Ich fing an, gegen das Holz zu boxen und laut um Hilfe zu schreien. Bei den ganzen Leuten auf dem Flur hätte mich eigentlich jemand hören müssen, aber nichts geschah.

»Reg dich ab und komm lieber zu uns!«, stöhnte einer der beiden hinter mir.

Erschöpft presste ich meine Stirn gegen die Tür. Mir war richtig schlecht und das Schwindelgefühl wurde immer schlimmer. Verzweifelt trat ich mit dem Fuß gegen die Tür, aber auch das interessierte draußen niemanden. Von den beiden im Bett war jedenfalls keine Hilfe zu erwarten. Mittlerweile quietschte das Bett rhythmisch, und ich vermied es krampfhaft, mich umzudrehen. Stattdessen mobilisierte ich noch einmal alle meine Kräfte und fing wieder an, zu rufen und gegen die Tür zu schlagen.

Beim ersten Hilfeschrei wurde das flaue Gefühl im Magen stärker. Beim zweiten würgte ich und spürte, wie sich der Speichel in meiner Mundhöhle sammelte. Zum dritten kam ich nicht mehr. Stattdessen drehte ich mich zur Seite und kotzte geradewegs in eine Spielzeug-Ritterburg. Unterdrücktes Lachen unterbrach das Stöhnen hinter mir.

Mir liefen vor Anstrengung die Tränen aus den Augen, und wirklich besser ging es mir nach der Entleerung auch nicht. In meinem Kopf drehte es sich weiter und auch mein Magen gab keine Ruhe. Ich musste hier raus. Das Gestöhne und die Bob-der-Baumeister-Poster an den Wänden ergaben eine Mischung, die ich in meinem Zustand nicht länger ertragen konnte.

Mein Blick blieb am Fenster hängen. Ohne lange zu überlegen, lief ich hinüber und zog an dem Gurt, der die Rollläden öffnete. Draußen schien noch die Abendsonne und erhellte nun das Kinderzimmer. Vom Bett kamen wütende Protestrufe und aus dem Augenwinkel sah ich, wie sich einer der beiden nackten Körper erhob.

Hektisch öffnete ich das Fenster und sah nach unten. Wir waren im ersten Stock und unten war der Garten. Der Rasen sah weich und ziemlich verlockend aus. Hugo stieg vom Bett und stolperte auf mich zu. In Panik kletterte ich aus dem Fenster. Ich hörte Hugo rufen und fühlte, wie eine Hand nach meinem Hemd griff, doch ich war schon gesprungen. Vielleicht auch gefallen, so genau weiß ich es nicht mehr. Ich kam jedenfalls nicht besonders sanft auf. Mein Bein schmerzte nach dem Aufprall höllisch, und vor lauter Schreck musste ich mich noch mal übergeben.

Dann rollte ich mich vorsichtig auf den Rücken und sah, dass das Fenster über mir wieder geschlossen worden war. Nicht sehr freundlich, wie ich fand. Doch die Erleichterung, dass ich nicht mehr mit den beiden eingeschlossen war, überwog.

Mein Bein tat zu sehr weh, um aufzustehen, deshalb blickte ich mich nach jemandem um, der mir hätte helfen können. Dummerweise war ich im hinteren Teil des Gartens gelandet, während sich die Partygäste vorne tummelten. Bei der lauten Musik würde mich garantiert niemand hören.

Deshalb rutschte ich auf dem Hintern in Richtung Gartentor. Die Schmerzen, der Schwindel, die Kotzflecken auf meinem teuren Hemd ... ich konnte nichts dagegen tun, dass mir Tränen übers Gesicht flossen.

Als ich endlich das Gartentor erreicht hatte, kroch ich auf dem Gehweg weiter. Auf dem harten Asphalt hatte ich das Gefühl, mein Bein würde abfallen. Nach wenigen Metern musste ich eine Pause machen und ließ meinen Oberkörper auf den Boden sinken.

Ich muss wohl das Bewusstsein verloren haben, denn als ich wieder zu mir kam, war es stockdunkel und etliche Gesichter beugten sich über mich. Als jemand mein Bein berührte, heulte ich vor Schmerzen laut auf. Ein paar Minuten später hörte ich ein Martinshorn und dann lag ich auf einer Trage im Krankenwagen. Die Party war vorbei. Die Geschichte von meinem Fenstersturz verbreitete sich in Windeseile, wie ich später erfuhr.

Ich gönnte mir zwei Gipsbein-Wochen bei Mama und blieb erst mal im Haus.

Das mit der Ritterburg habe ich übrigens auf Hugo geschoben. Nina war ziemlich sauer auf ihn. Ich glaube, bei ihrem nächsten Geburtstag werde ich wieder der einzige Schwule in Holzhausen sein, und in diesem speziellen Falle bin ich sehr froh darüber.

DER BRÄUTIGAM IM KORNFELD

Eine gute Freundin meiner ehemaligen Tennispartnerin heißt Nana. Sie hat angeblich mal zwanzig Hotdogs in fünf Minuten gegessen und dafür fünfhundert Euro bekommen. Trotz ihrer sympathischen Essgewohnheiten ist sie Single und – man höre und staune – Fitnesstrainerin! Von meiner Seite nur so viel: Ihre Geschichte ist mein Leckerbissen für alle Hochzeitshasser.

Ich hasse Hochzeiten. Auf Klischees stehe ich zwar auch nicht, aber dass Hochzeiten für Singles ein einziger Alptraum sind, stimmt leider. Das sah auch meine liebe Freundin Tine so und hatte mich deshalb dazu verpflichtet, sie auf die Hochzeit ihrer jüngeren Schwester zu begleiten. Übrigens die perfekte Vorlage für ihre aufkeimende Torschlusspanik.

Da ich die Verzweiflung meiner Freundin nur allzu gut nachvollziehen konnte, begleitete ich sie in das kleine niederbayerische Kaff, in dem die Hochzeit vonstatten gehen sollte. Zwar kannte ich weder Braut noch Bräutigam, aber Tine meinte nur, dass ich da nicht viel verpasst hätte.

Lustlos schwangen wir uns in ihr kleines Auto und ließen das zivilisierte München hinter uns. Nach drei Stunden Autofahrt parkten wir schließlich vor unserer Pension mit dem originellen Namen *Zur Post*. Erschöpft schleppten wir unsere Taschen die vermutlich seit dem Ersten Weltkrieg knarrenden Stufen hinauf. Über unserem frisch bezogenen Doppelbett hing ein furchteinflößendes Holzkreuz, und auf dem Beistelltischchen neben meiner

Bettseite lag eine alte Ausgabe der Bibel. Wir hätten uns nicht wohler fühlen können.

Da das Gasthaus kulinarisch nichts zu bieten hatte, wagten wir uns hinaus in die abendliche Dorfidylle. Nach längerer Suche fanden wir sogar ein Restaurant, das annehmbar aussah und nicht schon von außen nach Kohlrouladen stank. Wir bestellten uns erst mal zwei Halbe und ließen uns an einem Tisch in Sichtweite der Bar nieder. War wohl Gewohnheit, denn süße Typen waren an dieser Bar nicht zu sehen.

Aus Mangel an Alternativen orderten wir Schinkennudeln, das einzige Gericht, das sich so anhörte, als würde es nicht in Dunkelbiersoße schwimmen. Es war wirklich lecker, wenn auch sicherlich alles andere als fettarm. Damit uns die ganzen Kalorien nicht allzu schwer im Magen lagen, tranken wir zwei Kurze hinterher.

So langsam kam Leben in das Dorfrestaurant. Wie es aussah, hatten wir den richtigen Riecher gehabt und das einzige Etablissement erwischt, in dem auch Menschen in unserem Alter verkehrten. Gegen neun ließ sich eine Gruppe von Männern an der Bar nieder, und ehe wir uns versahen, standen unverlangt zwei weitere Kurze vor uns. Nach dem ersten Zuprosten gesellten wir uns an die Bar.

Leider war keiner der Jungs wirklich mein Typ, aber sie waren alle ganz lustig, und im Hotelzimmer wartete sowieso nur die abgegriffene Bibel auf uns. Von Gläschen zu Gläschen fand ich die Jungs immer netter, und als Tine meinte, dass sie Kopfweh hätte und zurück in die Pension gehen würde, entschied ich, noch zu bleiben. Nachdem ich ihr zweihundert Mal versichert hatte, dass ich den Weg auch ohne sie finden würde, glaubte Tine mir und trottete nach draußen.

Ich bestellte gerade die nächste Runde Schnaps, als sich die Tür der Kneipe öffnete. Ich dachte schon, Tine wäre wieder zurückgekehrt, als ich stattdessen einen echt süßen Typen auf die Theke zukommen sah. Er wurde von den anderen lautstark begrüßt und kippte gleich die nächste Runde mit uns. Er stellte sich als Markus vor.

Markus hatte ein schelmisches Lächeln und unglaublich blaue Augen. Wir unterhielten uns über Gott und die Welt, und irgendwann lag seine Hand auf meinem Knie. Als ich eine Stunde später lallte, ich müsse zurück zur Pension, bot Markus wie erhofft an, mich zu begleiten. Wir spazierten Hand in Hand durch das schlafende Dorf und ich fand es sehr romantisch. Vor der Pension küssten wir uns, wobei aus der zarten Busselei recht schnell eine wilde Knutscherei wurde. Ich überlegte kurz, ob ich ihn mit aufs Zimmer nehmen sollte, verwarf diese Erwägung aber aus Rücksicht auf Tine.

Markus schien meine Gedanken lesen zu können, denn er nahm plötzlich meine Hand und zog mich hinter sich her. Im Trabschritt liefen wir durch dunkle, nach Geranien duftende Gassen, bogen links ab, dann rechts, dann wieder links …

Ich hatte sofort die Orientierung verloren, aber mein Begleiter lotste uns zielsicher zu einem großen Kornfeld, auf dem geschätzte zehntausend Grillen vor sich hin zirpten. Kurz kam mir der Gedanke, dass man mich hier nicht würde hören können, falls er sich als perverser Sexualstraftäter entpuppte, aber der Schnaps und Markus' Zunge an meinem Hals ließen mich solche Überlegungen schnell vergessen.

Ich fühlte mich gut und auch ein kleines bisschen übermütig. Lachend stieß ich Markus von mir und lief in das Kornfeld. Hätte ich Zöpfe gehabt, hätte ich mich für Heidi auf Koks gehalten. Markus rannte hinter mir her und fing mich wieder ein. Wir purzelten beide mitten in den Weizen.

Schwer atmend lag er auf mir und ich konnte an dem Druck an meinem Oberschenkel spüren, wie sehr er mich wollte. Ich biss ihn mehr, als dass ich ihn küsste, und zerrte gierig an seinen Klamotten. Als er mir die Hose auszog, hob ich bereitwillig mein Becken und öffnete voller Vorfreude meine Beine. Als Markus in mich eindrang, reduzierte sich diese Freude ein wenig. Allzu gut ausgestattet war er nicht gerade. Trotzdem übte ich mich im positiven Denken, da ich wusste, dass bei richtigem Einsatz selbst die kleinste Hantel eine enorme Wirkung erzielen konnte.

Einige Sekunden später musste ich aber feststellen, dass positives Denken in diesem Fall nichts nützte. Markus' armselige Bemühungen fühlten sich an, als würde er versuchen, mit einem Gummikrokodil den Atlantik zu durchqueren. Nach geschätzten vier Minuten des sinnlosen Rammelns bäumte Markus sich auf, stieß einen Schrei aus und sackte danach auf meinen Brüsten zusammen. Ich gähnte herzhaft.

Ich war enttäuscht und fühlte mich irgendwie betrogen. Wie konnte so ein süßer Typ eine derartige Niete im Bett, pardon, im Feld sein? Und für diesen miesen Fick hatte ich auch noch meine bitter nötige Nachtruhe geopfert!

Ich schubste Markus unsanft von mir herunter und machte mich auf die Suche nach meinem Höschen. Während er noch immer schnaufend auf dem Boden lag, verabschiedete ich mich mit aller Coolness, die ich noch aufbringen konnte, und stapfte zurück zum Dorf. Von dem Geile-Heidi-Feeling war nicht mehr viel übrig.

Nach einer halben Stunde verzweifelten Herumirrens dämmerte mir, dass es unklug gewesen war, meinen Führer im Feld liegen zu lassen. Ohne ihn war ich in der bayerischen Pampa verloren.

Als ich anderthalb Stunden später endlich die Pension wiedergefunden hatte, fiel ich völlig fertig ins Bett. Was für ein Reinfall!

Am nächsten Morgen hatte ich den Kater meines Lebens und extrem schlechte Laune. Mieser Sex und gestohlene Orgasmen machen mich immer leicht depressiv. Gequält zwängte ich mich in mein schwarzes Schlauchkleid und versuchte, wenigstens das Gröbste aus meinem Gesicht zu schminken. Tine fragte nicht viel, sie war wegen der anstehenden Hochzeitstortur selbst ziemlich schlecht drauf.

Bei unserer Ankunft hatte sich Tines komplette Familie vor der Kirche versammelt und wartete auf das Brautpaar. Über ihnen schwebte eine Armada aus rosafarbenen Luftballons. Ich seufzte, das konnte ja heiter werden. Wir gesellten uns dazu und hielten Small Talk, bis endlich die silberne Mercedes-Limousine mit dem Brautpaar vorfuhr.

Aus der hinteren Tür des Wagens quälte sich ein riesiges, cremefarbenes Marshmallow. Man sah nichts als Rüschen und auftoupierte Haare. Tine entfuhr ein Laut des Entsetzens. Mir gleich darauf auch, aber das hatte andere Gründe. Hinter der Marshmallow-Braut kletterte niemand Geringeres als Markus aus dem Mercedes, mit genauso dunklen Augenringen, wie ich sie hatte. Ich hatte mich immer schon gefragt, was für ein Mann freiwillig Tines Schwester heiraten würde. Jetzt wusste ich es.

Ich versuchte, unauffällig aus dem Blickfeld zu verschwinden, aber Tine zerrte mich ohne Erbarmen in das Innere der Kirche und platzierte uns in der zweiten Reihe, während das Brautpaar zum Altar schritt. Bis jetzt hatte mich Markus noch nicht bemerkt – oder aber er war ein sehr guter Schauspieler.

Während ich Markus' befrackten Rücken anstarrte, wuchs in mir die Wut auf den Typen. Ich würde nie verstehen, wie Männer so dreist sein können. Als die rührselige Trauung endlich vorbei war, drängte sich die Menschenmasse nach draußen, um den Frischverheirateten zu gratulieren. Wieder hatte Tine mich eisern im Griff, sodass ich nicht weglaufen konnte.

Beim glücklichen Paar angekommen, vermied ich es, den Bräutigam anzuschauen, und konzentrierte mich auf Tines Schwester.

Als sie mich mit strahlenden Augen umarmte und mit schriller Stimme flötete, wie schön es wäre, mich endlich kennenzulernen, musste ich ein Würgen unterdrücken.

Ich kam mir vor wie die größte Schlampe Niederbayerns. Melanie tat mir unglaublich leid. Sie sah aus wie festgewordener Zuckerschaum, heiratete ein Arschloch und hatte zudem eine richtig miese Hochzeitsnacht vor sich.

Markus würdigte ich keines Blickes, aber aus dem Augenwinkel nahm ich wahr, dass er mich nicht anschaute, sondern die Pflastersteine vor seinen Füßen fixierte. Ich war mir nicht sicher, ob es sein Fehltritt war, der ihn so peinlich berührte, oder einfach sein desaströses Versagen in der letzten Nacht.

Während der ganzen Feier saß ich kleinlaut auf meinem Platz und hatte Angst, Tines grimmig aussehende Oma oder jemand anderes würde sich gleich auf mich stürzen, um mich als Nutte zu beschimpfen. Irgendwer musste mir doch ansehen, was letzte Nacht passiert war!

Jedes Mal, wenn ich das Brautpaar sah, krampfte sich mein Magen zusammen und ich musste aufpassen, dass mir nicht die Hochzeitstorte wieder hochkam. Markus hingegen schien unser nächtliches Stelldichein nicht auf der Seele zu liegen. Von den Augenringen abgesehen sah er jetzt aus wie der vollkommene Bräutigam und scherzte die ganze Zeit mit seinen blöden Kumpels rum. Die taten auch, als ob alles bestens wäre, und ignorierten mich alle zusammen. Meine Abscheu steigerte sich von Minute zu Minute, ich betäubte mich mit literweise Sekt und war froh, als Tine gegen drei Uhr endlich zurück in die Pension wollte.

Auf der Heimfahrt am nächsten Tag saß ich schweigend neben ihr. Ich wusste zwar, dass Tine ihre Schwester nicht besonders mochte, aber dass ich mich von deren Bräutigam hatte flachlegen lassen, würde sie bestimmt nicht lustig finden. Aber als sie mich irgendwann fragte, was eigentlich mit mir los sei, beichtete ich ihr alles.

Tine schaute mich erst erstaunt von der Seite an und begann dann zu lachen. »Deswegen hast du dich so aufgeführt!«, prustete sie. »Mach dir keinen Kopf, Markus macht mit jeder rum. Ich hatte auch schon was mit ihm. War ein ziemlich mieser Fick.«

Ich starrte Tine mit offenem Mund an.

Sie lachte. »Wir hatten vor Jahren einen One-Night-Stand. Später hat sich Melanie in ihn verliebt. Ich habe sie von Anfang an gewarnt, dass Markus ein Schürzenjäger ist, aber sie wollte nichts davon hören. Sie blendet seine Seitensprünge einfach aus.«

Mein schlechtes Gewissen schmolz dahin. Ich schüttelte den Kopf und war froh, dass wir die niederbayerische Provinz endlich hinter uns ließen. Arschlöcher gibt's zwar auch in der Großstadt, die sind aber wenigstens meistens gut im Bett.

ZURÜCK ZUR NATUR

Mein bester Freund Timo ist eine bessere Frau als ich. Er putzt seine Wohnung zweimal die Woche, hat ungefähr dreißig Paar Jeans in der gleichen Farbe und erklärte mir schon in der Grundschule, zu welchen Outfits ich Cowboystiefel tragen darf und zu welchen nicht. Er sagte mir sogar einmal allen Ernstes, dass er kein Haarspray benutze, weil er Angst hätte, dass sein Haar dann nicht atmen könne. Entgegen allen Erwartungen ist Timo NICHT schwul, treibt in seiner Freizeit chinesischen Kampfsport und steht total auf Spiderman. Ausflüge in die Wildnis sollte man allerdings mit Timo besser vermeiden.

Es war ein anstrengender Shopping-Tag gewesen. Ich zählte sechs edle Papier-, drei weniger edle Plastik- und eine echt teure versiegelte Einkaufstüte. Mein Budget war jedenfalls so was von überschritten, dass ich drauf und dran war, die Notfallkreditkarte aus der untersten Schublade im Flur in meinem Geldbeutel zu deponieren. Meine Mutter hatte sie mir vor Jahren für absolute Notfälle gegeben, doch ich befürchtete, dass sie Notfälle anders definierte als ich. Schlussverkäufe bei Pepe Jeans gehörten bestimmt nicht dazu.

Während ich so auf meinem Bett lag, den Einkaufstaschenberg betrachtend, wanderte mein Blick zu meinem gnadenlos überfüllten Schuhschrank. Musste ich mir Sorgen machen? War ich trotz Politikstudiums, guter Noten und eines Stipendiums zur oberflächlichen Tussi mutiert? Würde ich mich bald in eine dieser Münchner Plastik-Barbies verwandeln, mir Silikonbrüste machen lassen und die Türsteher vom P1 vögeln?

Nachdenklich griff ich zum Telefonhörer und rief meinen besten Freund Timo an. Bevor er auch nur Hallo sagen konnte, fragte ich ihn mit panischer Stimme: »Ist es jetzt so weit? Werde ich zur Tussi? Findest du mich oberflächlich, werde ich langsam hohl?«

Anstatt näher auf meine substanzielle Krise einzugehen, schrie Timo zurück: »Sie will mich einfach nicht! Erst verabredet sie sich mit mir, dann verschwindet sie gleich nach dem Film und ruft vier Tage lang nicht zurück! Sie hasst mich! Sie hasst mein Haar! Sie hasst einfach alles an mir!«

Ich hatte Timo schon etliche Male gesagt, dass er besser dran wäre, wenn er schwul werden würde. Die Grundvoraussetzungen dafür hatte er jedenfalls.

Abwechselnd jammerten wir uns vor, wie furchtbar alles war, und steigerten uns immer mehr in die Sache rein.

»Wir müssten einfach mal etwas total anderes machen. Etwas, das mit unserem normalen Leben überhaupt nichts zu tun hat. Etwas, das uns rausbringt aus unserem Leben und uns Abstand verschafft!«, resümierte ich nach dreißig Minuten und einem geleerten Notfall-Piccolo-Prosecco aus dem untersten Kühlschrankfach.

»Ja«, gab mir Timo recht. »Weißt du was? Lass uns campen gehen. Wir verbringen Zeit in der Natur und lassen diesen ganzen Zivilisations- und Dating-Quatsch hinter uns! Zumindest für ein Wochenende. Zeit, um wieder zu uns selbst zu finden.« Ich konnte seine Begeisterung förmlich durch die Leitung schwappen fühlen.

Campen? Ob das so eine gute Idee war? Ein paar Wellnesstage in Österreich, ein bisschen Hüttenzauber hier, ein wenig Blockhaussauna da, okay, damit konnte ich leben. Aber Campen? So richtig mit Zelt? Ich war mir nicht wirklich sicher, ob das so meine und auch Timos Welt war. Für mich klang das ein wenig zu alternativ für uns Fast-Food-Junkies. Außerdem fühlte ich mich nach dem Prosecco schon wesentlich entspannter und fand die Situation nicht mehr ganz so dramatisch. Doch Timo war Feuer und Flamme und – ich glaube, es lag an den nagelneuen kupferfarbenen Riemchenpumps, die in einer durchsichtigen Plastiktüte ihrem ungetragenen und verstaubten Ende unter meinem Bett entgegensahen – schaffte es irgendwann, mich zu überreden.

Von einem Bekannten aus seinem Kampfsportverein lieh Timo sich ein 4-Personen-Zelt (irgendwo mussten wir ja unser Gepäck unterbringen) und ich suchte mir flache Schuhe aus dem Schrank. Leider waren die einzigen flachen Schuhe meine Joggingschuhe und ein Paar Chucks, das ich einmal in Los Angeles gekauft, aber dort nur einmal angehabt hatte. Es gehörte zu der Kategorie Dinge, die im Urlaub unglaublich toll sind, zu Hause aber keinem Menschen mehr gefallen. Aus Prag hatte ich beispielsweise widerlich schmeckenden Absinth, aus Paris eine Baskenmütze und wie gesagt aus L.A. Designer-Chucks mit pseudostylishen Tattoo-Motiven mitgebracht. Nachdem ich also flache Schuhe gefunden, meinen Rucksack aus der Pfadfinderzeit aus dem Keller gekramt, mir bei der Maniküre die Nägel kurz feilen lassen und eine Familienpackung Insektenenspray gekauft hatte, war ich bereit für den Wald.

Timo hatte sich wohl ähnlich akribisch vorbereitet, denn als wir in meinem Smart in Richtung Bayerischer Wald fuhren, konnte ich dank seiner überdimensionalen Survival-Sporttasche den Rückspiegel allenfalls zum Schminken benutzen. Timo hatte im Internet ein zeltfreundliches Waldstück recherchiert, das keine Campingplatzatmosphäre, sondern das volle Zurück-zur-Natur-Gefühl versprach. Sprich, es war ein stinknormales Stück Wald, nur mussten die Camper dort keine Angst davor haben, vom nächsten Wildhüter erschossen zu werden. Ich fand, dass das schon mal ziemlich gute Voraussetzungen waren.

Als wir dank meines Navis auf einem gottverlassenen Parkplatz mitten im Nirgendwo ankamen, verließ mich das gute Gefühl wieder. Eigentlich war ich davon ausgegangen, dass wir mit dem Auto auf irgendwelchen Waldwegen etwas weiter in die Wildnis hineinfahren würden, damit wir uns im Zweifelsfall schnell wieder vom Acker machen könnten. Aber irgendein hinterhältiger Förster hatte alle Wege mit rot-weißen Pfosten gesichert, die so tief im Boden steckten, dass Timo sie nicht einmal minimal bewegen konnte.

»Und wir müssen ab hier jetzt echt *laufen*?«, ich konnte nicht recht glauben, was Timo mir da weiszumachen versuchte.

»Jetzt stell dich nicht so an, du Tussi!«, antwortete er nur und hob seine Tasche aus meinem Kofferraum, schaute aber selbst nicht besonders glücklich drein. Demonstrativ schweigend zog ich den Schlüssel aus dem Zündschloss, stieg aus dem Wagen, lief zum Kofferraum, schnappte mir meinen Rucksack, schlug die Kofferraumklappe zu, drückte auf den Verrieglungsknopf der Fernbedienung und lief wortlos in den Wald. Da konnte mein metrosexueller Sonnenschein mal schön versuchen, mich einzuholen! So jedenfalls musste er gar nicht erst anfangen.

»Ey, Zuckerschnecke! Hier geht's lang!« Timo deutete mit dem Kopf auf die andere Seite des Parkplatzes und wartete auf mich. Womit mein lässiger Abgang ruiniert war. Wütend stampfte ich zu ihm rüber und warf ihm einen besonders giftigen Blick zu. »Weiß Frau Sagorski doch nicht alles!«, stichelte Timo grinsend. Ich war genervt. Sobald Männer in der »Wildnis« sind, denken sie, sie müssten einen auf Ranger machen und zeigen, wie sie lässig fernab der Zivilisation weiterexistieren können. Da machte selbst mein frisch gewachster bester Freund keine Ausnahme, stellte ich schockiert fest.

Doch schon zehn Minuten später verließ ihn seine Selbstgefälligkeit und wir litten einträchtig schwitzend unter dem steilen Waldweg. Da sich Timos Tasche wesentlich unkomfortabler tragen ließ als mein alter Rucksack, übertönte sein Fluchen bald mein leises Brummeln. Als sich an seinen gepflegten Händen die ersten Blasen zeigten, war die gute Stimmung komplett dahin. Ich war kurz davor umzudrehen und ich glaube, Timo wäre sofort begeistert mit mir ins nächste Wellnesshotel gefahren, als wir plötzlich und wie aus dem Nichts eine kleine ebenerdige Lichtung erreichten. Zartes Sonnenlicht drang durch die wiegenden Äste und Vögel zwitscherten leise. Auf einmal schien der Einklang mit der Natur gar nicht mehr so unvorstellbar. Staunend betrachteten wir die hohen Baumwipfel und ließen dann ächzend unser Gepäck auf die Erde sinken. Erschöpft ließen Timo und ich uns auf dem warmen und nach Tannennadeln duftenden Waldboden nieder.

Jetzt, da wir die erste Etappe des Abenteuers bewältigt hatten, konnten wir wieder lachen und uns zum ersten Mal seit unserer Ankunft auf dem Parkplatz vorstellen, dass das Wochenende doch ganz schön werden könnte.

»Ich hab noch eine Überraschung für dich!«, sagte Timo grinsend und stand auf. Nach kurzem Suchen zauberte er zwei Gläser und eine Flasche Martini Bianco aus seiner Tasche. Sogar ein paar Zitronenscheiben hatte er, sorgfältig verpackt in einer Tupperdose, dabei.

»Et voilà!« Mit einer leichten Verbeugung servierte er mir den Drink. Lächelnd bedankte ich mich und beschloss, ihm noch nichts von den drei Rotweinflaschen in meinem Rucksack zu erzählen. Wir stießen an und kippten die ersten beiden Gläser fast gleichzeitig auf ex runter. Immerhin war der Weg anstrengend gewesen und die Flasche fast noch voll. Augenblicklich schenkte Timo nach und wir beschlossen, mit dem Zeltaufbau noch zu warten, wir hatten ja noch ewig Zeit und waren schließlich hierher gekommen, um uns zu erholen.

Eine Stunde später waren die Martiniflasche, zwei Tüten Chips und eine Packung kalorienreduzierter französischer Brie leer und die Sonne schien immer noch. Wir unterhielten uns gerade so gut und schienen der Lösung all unserer Probleme unfassbar nah zu sein, also tigerte ich schnell zu meinem Rucksack und holte – zu Timos Begeisterung – die erste Flasche Rotwein hervor. Ich hatte sogar an einen Korkenzieher und zwei Gläser gedacht, so dass wir mitten in der Wildnis durchaus mit einem gewissen Stil auf unser neues Leben anstoßen konnten. Ab jetzt würde ich statt neuer Schuhe mehr Patenschaftsurkunden aus Uganda kaufen und Timo würde anfangen, sich nach einer Frau umzuschauen, die ihn auch wollte. Oder schwul werden, aber diese Variante fand nur ich wirklich gut.

Während wir immer weiter quatschten und lachten, bemerkten wir vor lauter Glückseligkeit die hereinbrechende Dämmerung nicht. Der Alkohol wärmte uns innerlich und auch die heraufziehenden Wolken konnten uns nicht aus der weinseligen Gemütlichkeit reißen. Wir fühlten uns im Einklang mit uns, der Natur und dem Wald um uns herum. Da könnten uns ein paar kleine Regentröpfchen nichts anhaben.

»Das ist nur ein leichter Sommerregen, der ist gleich wieder vorbei!«, meinte Timo und leerte sein halb volles Glas Rotwein in einem Zug. Nickend gab ich ihm recht und füllte sein Glas wieder auf. Was kümmerten mich schon ein paar Tropfen? Wir waren hier in der Natur ganz unter uns, der Regen gehörte dazu und meine Frisur oder mein Make-up waren mir egal. Genau deshalb waren wir ja hergekommen: um Äußerlichkeiten nicht mehr so wichtig zu nehmen.

Ich rappelte mich auf, tapste in die Mitte der Lichtung, hob die Arme und wandte mein Gesicht gen Himmel, direkt in den

Regen. Es war viel authentischer als bei der Dame in der Margarinewerbung. Ich verschmolz quasi mit der Natur und Timo stellte sich begeistert neben mich und tat es mir gleich. Heute bin ich wirklich froh, dass in diesem Moment keine Gruppe Pfadfinder vorbeigekommen ist. Wahrscheinlich hätten die uns für irgendwelche perversen Sektenmitglieder gehalten und uns vom Förster verjagen lassen. Was vielleicht besser für uns gewesen wäre, denn anscheinend nervte unsere kleine Zeremonie den Wettergott ganz gehörig. Wir standen keine drei Minuten auf der Lichtung, da kündigte das erste Donnergrollen einen ganz besonderen Willkommensgruß für uns an. Zeitgleich prasselte plötzlich kalter Regen auf uns herab und innerhalb von Sekunden waren wir dank der ungeheuren Wassermassen klitschnass.

Schreiend flüchteten wir unter die Bäume – Timo auf allen vieren, was in Anbetracht unseres Alkoholpegels und des unebenen Waldbodens keine schlechte Idee war. Denn mich haute es, nachdem ich über eine besonders heimtückische, aus dem Boden ragende Wurzel gestolpert war, mit dem Gesicht voll in den schlammigen Boden. Nicht nur, dass ich unsanft auf dem Kinn gelandet war. Nachdem ich mich wieder aufrappeln konnte, sah ich aus wie ein Moormonster. Timo kugelte sich vor Lachen auf dem Boden und war bald auch voller Schlamm. Was für den reinheitsfanatischen Timo sonst ein Grund für eine mittelschwere Panikattacke gewesen wäre, fand er jetzt urkomisch. Hätte mir mein Kinn nicht so wehgetan und wäre die Situation an sich nicht so ätzend gewesen, ich wäre fast ein bisschen stolz auf meinen besten Freund gewesen.

So war ich aber einfach nur stinksauer auf ihn. Er lachte mich aus? Wer hatte denn diese beschissene Idee gehabt, zelten zu gehen? Jetzt saß ich hier mit Matsch im Gesicht, ohne Dach überm Kopf und alles drehte sich. Ich überlegte gerade, ob ich anfangen sollte, hysterisch zu schreien oder doch lieber klassisch zu heulen, als Timo auf einmal mit – bisher nur im Schlussverkauf zu Tage getretener – Entschlossenheit aufsprang und leicht lallend verkündete, jetzt das Zelt aufbauen zu wollen. Mit großen Augen sah ich ihn an. Würde mein Timo in dieser dunklen Stunde doch noch zum Helden mutieren? Da stolperte der vermeintliche Held auch schon und fiel mitsamt dem verpackten Zelt im Arm vornüber – wieder in den Schlamm. Leider öffnete sich dabei die Hülle, in der das Zelt steckte, und lauter kleine Heringe flogen in hohem Bogen durch die Luft.

Interessiert, aber untätig blieb ich auf meinem Hosenboden im Schlamm sitzen und schaute zu, wie Timo fluchend auf dem Waldboden herumrutschte und versuchte, die kleinen Haken wieder aufzusammeln. Was sich angesichts der sekundenschnell im Schlamm versunkenen Metallteilchen als ein relativ sinnloses Unterfangen entpuppte. In dem Moment ließ ein lauter Knall uns beide zusammenzucken. Der Donner hatte sich verdammt nahe angehört. War es nicht eigentlich ziemlich gefährlich, bei Gewitter im Wald zu sein? Irgendetwas dämmerte mir da in meinem beschwipsten Zustand. Vorsichtig lugte ich nach oben. Das dichte Blattwerk der Bäume beugte sich unter dem Druck des Gewittersturms.

»Das ist ganz und gar nicht gut, Spatzi!«, schrie ich Timo zu. Doch er war mittlerweile schon todesmutig samt dem Zelt unterm Arm auf die Lichtung marschiert und begann, dort im strömenden Regen mit irgendwelchen Stangen zu hantieren. Ich überlegte kurz: War es sinnvoller für mich, einfach hier unter dem Schutz des Blätterdaches stehen zu bleiben, trotz der ständigen Gefahr, durch einen Blitzeinschlag getötet zu werden? Oder sollte ich besser Timo helfen, unser Zelt im Regen auf der Lichtung aufzubauen – komplett nass, dafür aber in relativer Sicherheit bezüglich der Blitze? Ich entschied mich für Letzteres und versuchte, ohne zu stürzen, zu Timo auf die Lichtung zu stapfen.

Gemeinsam bemühten wir uns, das Stecksystem der scheinbar tausend Stangen zu begreifen, aber selbst unter einfacheren Umständen hätte unser Geometrieverständnis hier wohl versagt. Nichtsdestotrotz gaben wir nicht auf. Es musste doch zu schaffen sein, dieses blöde Zelt aufzubauen, sagte ich mir immer wieder. Der Regen wollte nicht nachlassen, doch mittlerweile waren wir so nass, dass es schon egal war, ob es weiterregnete oder nicht. Tapfer steckten wir Stangenenden in verschiedensten Kombinationen ineinander, nur um kurz darauf festzustellen, dass auch diese Variante zu nichts führte. Zugegebenermaßen hatte wohl auch der Alkohol das Seine zur Verminderung unserer Koordinationsfähigkeit beigetragen. Uns fielen immer wieder Teile aus den Händen und versanken auf Nimmerwiedersehen im schlammigen Waldboden. Gut, dass *ich* mir das Zelt nicht geliehen hatte, dachte ich nur und ließ die beiden Stangen in meiner Hand zu Boden sinken.

»Das hat doch keinen Sinn!«, schrie ich Timo durch das Gewitter hindurch an. Mittlerweile war es schon so dunkel, dass ich nicht mal mehr genau erkennen konnte, wo unser Gepäck stand. Der Regen ergoss sich in dichten Bindfäden über uns. Wir saßen hier fest, ohne Zelt, ohne Handyempfang und ohne trockene Klamotten. Es war wirklich zum Heulen.

»Warte hier!« Timo lief ohne weiteren Kommentar davon. Wenn er mich hier einfach allein stehen lassen würde, wäre ich verloren, ging es mir durch den Kopf. Aber so eine Gemeinheit traute ich Timo eigentlich nicht zu. Und nach zwei Minuten kam er auch zurück – die letzte Flasche Rotwein, den Korkenzieher und eine Packung Tortillachips im Arm. Wortlos drückte er mir das Zeug in die Hand und beugte sich zu den Zeltteilen runter. Mit der Plane in der Hand kam er wieder hoch, warf den roten Stoff über uns und hüllte uns komplett darin ein. Gemeinsam wickelten wir uns immer tiefer in die riesige Plane, bis wir beide buchstäblich nur noch rotsahen. Ins Zelt eingemummelt setzten wir uns gemeinsam auf den Boden und freuten uns über unsere eigene kleine provisorische Höhle. Sie war nicht besonders trocken, sauber oder warm, aber irgendwie bot sie uns doch ein wenig Schutz.

»Wir sind angesichts dieser Situation schon wieder viel zu nüchtern, Spatzl!«, meinte Timo und entkorkte die Flasche. Da konnte ich ihm nur recht geben und nahm einen kräftigen Schluck. Manche Situationen im Leben sind rational einfach nur schwer zu ertragen und diese hier gehörte definitiv dazu. Also kuschelten wir uns so gut es ging in die Zeltplane, tranken Rotwein aus der Flasche und aßen Tortillachips. Mit einem anderen Mann hätte die Situation durchaus einen romantischen Aspekt haben können, aber Timo ist für mich quasi asexuell und so schliefen wir irgendwann einfach ein.

Morgens wurden wir von ohrenbetäubendem Vogelgezwitscher geweckt. Verschlafen schälten wir uns aus der Zeltplane und mussten geblendet die Augen zusammenkneifen. Die Sonne schien, der Himmel über uns war babyblau und der grüne Wald um uns herum sah ganz friedlich aus. Es war, als ob uns die Natur einen Streich gespielt hätte und die letzte Nacht nur ein Fantasiegebilde war. Allein der feuchte Waldboden und ein paar herabgefallene Äste bezeugten das Unwetter. Und natürlich Timo und ich beziehungsweise unser schlammverkrustetes Äußeres. Mit bohrenden Kopfschmerzen versuchten wir, unsere Siebensachen einzupacken und schnellstmöglich das Weite zu suchen. Zurück in die Zivilisation zu einer warmen Dusche, frischen Croissants und ganz viel Aspirin! Der Rückweg war die Hölle: Die ganze Fahrt lang litten wir vollkommen verdreckt, verkrustet und verkatert vor uns hin. Am nächsten Tag brauchte ich zwei Stunden, um den Innenraum meines Smarts wieder einigermaßen sauber zu bekommen. Das geliehene Zelt musste Timo ersetzen und meine Designer-Chucks landeten ohne großes Bedauern meinerseits in der Mülltonne.

Unser nächstes gemeinsames Wochenende verbrachten Timo und ich dann wieder mit Shopping und Party. Und die nächste Krise werden wir lieber in einem österreichischen Wellnesshotel mit Blick auf den Wald und einer gut ausgestatteten Kaminbar bewältigen. Doch jedes Mal, wenn wir die Geschichte von unserem wilden Zeltabenteuer in der Natur zum Besten geben, sind wir auch irgendwie ein wenig stolz. Dass wir zum Überleben in der rauen Wildnis fähig sind, haben wir ein für alle Mal bewiesen. Und meine angebliche Robustheit hat schon so manchen Typen beeindruckt. Auch bei Timos Balzversuchen kam die abenteuerliche Geschichte immer recht gut an. Nur den Rotwein, den lassen wir in unseren Erzählungen meist weg.

SHIT HAPPENS

Laura ist Biologiestudentin, 29 Jahre alt und ein Kum-
peltyp. So wie ich sie kennengelernt habe, macht sie sich
normalerweise nicht viel daraus, was andere über sie den-
ken. Trotzdem hat auch sie eine Schmerzgrenze, die in der
folgenden Geschichte definitiv erreicht wird …

Diese überaus peinliche Geschichte ist mir vor ungefähr zwei Jahren passiert. Ich hatte gerade meine Zwischenprüfung an der Uni bestanden und war zu einem Belohnungstrip nach Costa Rica aufgebrochen. Ein halbes Jahr hatte ich für meinen Surfer-Traumurlaub sparen müssen und genoss ihn deshalb umso mehr.

Über das Internet hatte ich ein paar coole Leute kennenge-lernt, mit denen ich eine WG bewohnte und von Sonnenauf- bis Sonnenuntergang surfte. Doch die Zeit auf den Brettern, die mir die Welt bedeuten, verging wie im Flug, und viel schneller als es mir lieb war, rückte der letzte Abend näher.

Zum Abschied hatten meine Mitbewohner für mich eine Grill-party am Strand organisiert. Ich freute mich wahnsinnig über die Mühe, die sie sich gemacht hatten. Es gab ein großes Lagerfeuer, jede Menge Cocktails und als Delikatesse gegrillten Fisch, der so lecker war, dass ich mich gar nicht daran satt essen konnte.

Meine Surfbuddys hatten bunte Lampions in die Palmen ge-hängt und eine CD mit Gitarrenmusik eingelegt. Ich kam mir vor, als wäre ich in einer hippen Partybier-Werbung gelandet. Gemein-sam mit meinem Surflehrer José kippte ich einen Cocktail nach dem anderen. Obwohl er eine Freundin hatte, knisterte es schon eine Weile zwischen uns, und dementsprechend enttäuscht war ich, als er an meinem letzten Abend keinerlei Anstalten machte, mich zu küssen. Ich ertränkte meinen Kummer in Alkohol und war bald ziemlich besoffen. Wir würden uns wahrscheinlich sowieso nie wiedersehen.

Erst im Morgengrauen fiel ich ins Bett, zwar ohne José, aber dafür mit drei anderen Freunden, mit denen ich mir das Matratzenlager teilte. Ich war betrunken und satt und schlief in Sekundenschnelle ein. Als ich ein paar Stunden später wieder aufwachte, fühlte ich mich miserabel. Ich rollte mich auf die Seite und fühlte, wie mir ein lauwarmes, schleimiges Etwas über die Beine rann. Jede meiner Bewegungen machte schmatzende Geräusche. Nachdem sich meine Augen an das Halbdunkel des Zimmers gewöhnt hatten, konnte ich erkennen, dass die eklige Masse unter mir hellbraun war. Der Gestank war bestialisch und raubte mir fast das Bewusstsein. Mir schwante Böses.

Ich versuchte, tief (aber nicht zu tief) durchzuatmen. Wie peinlich war das denn bitte? Ich hatte mich eingekotet, wie ein Riesenbaby ohne Windeln. Nur dumm, dass niemand kommen würde, um mir den Hintern zu pudern. Ich hätte vor Scham heulen können. Schuldbewusst blickte ich zu den schlafenden Gestalten auf den Matratzen neben mir. In einer Stunde fuhr mein Bus zum Flughafen. Ich hätte mich einfach davonstehlen und die Schweinerei ihnen überlassen können, aber so feige war ich nicht.

Stattdessen weckte ich meine armen Bettgenossen und warnte sie, sich bloß nicht in Richtung meiner Matratze zu bewegen. Zuerst ekelten sie sich fürchterlich, doch nach der unangenehmen Beseitigung der Katastrophe konnten sie mit mir darüber lachen. Genau wie die anderen Partygäste, die inzwischen aufgewacht waren und mitbekommen hatten, was passiert war.

Ich war sehr erleichtert, dass ich mir meinen Abschied nicht völlig verschissen hatte, und hüpfte noch schnell unter die Dusche, bevor ich mich mit einem mächtigen Kater auf den Weg zum Flughafentransferbus machte. Unterwegs vermachte ich meine Schlafhose einer costaricanischen Mülldeponie und glaubte erleichtert, dass ich das Schlimmste hinter mir hätte.

Diese Erleichterung hielt allerdings nur ein paar Minuten, denn in dem Moment, als ich mich im Bus auf einen der zerschlissenen Sitze plumpsen ließ, bekam ich heftige Bauchkrämpfe. Ich krümmte mich auf meinem Sitz und konnte regelrecht spüren, wie ich kalkweiß wurde. Mein Magen knotete sich wieder und wieder zusammen und ich spürte kalte Schweißtropfen auf meiner Stirn. Alles um mich herum drehte sich und in meinem Mund breitete sich ein penetranter Fischgeschmack aus. Ich hatte das Gefühl, gleich auf den Sitz vor mir kotzen zu müssen.

Panisch fragte ich mich, ob der Grillfisch vielleicht mit Salmonellen verseucht gewesen war. Oder hatte mir Josés Freundin einen giftigen Abschiedscocktail untergejubelt? Was auch immer es war, ich hatte tierische Schmerzen und wusste, dass ich es nicht mehr lange aushalten würde. Auf der Schnellstraße zum Flughafen merkte ich dann, dass mein Körper trotz Übelkeit die bevorstehende Nahrungsabgabe nicht oral geplant hatte.

Hektisch stolperte ich zur Bustoilette, die dummerweise besetzt war. Ich rüttelte an der Plastiktür und schrie »Emergency, emergency!«, allerdings ohne Erfolg. Die rettende Tür blieb verschlossen.

In meiner Not lief ich nach vorne zum Busfahrer und versuchte, ihm in gebrochenem Spanisch klarzumachen, dass er sofort rechts ranfahren musste. Mein Psychoblick und die übelriechenden Gase, die ich mittlerweile verströmte, schienen Eindruck auf den armen Mann zu machen, denn er bremste und ließ mich aussteigen.

Ich stürzte aus der Tür und schaffte es noch knappe fünf Meter weit, dann übernahm mein Darm das Kommando. Mit letzter

Kraft riss ich mir die Hose herunter und ging in die Hocke. Unter den angewiderten Blicken der anderen Businsassen ergoss sich der Inhalt meines Verdauungstrakts geräuschvoll auf den Grünstreifen.

Ich hatte mich noch nie in einer so erniedrigenden Situation befunden. Aber ich konnte nichts dagegen tun, mein Körper hatte die Kontrolle übernommen. Also blieb ich in der Hocke, schloss die Augen, um meine Zuschauer auszublenden, und hoffte, dass es bald vorbei sein würde. Es war peinlich, eklig – und gleichzeitig enorm erleichternd.

Mit rotem Gesicht stieg ich wieder in den Bus und entschuldigte mich bei meinen Mitreisenden. Zum Glück ging es mir allmählich besser, und die restliche Busfahrt war weniger schlimm als befürchtet. Meine Mitfahrer hatten, nachdem sie ihren Ekel überwunden hatten, Mitleid und versorgten mich mit Wasser und Feuchttüchern. Auch die Toilette überließen sie mir.

Der Rückflug nach Deutschland war angenehm und ich musste nicht öfter als andere Passagiere zur Toilette. So verließ ich Costa Rica mit vielen schönen Erinnerungen und um eine ziemlich beschissene Erfahrung reicher.

Dem Fisch habe ich übrigens verziehen.

FROTTEEALARM AM CHECKPOINT CHARLIE

Jonas ist 23, studiert Medienwissenschaften in Berlin und ist das, was man landläufig einen Player nennt. Er kommt ursprünglich aus Bayern, wirkt aber eher wie ein amerikanischer Quarterback – blond, groß und breitschultrig. Seine modische Vorliebe gilt Poloshirts von Fred Perry. Jonas bestätigt eben gerne mal das eine oder andere Klischee, nicht nur was das Äußere angeht ...

Die folgende Geschichte ereignete sich an einem Samstagmorgen, als ich von einer langen Tour durch meine Lieblingsclubs wieder in meine WG am Checkpoint Charlie zurückkehrte. Ich war zwar mit vielen heißen Tussis auf Tuchfühlung gegangen, hatte aber keine dazu bringen können, mit mir nach Hause zu kommen. Anscheinend war ich nicht ganz in Hochform.

Um vor dem Einschlafen trotzdem ein bisschen runterzukommen, zog ich meine Klamotten aus, setzte mich nackt vor meinen Schreibtisch und klickte mich durch ein paar YouPorn-Seiten. Ich fand einen guten Clip und fing an, mir einen runterzuholen.

In diesem unpassenden Moment begann mein Handy zu vibrieren. Auf dem Display sah ich, dass es mein Mitbewohner Georg war. Ich ging ran.

»Jonas, mein Akku is gleich runter, ich hab meinen Schlüssel vergessen, komm ma' runter!«, lallte er ins Telefon und legte wieder auf.

Na toll.

Da man Kumpel nicht hängen lässt, besonders nicht, wenn sie betrunken sind, klappte ich den Laptop zu, schnappte mir meinen Bademantel und polterte in Hausschuhen die Treppen hinunter.

Ich wünschte mir, wir hätten eine Gegensprechanlage, dann müsste ich nicht in einem alten roten Frotteebademantel hinaus auf die Straße, um meinem besoffenen Kumpel aufzuschließen.

Unten angekommen musste ich feststellen, dass niemand vor der Tür stand. Ungeduldig schaute ich mich um und sah Georg ein paar Meter weiter auf dem Gehweg liegen. Scheiße, muss der gesoffen haben, dachte ich mir und gab ihm einen Stoß in die Rippen. »Ey Alter, aufstehen, das Sandmännchen wartet oben!«
Georg zeigte null Reaktion.

Als er trotz weiterer Rippenstöße nicht zu sich kam, fand ich das Ganze nicht mehr lustig. Sein Zustand schien doch ernster zu sein, als ich am Anfang vermutet hatte. Ich suchte nach meinem Handy, um einen Krankenwagen zu rufen, ich wollte schließlich nicht, dass er in meinem Beisein verreckte.

Leider fand ich nur ein klebriges Tempo in den Taschen des Bademantels. Logisch, das Handy lag ja oben auf dem Tisch. Währenddessen bemerkte ich, dass wir die Aufmerksamkeit der ersten Touristen auf uns gezogen hatten. Der Halbtote und der Bekloppte in rotem Frottee – wir schienen eine Sehenswürdigkeit zu sein.

Als ich gerade einem japanischen Pärchen zurief, was ich von ihrem Gegaffe hielt, ließ mich ein unheilvolles Krachen zusammenzucken. Langsam drehte ich mich um und sah, dass die Haustür zugefallen war.

»Mist! Verdammter Mist!« Wütend trat ich gegen eine Bierflasche, die auf dem Gehweg stand. Ein gequältes Stöhnen unterbrach mein Gefluche und erinnerte mich daran, dass ich eigentlich einen Krankenwagen rufen wollte.

»Halt durch, Alter!«, raunte ich in sein Ohr und begann, Georgs Taschen nach seinem Handy zu durchsuchen. Ich fand es in der Innentasche seiner Jacke. Leider war der Akku inzwischen leer und das Telefon aus. »Scheiße«, zischte ich genervt.

Ich knotete meinen Frotteegürtel fester und lief auf zwei vorbeigehende blonde Mädchen zu. »Hört mal, mein Freund da hinten braucht einen ...«, begann ich, aber sie gingen einfach zügig weiter und vermieden jeden Blickkontakt mit mir. »Danke auch, ihr Scheiß-Tussen!«, rief ich, am liebsten wäre ich ihnen hinterhergerannt und hätte ihre vermutlich rosafarbenen Handys vor ihren überschminkten Augen zertrampelt.

Doch auch die anderen Passanten reagierten ähnlich. Ein Blick auf meinen zerschlissenen Bademantel und meine Füße in Hausschuhen reichte ihnen anscheinend, um mich als asozial und gefährlich einzustufen. Ein älterer Mann drohte mir sogar mit der Faust, als ich ihn am Arm festhielt.

»Mein Kumpel hier ist am Verrecken, ich brauche ein Handy! Oder rufen Sie wenigstens einen Krankenwagen!«, schrie ich dem unfreundlichen Sack hinterher, doch das interessierte ihn auch nicht. Die Einzigen, die nicht sofort abhauten, waren einige asiatische Typen, die anfingen, Fotos von Georg und mir zu machen. Trotz meines nicht unerheblichen Alkoholpegels kam ich auf die brillante Idee, einen Deal auszuhandeln: Sie durften mich posierend ablichten, wenn mir einer von ihnen sein Handy lieh.

Die Typen nickten aufgeregt und fingen wieder an, wie wild zu knipsen. Ich stellte mich vor Georg und poste ein bisschen, wodurch sie völlig aus dem Häuschen gerieten.

»Okay, one more picture, then you give me your cellphone«, sagte ich gerade, als plötzlich ein Schwall russischer Flüche über mich hereinbrach.

Ich drehte mich um und sah gerade noch, wie Irina, unsere russische Mitbewohnerin, sich auf mich stürzte.

Während sie mit ihrer Handtasche auf mich einschlug, fotografierten die Jungs aus dem Fernen Osten, als ginge es um ihr Leben. So eine Show hatten sie hier bestimmt noch nicht zu sehen bekommen.

Ich dagegen versuchte verzweifelt, mein Gesicht zu schützen und Irina zu erklären, dass ich Georg weder etwas angetan noch ihn als Sensationsmotiv an die Asiaten verkauft hatte. Irgendwann ließ sie tatsächlich von mir ab und beugte sich über Georg, aber nicht, ohne mich weiterhin mit Flüchen zu belegen.

Ich ging hinüber zu den Paparazzi, die jedoch unseren Deal brachen und einfach wegrannten. Halbherzig lief ich ihnen noch ein Stückchen hinterher, dann gab ich auf und seufzte. Auf einmal hörte ich ein Martinshorn in der Ferne. Und es wurde lauter. Hatte doch einer der Passanten aus sicherer Entfernung den Notruf gewählt?

Eine Minute später hielt der Krankenwagen vor uns an und die Sanitäter nahmen Georg ohne große Fragen mit. Wahrscheinlich hatten sie im Laufe der Nacht schon Schlimmeres gesehen. Als sie wegfuhren, starrten Irina und ich stumm dem Krankenwagen hinterher. Ich wollte die Gelegenheit nutzen, um ihr zu erklären, was wirklich passiert war, und legte einen Arm um sie. »Dem geht's morgen schon wieder gut, wart's ab. Jetzt gehen wir erst mal hoch und trinken was, dann ...« Weiter kam ich nicht.

Irina schüttelte meinen Arm ab, warf mir noch ein paar unverständliche Schimpfwörter an den Kopf und stapfte ins Haus. Bevor ich es verhindern konnte, schloss sich die Haustür mit einem lauten Knall. Und ich stand weiterhin auf der Straße und wurde von den Passanten begafft.

Einmal traute ich mich zu klingeln, aber als mich ein Bierkrug aus dem Küchenfenster nur um Haaresbreite verfehlte, gab ich auf. Irina würde mich heute nicht mehr reinlassen, für sie war ich schuld an Georgs Zustand und dazu noch ein großes Arschloch, das sich neben seinem bewusstlosen Freund posend fotografieren lässt.

Ich fühlte mich ungerecht behandelt und trottete davon, schnorrte am Kiosk ein Bier und ließ mich auf den Gehweg sinken. Meine Wut richtete sich gegen Georg, weil er mich angerufen hatte, gegen Irina wegen ihres vorschnellen Urteils und gegen mich, weil ich jetzt eigentlich mit einer geilen Tussi im Bett sein sollte.

Ich kümmerte mich nicht mehr um die starrenden Leute und schmiss frustriert Steinchen gegen das Kontrollhäuschen am Checkpoint Charlie. Als ein älterer Herr mich bat, dieser historischen Stätte etwas mehr Respekt zu erweisen, bekam ich einen Lachkrampf und sank grölend auf den Asphalt. Der Mann und seine Touristengruppe suchten erschrocken das Weite. Ich saß noch ziemlich lange da und lutschte an meiner Bierflasche, bis Lena, unsere zweite Mitbewohnerin, vorbeikam und mich reinholte.

Auch Georg kam gegen Abend wieder nach Hause. Er hatte einfach einen Kreislaufzusammenbruch gehabt – wie eine Tussi! Ich war ziemlich sauer auf ihn, immerhin hatte er mir den ganzen Schlamassel eingebrockt.

Zu Weihnachten schenkte ich Georg Riechsalz in einer rosa Dose und bekam von ihm ein rotes Schlüsselband, passend zum Bademantel. Im Moment sparen wir für eine Gegensprechanlage.

CATWALK DER PEINLICHKEITEN

Isa ist 32 Jahre alt, Wahlmünchnerin und teilt nicht nur meine Leidenschaft für Schuhe, sondern auch für Prosecco. Dass diese beiden Vorlieben in Kombination katastrophale Folgen haben können, ahnten weder Isa noch ihr Freund Stefan. Zumindest bis zum letzten Sommerfest ihres Arbeitgebers. Seitdem wissen sie es besser und haben mir beide von jenem Sommerabend erzählt.

Es war ein unfassbar heißer Tag im August. Mittags in der Kantine bekam ich nur einen kleinen Salat runter, denn schon der Anblick von Pasta und Co ließ mir den Schweiß über die Stirn laufen. Bei zwanzig Grad weniger hätte ich allerdings auch nicht mehr essen können, denn eine normale Nahrungsaufnahme ließ mein hautenges Abendkleid, das ich zwei Tage zuvor direkt aus London bestellt hatte, an diesem Tag nicht zu.

Ich arbeite, genau wie mein Freund Stefan, bei einem großen deutschen Fernsehsender und an diesem Tag sollte dessen großes Sommerfest steigen. Für mich hieß das, dass ich einen ganzen Arbeitstag mit 14-Zentimeter-Absätzen und Abend-Make-up verbrachte, um gleich aus dem Büro zur Feier fahren zu können.

Auch meine Kolleginnen stöckelten auf Stilettos durch die Firma und glänzten mit noch extravaganteren Outfits als gewöhnlich. Normale Menschen würden sich vermutlich einfach schnell nach Feierabend auf der Toilette umziehen und sich nicht den ganzen Tag mit Pfennigabsätzen auf Steingutfußböden quälen. Aber in unserer Redaktion wollten alle Mädels vorgeben, dass sie es nicht nötig hatten, sich für eine kleine eineinhalbtausend Menschen umfassende Veranstaltung besonders in Schale zu werfen. So tat auch ich so, als wären mein leuchtend blaues Schlauchkleid und die grauen 400-Euro-Pumps von Chloe nichts Besonderes.

Je näher der Abend rückte, umso mehr freute ich mich auf die Party. Als ich endlich Schluss hatte, huschte ich voller Vorfreude aus der Redaktion und machte mich zusammen mit Stefan auf den Weg. Ein Kollege war so lieb und nahm uns im Auto mit. Als wir nach einer halben Stunde im Olympiapark ankamen, war dort bereits die Hölle los. Die halbe Münchner Mediengesellschaft tummelte sich an weißen Stehtischen oder in den Lounge-Ecken, ein bekannter DJ berieselte das Gelände mit Chill-out-Musik und ein ganzes Heer von Kellnern versorgte die Gäste mit Getränken. Es dauerte keine dreißig Sekunden, bis ich mein erstes Glas Prosecco Aperol in der Hand hielt.

Trotz Schlauchkleid bekam ich allmählich Hunger. Also drückte ich Stefan einen schnellen Kuss auf den Mund und flitzte mit meiner Freundin Nici los in Richtung Buffet, wo uns allerdings eine entsetzlich lange Schlange erwartete. Wir gaben die Essenspläne wieder auf, da wir den Abend nicht mit Anstehen verbringen wollten, und schnappten uns einen Stehtisch im Freien sowie zwei neue Prosecco Aperol.

Nach dem dritten oder vierten Prosecco hatten wir den Hunger gänzlich vergessen und amüsierten uns köstlich. Das Einzige, was mir Sorgen machte, war meine Standfestigkeit, denn auf Kiesboden war das Gehen und Stehen mit 14-Zentimeter-Absätzen eine echte Herausforderung, die durch den stetig steigenden Alkoholpegel nicht gerade erleichtert wurde.

Glücklicherweise stand neben mir ein Sonnenschirm, an dem ich mich festhalten konnte, wenn ich das Gefühl hatte, gleich umzukippen. Ehrlich gesagt, ist der Schirm meine letzte Erinnerung an den Abend. Der Rest ist irgendwie … weg!

*

Ich stand gerade mit zwei Kollegen aus der Sportredaktion an der Bar und führte ein angeregtes Gespräch über den neuen Trainer der Bayern, als meine Freundin angestolpert kam und lallte, dass sie ganz dringend nach Hause müsse.

Ungläubig warf ich einen Blick auf die Uhr – es war erst kurz nach zwölf. Ich wollte gerade Einspruch einlegen, als Isas Beine wegknickten und sie vorwärts in meine Arme fiel. Ich hörte sie »Scheiß Kies« murmeln und begriff, dass es wohl besser wäre, den Abend schnell zu beenden. Nachdem ich mich von meinen feixenden Kollegen verabschiedet hatte, eilten wir nach draußen, wobei ich Isa unauffällig stützte. Da meine bessere Hälfte heute ihre furchtbaren grauen Schuhe mit den Meterabsätzen anhatte, war das einfacher gesagt als getan. Endlich am Ausgang angekommen, half ich meiner Freundin, sich vorsichtig ins Gras zu setzen, und orderte ein Taxi. An dieser Stelle muss gesagt werden, dass Isa beim Autofahren extrem schnell schlecht wird und sie sich in der Vergangenheit schon häufiger geweigert hatte, im betrunkenen Zustand Taxi zu fahren. Doch da wir eine ziemliche Strecke vor uns hatten, meinte ich, dass wir keine Wahl hätten und sie sich schon zusammenreißen würde.

Der Taxifahrer war innerhalb von drei Minuten da. Ich winkte ihn zu uns und sah mich schon fast zu Hause im warmen Bett, als ich von hinten ein trotziges Quaken hörte: »Ich fahr jetzt kein Taxi! Das weißt du doch genau!«

Ich legte den Kopf in den Nacken und atmete tief durch. Es wäre ja auch zu schön gewesen … Langsam drehte ich mich zu Isa um und erklärte ihr mit Engelszungen, dass sie die Wahl habe, entweder in dieses Taxi zu steigen oder vier Stunden durch München zu wandern. Leider machte das absolut keinen Eindruck. Also bat ich sie mit zärtlichem Blick, mir zuliebe aufzustehen.

»Nöhöh!«, trötete mein Schatz.

Schweren Herzens bezahlte ich dem freundlichen Taxifahrer die Anfahrt und sah den in der Dunkelheit verschwindenden Rücklichtern nach. Dann wandte ich mich wieder meiner Freundin zu, die sich mittlerweile auf dem Rasen zusammengerollt hatte und friedlich schlummerte. Ich schüttelte sie und versuchte, sie zum Aufstehen zu bewegen, was bei ihr aber nicht so gut ankam. »Ich will schlafen! Lass mich!«, bellte sie mich an.

»Schatz, wir laufen jetzt ein Stück nach Hause, kein Taxi, versprochen«, entgegnete ich ruhig und hoffte, sie so bald wie möglich davon überzeugen zu können, ein neues Taxi zu bestellen.

Es war mittlerweile halb eins, wir beide mussten am nächsten Tag arbeiten und ich hatte absolut kein Bedürfnis, jetzt die Münchner Innenstadt zu Fuß zu durchqueren. Mit diesen Gedanken setzte ich mich in Bewegung und sie stand mürrisch auf.

Ein paar hundert Meter ging es auch ganz gut und Isa stöckelte gleichmäßig schwankend neben mir her. Aber dann gab sie auf, ließ sich auf den Grasstreifen fallen und zog ihre Schuhe aus.

»Tut weh!«, jammerte sie und funkelte mich böse an. Stöhnend blieb ich stehen und ärgerte mich. War etwa ich schuld daran, dass sie diese Schuhe trug?

Nachdem ich ihr wieder aufgeholfen hatte, tapste sie mit ihren überteuerten Pumps in der Hand weiter. Diesmal ging es sogar ganze fünf Minuten gut, dann piksten ihr die Steinchen zu sehr in die Füße. Ehe ich mich versah, saß sie schon wieder im Gras und begann, ausgiebig zu gähnen.

Ich glaube, in dem Moment riss mir das erste Mal der Geduldsfaden. Ohne meine besoffene Freundin weiter zu beachten, rief ich erneut in der Taxizentrale an, wild entschlossen, Isa notfalls mit Gewalt zum Einsteigen zu bewegen.

Das Taxi kam und sie machte dicht. Ich hatte keine Chance. Sie drückte mir ihr Portemonnaie in die Hand und forderte mich auf, das Geld zu nehmen und alleine mit dem Taxi abzuhauen. Sie wolle hier schlafen. Und am besten sowieso ohne mich.

Ich schickte das Taxi wieder weg – natürlich erst, nachdem ich abermals die Anfahrtsgebühr bezahlt hatte – und marschierte weiter, wobei ich meine keifende Freundin hinter mir herzog. Ich war wirklich sauer.

Das Gejammer über ihre schmerzenden Füße ertrug ich nicht sonderlich lange und gab ihr irgendwo zwischen Olympiapark und Münchner Freiheit meine Flip-Flops – jetzt war sie froh über meine Treter, vor wenigen Stunden noch hat sie sich über meine Stillosigkeit beschwert. Nun wanderte also *ich* barfuß und mit Isas Pumps in der Hand durch die Nacht. Als wir die Leopoldstraße fast erreicht hatten, ließ Isa sich erneut auf den Boden fallen, beschimpfte mich als Sadisten und drohte, sich von mir zu trennen, wenn ich sie noch einen Meter weiter hetzen würde. Da sie sehr überzeugend klang, startete ich einen vorerst letzten Versuch, die Situation anders zu lösen. Ich rief meinen Kollegen Dennis an, der in der Nähe wohnte. Und wie der Zufall es wollte, war er gerade auf dem Heimweg und erklärte sich bereit, uns unterwegs aufzusammeln. Erleichtert ließ ich mich neben meine Freundin sinken und wartete.

Zwanzig Minuten später war Dennis da, gemeinsam redeten wir zehn Minuten lang auf Isa ein, dann rauschte er alleine ab. Eines musste ich ihr lassen: Willensstärke besaß sie auch im Vollsuff.

Hundemüde setzten wir unsere Nachtwanderung fort. Ich hielt Isa am Arm und schob sie den Gehweg entlang. Sie keifte und beschimpfte mich in einer Tour. Das Peinliche daran war, dass wir mittlerweile auf der ziemlich belebten Leopoldstraße angekommen waren. Die Bars und Straßencafés waren gut besucht, und wir waren natürlich der Hingucker schlechthin. Am liebsten hätte ich mir eine Papiertüte über den Kopf gestülpt, aber ich versuchte, diesen Spießrutenlauf durch Münchens Party-meile mit gespielter Gleichgültigkeit über mich ergehen zu lassen.

Isa, ein sonst sehr höflicher und unaufdringlicher Mensch, realisierte gar nicht, wo und vor wie vielen Menschen sie ihre Psychoshow gerade abzog. Ich musste mir in aller Öffentlich-keit anhören, was für ein mieses Arschloch ich sei, und versuchte gleichzeitig, die teils schadenfrohen, teils mitleidigen Blicke, so gut es ging, zu ignorieren und unseren Weg durch Schwabing stur fortzusetzen.

Irgendwann hatten wir diesen peinlichen Schaulauf über die Leopoldstraße endlich hinter uns gebracht und kamen in eine weniger belebte Gegend. Als Isa nun wiederum Anstalten mach-te, ihr Nachtlager auf dem Bürgersteig einzurichten, reichte es mir. Ein allerletztes Mal zückte ich mein Handy und rief ein Taxi.

Da wir im Stadtzentrum waren, bog der bestellte Wagen schon dreißig Sekunden später um die Ecke. Ich öffnete die Hintertür und stieg ein. Meine Geduld war am Ende. Wie durch ein Wun-der schien auch Isa meinen Gemütszustand durch ihren Prosecco-nebel hindurch zu bemerken, denn sie kletterte auf den Sitz neben mir – allerdings nicht ohne mich weiter zu beschimpfen.

Der Taxifahrer kümmerte sich nicht weiter um die keifende Furie auf der Rückbank, er war wohl einiges gewöhnt. Im Ge-gensatz zu mir hatte er ja auch die Möglichkeit, Isa zügig wieder loszuwerden. So fuhr er ziemlich ungestüm um die erste Kurve. Dass das ein großer Fehler war, wusste ich, als ich ein Würgen neben mir hörte.

»Anhalten!«, brüllte ich, sprang aus dem bremsenden Wagen, rannte einmal um das Heck herum und öffnete Isas Tür. Ich hät-te keine Sekunde länger brauchen dürfen. Sie stieg nicht einmal mehr aus, sondern beugte sich nur zur Seite und übergab sich. Geschätzte zwei Liter eines roten Prosecco-Aperol-Galle-Ge-misches ergossen sich über meine nackten Füße. Ja, noch mal zur

Erinnerung, ich war barfuß! Mittlerweile war ich derjenige mit den Trennungsgedanken. Auf dem restlichen Heimweg folgte Isa mir schweigend und ohne groß zu torkeln. Anscheinend hatte das Kotzen ihr gut getan. Meine Füße klebten und meine Hosenbeine waren vollgesaugt mit Flüssigkeit. Es war einfach widerlich.

So gegen vier Uhr morgens kamen wir tatsächlich zu Hause an. Meine Freundin fiel kommentarlos ins Bett und sank sofort in eine Art Koma. Ich duschte bis halb fünf und versuchte dann im Bett, Maximalabstand zu Isa einzuhalten. Sicher war sicher.

Um 7.30 Uhr morgens klingelte der Wecker. Mir tat alles weh. Ich hatte das Gefühl, keine fünf Minuten Schlaf bekommen zu haben, und meine Augen brannten wie Feuer.

Das Bündel neben mir erwachte ebenfalls zum Leben. Völlig unerwartet setzte Isa sich auf, streckte sich genüsslich und sprang aus dem Bett. Kurz vor der Zimmertür blieb sie verwundert stehen und sah an sich herunter. »Oh, ich bin ja noch angezogen!« Sie legte die Stirn in Falten, doch nur für einen Moment. Schon zuckte sie lächelnd mit den Schultern und tänzelte ins Bad. Jeder Richter dieser Welt hätte mich freigesprochen, aber ich versuchte trotzdem, meine Wut zu zügeln, und ignorierte Isa auf dem gemeinsamen Weg zur Arbeit einfach. Das schien mir die beste und unblutigste Lösung zu sein.

Nachdem sie mich fünf Mal per E-Mail gefragt hatte, was mit mir los sei und warum ich mich ihr gegenüber so verhielt, antwortete ich ihr mit einer kurzen und bündigen Zusammenfassung der Ereignisse der letzten Nacht. Außerdem teilte ich ihr mit, dass ich heute Abend *nicht* wie geplant mit zu ihren Eltern fahren würde, da es mir leider nicht möglich sei, heute in irgendeiner Form nett zu ihr zu sein, und sie diesen Umstand sicher nicht ihrer Familie erklären wolle.

*

Oh Gott! Ich hatte gerade Stefans E-Mail gelesen und war danach sofort auf die Damentoilette gerannt. Sein Bericht von letzter Nacht hatte mich eiskalt erwischt. Dummerweise hatte ich wirklich keinerlei Erinnerungen daran.

Ich wusste nur noch von dem netten Sommerfest mit den Kollegen, und dann schwirrte noch irgendein ungeheuer praktischer Sonnenschirm in meinem Kopf herum. Aber wie ich nach Hause oder ins Bett gekommen war, das wusste ich nicht.

Es sprach leider einiges dafür, dass Stephans Schilderung stimmte – nicht zuletzt meine heisere Stimme und die Blasen an den Zehen. Ich realisierte, dass ich den ersten Filmriss meines Lebens hatte. Es war beängstigend und ich brauchte eine halbe Stunde, bis ich mich wieder aus der Toilettenkabine traute.

Es hat mich viel guten Willen, Ausdauer und eine Adidas-Vintage-Trainingsjacke gekostet, um Stefan zu besänftigen. Aber eine Woche später nannte er mich das erste Mal wieder »Schatz« und hörte auf, mich wie ein ekliges Insekt zu behandeln.

Meine Chloe-Schuhe haben den Trip dank Stefan gut überstanden. Beim nächsten Sommerfest werden sie allerdings nicht dabei sein. Zum Autofahren sind sie nämlich nicht geeignet, und über die Frage, wer sich nächstes Jahr als Fahrer anbietet, sind Stefan und ich uns schnell einig geworden ...

MAN WIRD NUR EINMAL DREISSIG

*Tim, ein Bekannter von Eva, die eine Kollegin meiner
Freundin Jessica ist, muss ein sehr netter Kerl sein, mit
dem man prima bis zum Sonnenaufgang feiern kann. Was
aber passieren kann, wenn Tim einmal nicht bis zum Sonnenaufgang durchfeiert, ist meiner Meinung nach auch
sehr amüsant.*

Es war mein dreißigster Geburtstag. Für manche Menschen
sicherlich ein toller Tag, der Dreißigste, für mich eher der
befürchtete Anfang vom Ende. Ich fühlte mich kein bisschen wie
dreißig und hatte weder Lust darauf, einen Baum zu pflanzen
oder ein Haus zu bauen, noch eine Frau zu heiraten, geschweige
denn eine Familie zu gründen. Meine Beziehungen überdauerten
selten die Drei-Monats-Grenze und wirklich gern teilte ich mein
Bett eigentlich nur mit meinem Kater Alex. Um aber zu zeigen,
dass ich über den Dingen stand, feierte ich mit meinen Freunden, Bekannten und ein paar wildfremden, aber sehr hübschen
Damen meinen Geburtstag in einem Club am Stachus.

Jedem, der es hören wollte, und einigen anderen erzählte ich,
wie toll es sich anfühlte, endlich dreißig zu sein, und schwärmte
den Leuten im gleichen Atemzug vom neuen Film mit George
Clooney vor. Altwerden war im Trend und die jungen Sport-
studenten in den Mittzwanzigern auf der Tanzfläche entspra-
chen schon lange nicht mehr dem, was sich Frauen heutzutage
unter einem attraktiven Mann vorstellten, erklärte ich immer
wieder. Danach genehmigte ich mir jedes Mal einen Tequila und

trank auf mich und den grandiosen Lebensabschnitt, der mich erwartete.

Als ich meinen schätzungsweise 25. Vortrag gerade beendet hatte und mein leeres Glas auffordernd dem Barkeeper hinschob, schaute der mich leicht besorgt an und zögerte kurz, bevor er mein Glas erneut füllte. Irgendwie erinnerte er mich an meinen Vater. Beim Gedanken an das Geschenk von meinen Eltern wurde mir gleich noch elender zumute und ich bestellte bei meinem Ersatzvater sicherheitshalber einen Doppelten. Heute Morgen hatte ein Umschlag mit einem neu abgeschlossenen Bausparvertrag auf meinen Namen im Briefkasten gelegen. Anbei lag eine Faltkarte mit Blumenmotiv, in die meine Mutter in ihrer schnörkeligen Schrift »Damit du uns stolz machen kannst. In Liebe Mami und Papi« geschrieben hatte. Bei dem Gedanken an den Bausparvertrag half nicht mal mehr Tequila. Das Gefühl, dass mein Leben, so wie ich es kannte, nun unweigerlich vorbei war, drang in mein Bewusstsein ein, und ich hoffte, dass ich Letzteres nach dem nächsten Glas verlieren würde.

Wenigstens diese Hoffnung sollte sich erfüllen. Zehn Minuten nach dem letzten Tequila spürte ich, wie der Alkohol gegen die Verdauungsmechanismen meines dreißigjährigen Körpers siegte und mir langsam den Hals hochkroch. Ohne lange zu überlegen, schnappte ich mir meine Lederjacke, die über dem Tresen lag und schlich mich von meiner eigenen Geburtstagsparty. Die Rechnung würde schon irgendeiner für mich zahlen, ansonsten konnte ich ja meinen Bausparvertrag als Sicherheit einsetzen.

An der frischen Luft angekommen, übergab ich mich erst mal ausgiebig vor McDonald's, woraufhin eine Gruppe von Studentinnen schreiend und angeekelt das Weite suchte. Als ich mir den Mund abwischte, wusste ich, was ich schon immer geahnt hatte: Dreißigste Geburtstage sind scheiße. Es war so wie mit Flitterwochen und fettreduzierten Erdnussflips: Alle tun so, als ob das großartige Erfindungen wären, aber in Wirklichkeit hasst sie jeder. Mich kotzte das alles so an und dem verlieh ich direkt noch einmal ausgiebig Nachdruck.

Als kein Tequila mehr in mir drin sein konnte, war ich so erschöpft, dass ich einfach nur noch schlafen wollte. Hier und jetzt. Suchend wanderte ich über den Stachus und sah auf einmal die Lösung meines Problems, zumindest was den Schlaf anging, auf der anderen Straßenseite. Dort leuchtete hell und so groß, dass selbst ich es noch lesen konnte, das himmlische Wort »HOTEL«. Wie ein Erleuchteter überquerte ich die Hauptverkehrsstraße und ignorierte das empörte Hupen der bremsenden Taxifahrer. Alles, was ich wollte, war ein Bett, wenigstens das musste doch an meinem Dreißigsten drin sein. Zielstrebig stolperte ich durch die automatische Schiebetür auf die Rezeption zu.

Am Empfang saß eine junge Brünette und las Zeitung. »Zimmer 129«, presste ich hervor und betete, dass sie keine Fragen stellen würde. Doch die Hoteltussi blickte nur kurz von ihrer Zeitung auf, schaute mich gelangweilt und kaugummikauend an und griff, ohne hinzusehen, nach einem Schlüssel. Im Aufzug entzifferte ich, dass es tatsächlich der Schlüssel zu Zimmer 129 war. Nach einer kurzen Orientierungszeit von maximal elf Minuten fand ich »mein« Zimmer, schloss auf, freute mich über das eindeutig leere und frisch gemachte Bett und schmiss mich auf selbiges. Ich glaube, ich bin so schnell eingeschlafen, dass ich mich beim Schnarchen noch selbst gehört habe. Es war der schönste Moment meines Geburtstages.

Mitten in der Nacht ging plötzlich das Licht an und vor mir stand ein Polizist, der mich fragte, ob ich mit meinem Bausparvertrag das Hotelzimmer finanziert hätte. Keine schlechte Idee, fand ich und blinzelte. Erst nachdem ich mich halbwegs in dem weichen Bett aufgerichtet hatte, erkannte ich, dass der Polizist gar kein Polizist war, sondern nur ein Mann in einer Pilotenuniform. Er fragte auch gar nicht nach meinem Bausparvertrag, sondern brabbelte irgendetwas davon, dass er dachte, dass dies sein Zimmer sei. Oh, Scheiße, fuhr es mir durch den Kopf. Langsam checkte ich, dass hier der rechtmäßige Zimmergast vor mir stand.

Der grauhaarige Mann mit den gold-blauen Streifen auf der Schulter hatte wahrscheinlich gerade Hunderte von Menschen sicher bei Sturm über den Atlantik geflogen und brauchte jetzt seine wohlverdiente Ruhe, bevor er morgen früh wieder Familien und brav arbeitende Geschäftsmänner wohlbehalten in einen anderen Winkel der Erde fliegen konnte. Vor Piloten hatte ich schon immer einen Heidenrespekt. Und jetzt brachte ich einen um das bisschen Schlaf, das man ihm gönnte. Ich hätte schon wieder kotzen können, doch diesmal war nicht der Alkohol, sondern mein schlechtes Gewissen der Grund.

»Entschuldigen Sie, ich muss mich wohl in der Zimmernummer geirrt haben!«, unterbrach der Pilot mein tadelndes Über-Ich. Dabei starrte er abwechselnd ungläubig auf den Schlüssel in seiner Hand, der ganz eindeutig bewies, dass er im richtigen Zimmer war, und auf mich. Als ich nicht reagierte und ihn nur total schockiert anstarrte, deutete er das wohl als Zeichen, dass dies mein Zimmer war und hier eindeutig ein Irrtum vorliegen musste. »Ich werde mich an die Rezeption wenden. Entschuldigen Sie bitte die Störung!«, sagte der Held der Lüfte und verließ leise das Zimmer.

Die richtige Reaktion wäre gewesen, ihm nach unten zu folgen, mich zu entschuldigen, das Zimmer zu bezahlen und ein Taxi nach Hause zu nehmen. Ich wartete dreißig Sekunden, lauschte kurz an der Tür, ob noch Schritte zu hören waren, riss sie dann auf, stürmte auf den Flur und flüchtete durch das Treppenhaus. In die Empfangshalle traute ich mich nicht, also ging ich in die Tiefgarage und kam, nachdem ich an einem an der Decke hängenden Seil gezogen hatte, durch das Garagentor zurück auf die nächtliche Straße. Völlig außer Atem rannte ich bis zum Marienplatz und nahm mir dort ein Taxi. Wieso hatte mich nicht ein betrunkener Weiberheld, der seine Frau betrügt, ein korrupter Bankmanager oder ein fünfundzwanzigjähriger Sportstudent wecken können? Nein, ich musste mir natürlich das Hotelzimmer eines Piloten aussuchen. Schlimmer wäre nur noch das eines New Yorker Feuerwehrmannes gewesen. Völlig niedergeschlagen fuhr ich nach Hause, legte mich ins Bett und hatte Alpträume.

Als ich aufwachte, ging es mir erstaunlich gut. Ich hörte in den Nachrichten von keinem Flugzeugabsturz, der durch einen übermüdeten Piloten verursacht worden war, und ging erst einmal Tennis spielen.

Letzten Monat habe ich meinen 33. Geburtstag gefeiert und in einem italienischen Hotel übernachtet, das ich auch bezahlt hatte. Außerdem habe ich mittlerweile selbst einen Bausparvertrag abgeschlossen, kann immer noch keinen Jet fliegen und vögele trotzdem alle zwei Wochen eine andere heiße Blondine. Vielleicht ist an dem George-Clooney-Syndrom ja wirklich was dran.

LONELY IN LONDON

Meine Freundin Isabelle, die blonde Käseliebhaberin aus Magdeburg, liebt ihren Job als TV-Redakteurin über alles. Nur Auslandsdrehs sind für sie ein Gräuel und werden von ihr, so gut es geht, vermieden. Seitdem sie mir die folgende Geschichte erzählt hat, weiß ich auch, weshalb.

Es war so weit. Unsere geniale gemeinsame Studienzeit sollte für sechs Monate unterbrochen werden, denn meine beste Freundin Christin würde das nächste halbe Jahr in London studieren, während ich im guten alten Magdeburg blieb. Als beste Freundin freute ich mich trotz aller Trauer für sie und half tatkräftig beim Umzug. Christin und ich flogen zu zweit mit neun Gepäckstücken (zwei waren erlaubt) nach London. Ich half ihr beim Einrichten des Zimmers und wir lernten direkt am ersten Abend ein paar Typen vom Campus kennen. Nach einer Woche musste ich leider schon wieder nach Deutschland zurückfliegen und meine Süße allein auf der Insel lassen.

Ätzend lange zwei Wochen später war es dann endlich wieder so weit, mein Konto hatte sich erholt und ich buchte einen Billigflug nach London Stansted. Christin und ich hatten ausgemacht, dass sie nicht nach Stansted kommen würde, da die Fahrtkosten zum Airport satte vierzig Euro betrugen und wir unser Budget lieber gemeinsam beim Shoppen verpulvern wollten. Also verabredeten wir uns für 14 Uhr an einem Blumengeschäft in der Liverpool Street, in dem wir schon gemeinsam die ersten gelben Rosen für Christins neues Zuhause gekauft hatten.

Da ich gleich den richtigen Zug erwischte, war ich etwas zu früh dran und beschloss, Christin noch ein paar gelbe Rosen als Überraschung zu kaufen. Als ich diese um Viertel nach zwei immer noch in der Hand hielt und wartete, dachte ich mir nichts dabei: Christin muss man immer das akademische Viertel geben. Um halb drei versuchte ich dann, sie anzurufen. Ihr englisches Handy klingelte endlos, ohne dass Christin sich meldete, und das deutsche war ausgeschaltet. Leicht genervt rief ich ihren Freund Basti in Deutschland an, aber der wusste mal wieder von gar nichts und war mir keine Hilfe.

Da stand ich also mit meinen gelben Rosen in der Hand, blickte mich immer wieder suchend um und fühlte mich von Minute zu Minute unwohler. Das Einzige, was ich wusste, war, dass Christin mich mit einem Typen namens Saff abholen wollte. Von dem hatte ich vorher noch nie gehört, was mein schlechtes Gefühl noch steigerte. Christin war noch nie die Pünktlichste gewesen, aber so lange ließ sie mich eigentlich nie warten und schon gar nicht, wenn sie wusste, dass ich mutterseelenallein in London war. Außerdem freute sie sich seit Tagen wie ein Schneekönig auf meinen Besuch. Ich fand ihr Nichtaufkreuzen immer merkwürdiger.

Um 15 Uhr hatte ich das Warten satt und beschloss, nach Uxbridge zu Christins Campus zu fahren. Ich telefonierte sicherheitshalber noch mal mit Basti und gab ihm Bescheid. Vielleicht meldete sich Christin ja in der Zwischenzeit bei ihm, dachte ich mir. Ich vermutete, dass sie aufgehalten wurde oder noch eine Vorlesung hatte. An etwas Schlimmes wollte ich (noch) nicht denken.

So gegen halb fünf kam ich in Uxbridge an und war mit den Nerven am Ende. Während der Fahrt (mit der Piccadilly Line, dann mit dem Bus weiter zum Uxbridge Campus, insgesamt dauerte die Fahrt von Central London zur Uni ca. 1,5 Stunden) hatte ich mir alle möglichen Schreckensszenarien ausgemalt und sah

Christin vor meinem geistigen Auge schon geknebelt auf dem Rücksitz irgendeines schmierigen Typen liegen.

Auf dem Campus traf ich dann zufällig eine Mitbewohnerin, die mich in das Wohnheim ließ. Auf mein verzweifeltes Klopfen an Christins Tür reagierte niemand, aber als ich sie noch einmal anrief, konnte ich hören, wie ihr Handy in ihrem Zimmer klingelte. Sie war also nicht einmal mobil zu erreichen! Ratlos setzte ich mich erst mal vor ihre Tür. Neben mir lagen die durstigen gelben Rosen. Zwar hatte ich mir extra eine englische Handykarte gekauft, da das billiger war, aber jetzt legte ich schnell wieder meine deutsche Karte in das Handy, denn diese Nummer hatte Christin auf jeden Fall im Kopf. Wenn sie also von irgendwo versuchen sollte, mich zu erreichen, konnte sie nur die deutsche Nummer wählen.

Nachdem ich die Karten ausgetauscht hatte, beschloss ich, dass ich mit Rumsitzen auch nicht weiterkam. Also lief ich erst mal zum Männerwohnheim, das kannte ich bereits vom letzten Besuch, und vielleicht würde ich ja den Jungs, die wir kennengelernt hatten, über den Weg laufen. Auf dem Weg dorthin hatte ich die wildesten Fantasien im Kopf: Christin wurde vielleicht gerade überfallen, ausgeraubt oder auf einer Bahnhofstoilette vergewaltigt! Und ganz nebenbei beschäftigte mich, wohin ich gehen sollte, falls ich Christin heute nicht mehr fand. Mein Flug zurück ging erst in zwei Wochen. Die wollte ich ungern unter der Tower Bridge verbringen. Christin verschollen und ich unter der Brücke, ich schüttelte mich und glaubte kaum, was für eine beschissene Situation das gerade war! Dabei hatte ich mich so sehr auf Christin und unsere gemeinsame Zeit gefreut. Mir ging es wirklich schlecht.

Immerhin fand ich das Männerwohnheim noch. Mittlerweile war es 17 Uhr und fast dunkel. Ich kannte natürlich den Zahlencode für den Zugang zum Wohnheim nicht und schlich wie ein

Spion um das Gebäude. In einem der hell erleuchteten Fenster im Erdgeschoss sah ich den ersten Lichtblick des Tages: AJ! AJ war ein Basketballer aus Amerika, den wir vor zwei Wochen in einer Bar kennengelernt hatten. Als ich ihn sah, klopfte ich sofort an das Fenster. Er erkannte mich glücklicherweise und ließ mich rein. Es tat so gut, nach all den Stunden in der fremden Stadt endlich ein bekanntes Gesicht zu sehen, dass ich erst mal einen Mega-Heulkrampf bekam. Theatralisch ließ ich die Rosen fallen und stürzte mich in seine Arme. Ich konnte ihm nicht mal erklären, was eigentlich los war, sondern drückte mich nur an seine starke Basketballerbrust und heulte Rotz und Wasser. AJ war völlig überfordert mit mir und tätschelte nur wortlos meinen Rücken.

Nach zehn Minuten hatte ich mich so weit im Griff, dass ich ihm in meinem gebrochenen Englisch zu erklären versuchte, was passiert – oder vielmehr, was nicht passiert war. Mitten in meinen Erklärungsversuchen klingelte auf einmal mein Handy! Vor lauter Aufregung ließ ich es fast fallen. Irgendwie schaffte ich es dann doch ranzugehen und erwartete die ersehnte Stimme von Christin zu hören, stattdessen hatte ich ihre Mutter am Ohr. Sie war kurz davor, ihren Skiurlaub in Österreich abzubrechen und von dort aus die Deutsche Botschaft in England darüber zu informieren, dass ihre Tochter Opfer eines Gewaltverbrechens geworden sei. Basti, Christins hirnverbrannter Freund, hatte sie angerufen und erzählt, dass Christin verschwunden war und ich alleine in London rumirrte. Auf den war aber auch echt Verlass, dachte ich genervt.

Die Panik von Christins Mutter machte mich erneut verrückt und die befreiende Wirkung des Heulkrampfs war wie weggeblasen. Christins Mutter sagte mir in einem leicht hysterischen Tonfall, dass ich sofort zur Polizei gehen sollte.

»Was soll ich denen denn sagen? Dass ich mit meiner Freundin vor drei Stunden an der Liverpool Street verabredet war und sie nicht gekommen ist?«, fragte ich weinerlich. Ich hatte auch tierische Angst um Christin, aber ein britischer Polizist würde das momentan nicht verstehen, davon war ich überzeugt.

»Wir warten jetzt noch mal ab. Ich gehe erst mal zu dem Wohnheim, wo dieser Saff wohnt«, versuchte ich Christins Mutter zu beruhigen, woraufhin sie meinte, dass das eine gute Idee wäre.

AJ starrte mich immer noch völlig überfordert und mit großen Dackelaugen an. Der hatte einfach gar nichts gerafft und ging mir damit mittlerweile ziemlich auf die Nerven. Wenigstens konnte er mich zu dem Wohnheim dieses mysteriösen Saff bringen. Auch der potenzielle Sexualstraftäter wohnte im Erdgeschoss. Wir schauten durchs Fenster. Da saßen drei Jungs mit einem fetten Joint und hatten viiiiieeel Spaß. Meine Angst wandelte sich plötzlich in Wut um und ich stürmte über die offene Terrassentür ins Wohnzimmer. Ich kann sehr furchteinflößend sein, wenn ich sauer bin.

»Where is Saff?!!«, brüllte ich die Kiffer an. Die Jungs musterten mich leicht entrückt (meine Schminke war vom Heulen zombiehaft verlaufen). Alle drei zuckten mit den Schultern. »Does anybody has got an telephone number?« Ich gab nicht auf.

Einer der stummen Engländer gab mir eine Telefonnummer. Ich wählte, hörte das Freizeichen und hatte Herzklopfen.

»Wenn er jetzt rangeht, dann hab ich ihn. Dann verklage ich ihn, weil er meine Freundin entführt, ausgeraubt und vergewaltigt hat!«, murmelte ich leise vor mich hin. Sogar die Kiffer fanden mich seltsam. Es klickte in der Leitung ... Christin war dran. Mir schossen tausend Dinge gleichzeitig durch den Kopf: Sie lebt, sie ist weder entführt noch ausgeraubt worden. Sie hat mich vergessen! Wieso geht sie einfach ans Handy, aber kann mich nicht anrufen? Das Einzige, was ich ins Telefon schrie, war jedoch: »Damn fucking shit Freundin. I hate you!« Dann legte ich auf. AJ verstand nun tatsächlich gar nichts mehr und die Kiffer rutschten auf der versifften Couch etwas näher zusammen.

Eine halbe Stunde später kam Christin in Uxbridge an. Während dessen hatte mir AJ einen Tee gemacht. Die einzige bekannte Art in Großbritannien, Krisensituationen zu entschärfen. AJ hörte mir still zu, wie ich weiter auf Deutsch über meine beste Freundin schimpfte. Ich möchte nicht wissen, was in seinem Kopf so vor sich ging. Als Christin in die Küche kam, ging AJ, ohne ein Wort zu sagen. Immerhin wusste er, wann der richtige Zeitpunkt war, um einen Abgang zu machen. Ich sagte gar nichts. Saß nur mit verschränkten Armen auf einem Stuhl und nippte hin und wieder an meinem Tee. Christin zog einen Stuhl zurück, setzte sich mir gegenüber hin und erklärte dann Folgendes:

Sie hatte mich um 14 Uhr mit Saff an der Liverpool Street abholen wollen. Erst gegen 13 Uhr (also dreißig Minuten zu spät) hatten sie eine Bahn bekommen. Auf halber Strecke gab es dann eine Bombendrohung. Alle Passagiere mussten aus der Bahn raus und mit einem Bus weiterfahren. Christin und dieser Saff hatten natürlich den Bus in die falsche Richtung genommen. Zu der Zeit stand ich schon an der Liverpool Street. Als sie merkten, dass sie nicht stadteinwärts, sondern stadtauswärts fuhren, stiegen sie aus. Christin hatte versucht, mich anzurufen. Ich hatte aber meine deutsche Karte im Handy und von Saffs Handy konnte man keine ausländischen Nummern anrufen. Also hatte Christin ein Münztelefon gesucht und auch gefunden. Von dort aus konnte man jedoch nur mit einer Telefonkarte deutsche Nummern anrufen. Christin hatte aber nur Münzen. Irgendwann hatten sie den richtigen Bus gefunden, waren in der Liverpool Street angekommen und mussten feststellen, dass ich nicht da war. Sie hatten die nächste Bahn zurück genommen und sind schließlich in Uxbrigde angekommen – um 18 Uhr. Auf eine perverse Art und Weise war er irgendwie logisch, der ganze Schlamassel.

Sauer war ich trotzdem noch. Es waren die schlimmsten vier Stunden meines Lebens gewesen. Ich brauchte sehr viel Guinness,

um den Schock zu verarbeiten. Wenn ich heute darüber nach-
denke, scheint die Lösung so leicht: Ich hätte einfach nur meine
englische Telefonkarte ins Handy einsetzen müssen. Christin erzählte mir nämlich, dass sie meine englische Nummer auch auswendig konnte – wovon ich aber nicht ausgegangen war.

Kurz bevor Christins Mutter die deutsche Grenze erreichte,
rief Christin sie übrigens an. Sie kehrte daraufhin erleichtert um
und setzte ihren Skiurlaub fort. Christin und ich hatten nach all
der Aufregung noch zwei tolle Wochen in London. Aber wer jetzt
meint, das alles wäre Christin eine Lehre gewesen, der irrt. Zu
spät kommt sie leider heute noch.

Ein Uferwechsel mit Folgen

*Tom ist blond, 30 Jahre alt und Notarzt. Da er eher wie
Anfang zwanzig aussieht, traut man ihm auf den ersten
Blick gar nicht zu, dass er fast täglich Leben rettet. Ganz
besonders sympathisch macht den Münchner Arzt aber
auch sein beachtliches Comedy-Talent. Nun ja, witzige
Männer sind eben sexy – und das sehen in Toms Fall so-
wohl Männer als auch Frauen so …*

Passiert ist mir diese Geschichte direkt nach den vorklinischen
Prüfungen während meiner Zeit an der Uni in Heidelberg.
Ich hatte wie alle anderen Studenten gelernt bis zum Umfallen
und wollte jetzt mindestens genauso feiern. Also zog ich mit ein
paar Kommilitonen in der Altstadt von Bar zu Bar und trank den
Semesterferien entgegen.

Mein fester Freund Peter, mit dem ich schon fünf Jahre zu-
sammen war, feierte an diesem Abend mit anderen Leuten, woll-
te aber später dazustoßen. Da ich mein Coming-out zu diesem
Zeitpunkt noch vor mir herschob, wusste niemand von unserer
Beziehung, und wir trafen uns immer nur heimlich in unseren
Wohnungen. Offiziell waren wir nur Freunde. Meine Kommilito-
nen hatten also keine Ahnung, dass ich in Wirklichkeit auf Jungs
stand. Und so wurden mir im Freundeskreis eher Liaisons mit
Kommilitoninnen nachgesagt. So auch mit Sarah, die an diesem
Abend mit von der Partie war. Sarah und ich waren im selben
Semester, bereiteten uns immer gemeinsam auf die Prüfungen vor
und waren ziemlich eng befreundet. Ich hatte zwar schon ein

paar Mal das Gefühl gehabt, dass sie mehr in mir sah als nur einen Lernpartner, aber ich habe sie nie darauf angesprochen, weil ich unsere Freundschaft nicht gefährden wollte.

An diesem Abend schlürften Sarah und ich einen Cocktail nach dem anderen und spülten damit den ganzen Lernstress der letzten Monate runter. Ganz besonders gut ließ sich der Stress auf der Tanzfläche abbauen, auf die mich Sarah irgendwann nach dem achten Cocktail schliff. Wir waren in einer beliebten Studentenbar, in der man nicht wirklich viel Platz zum Tanzen hatte, sich aber dafür auf dem gesamten Mobiliar austoben durfte. Und so eroberten Sarah und ich, sobald wir uns eingetanzt hatten, ein altes Sofa und rockten auf den Plüschbezügen weiter. Auch ohne literweise Fruchtsaft-Alkohol-Mischung intus zu haben, wäre es nicht ganz leicht gewesen, das Gleichgewicht auf dem Schaumstoff zu halten, aber in unserer Verfassung war es so gut wie unmöglich. Fast bei jeder Tanzbewegung sanken wir mit den Füßen in der weichen Couch ein, kamen ins Straucheln und klammerten uns wankend aneinander fest. Diese außergewöhnliche Art des Tanzens fanden wir unfassbar lustig und wurden von einem Lachanfall nach dem anderen geschüttelt.

Vor lauter Lachen fiel Sarah um ein Haar von der Couch, ich bekam sie gerade noch so zu fassen und konnte sie zu mir hochziehen. Sarah blickte mir, während ich sie festhielt, tief in die Augen. Als sie eigentlich schon wieder in einer relativ sicheren Position auf dem Sofa stand, schaute sie mich immer noch durchdringend an und bewegte sich nicht von mir fort. Ihr Blick hinderte mich daran, sie loszulassen, und als sie ihren Kopf langsam auf mich zu bewegte, wich ich nicht aus. »Wieso nicht?«, flüsterte eine leise Stimme in meinem Kopf, »probier's doch noch mal aus ...«

Als Sarahs Lippen meine fast berührten, konnte ich riechen, dass ihre Haare nach Apfelshampoo dufteten. Ich hatte Ähnliches schon oft in Romanen gelesen und nie verstanden, was an parfümierten Shampoos so aphrodisierend sein sollte, aber in dem Moment wirkte das künstliche Apfelaroma tatsächlich auch bei mir. Also entschied ich mich, das als positives Zeichen zu sehen. Wenn man betrunken ist, kann die Welt so einfach sein.

Ich öffnete leicht meine Lippen und wartete auf Sarahs. Als sie mich berührten, schmeckte ich nichts, was ja auch nicht weiter verwunderlich war, immerhin hatten wir den gleichen Cocktail getrunken, aber irgendwie erwartete ich, dass Sarah anders schmecken würde. Sekunden später interessierten mich solche Belanglosigkeiten nicht mehr. Ab dem Moment, als sich unsere Zungen berührten, gingen alle Lichter in meinem Kopf aus. Auch Peter war gänzlich aus meinem Bewusstsein gespült.

Sarah und ich knutschten wilder als ein hormongesteuertes Teenagerpärchen, ich glaube, wir fraßen uns gegenseitig beinahe auf. Besonders appetitlich sah das sicherlich nicht aus. Eng aneinandergepresst versuchten wir, auf der tückischen Couch das Gleichgewicht zu halten, während wir uns wie wild weiter küssten. Da uns dieser Balanceakt auf Dauer aber etwas überforderte, kletterten wir, ohne uns voneinander zu lösen, von dem Sofa runter und knutschen auf der Tanzfläche weiter. Ich weiß noch, dass es sich nicht komisch anfühlte, eine Frau zu küssen, obwohl ich das seit meinen Teenagerzeiten nicht mehr getan hatte. Aber Sarah küsste wirklich gut und mehr interessierte mich in diesem Moment nicht.

Was um mich herum geschah, nahm ich sowieso nicht mehr wahr – der Alkohol, Sarahs Zunge und die laute Musik versetzten mich in einen Rauschzustand, der mich die Realität vergessen ließ. Zumindest eine Zeit lang. Als ich gerade auf Erkundungstour in Sarahs Hose war und sie mit ihren Fingernägeln meine Haare durchwuschelte, spürte ich plötzlich eine sehr reale Explosion in meinem Hinterkopf. Schmerzen durchströmten mein

Nervensystem. Sarah, gegen die ich wohl dank des Schlages gestoßen sein musste, hielt sich wimmernd die Hände vor die Nase.

»Du miese kleine Schlampe!«, ertönte hinter mir die vor Wut bebende Stimme meines Freundes, und ich war mir nicht sicher, ob er Sarah oder mich damit meinte. Erst als ich mich umdrehte und mich ein weiterer Schlag, diesmal in die Magengrube, traf, wurde mir klar, dass ich gemeint war.

Mit tränenden Augen lag ich auf dem Boden und versuchte, wieder Luft zu bekommen. Über mir schwebte ein tobender Peter, aus dessen hochrotem Gesicht laute Schimpftiraden auf mich niederprasselten. Ich war zu betrunken, um sie alle zu verstehen, und hoffte nur, dass er sich bald wieder beruhigen würde. Den Kopf hob ich erst, als die Schimpfmonologe durch eine höhere, hellere Stimme unterbrochen wurden. Sarah stand vor Peter und schrie ihn an, ob er noch alle Tassen im Schrank habe. Mir schwante, dass der fuchsteufelswilde Peter ein Mysterium für sie musste, denn Sarah hatte ja nicht die leiseste Ahnung von meinem Liebesleben. Sie wusste ja nicht einmal, dass ich schwul war.

Ich sammelte den letzten Rest an klarem Verstand, den ich noch hatte, zusammen, ignorierte die Magen- und Kopfschmerzen und rappelte mich auf. Jetzt stand ich mitten zwischen den Fronten. Von einer Seite brüllte Peter, von der anderen brüllte Sarah. Letztere hatte mittlerweile doch irgendwie begriffen, worum es hier ging, und schrie mich mit zerlaufenem Make-up immer wieder mit dem gleichen Satz an: »Stimmt das? Stimmt DAS? STIMMT DAS?«

Ich sah, wie ihr die Tränen übers Gesicht liefen, und sie mich mit einem fast schon bettelnden Blick fixierte. »Nö«, entgegnete ich und fasste mir an den Kopf – zu einer Erklärung war ich schlicht und einfach nicht mehr in der Lage.

»Du mieses Schwein!«, kam es von hinten und ich spürte, wie eine Faust meine linke Niere traf.

»Schatz! Hör auf!«, krächzte ich und versuchte, mich umzudrehen, um ihn zur Vernunft zu bringen, als mich von vorne schon eine schallende Ohrfeige traf, die mich kurzfristig außer Gefecht setzte.

»Du bist echt das Letzte«, Sarahs weinende Stimme entfernte sich von mir.

Die Verwendung des Koseworts war wohl gerade nicht besonders clever gewesen, dämmerte es mir. Ich sah, wie ein Pulk unserer Freunde Sarah in seine Mitte nahm und wegführte. Ein paar ihrer Freundinnen weinten auch, ich hätte am liebsten mitgeheult, solche Schmerzen hatte ich. Doch für Tränen hatte ich gar keine Zeit.

Von hinten kam jetzt ein Tritt, Peter war immer noch in Fahrt. Langsam bekam ich es mit der Angst zu tun. Stolpernd und teils auf allen vieren versuchte ich, zum Ausgang zu kommen. Ich konnte Peter hören, wie er mir hinterherbrüllte. Da das Brüllen nicht wirklich leiser wurde, ging ich davon aus, dass er mir folgte. Als ich endlich draußen vor der Eingangstür war, rannte ich einfach los. Doch Peter war schon immer besser in Form gewesen als ich, und nach ein paar Metern hatte er mich eingeholt.

Heidelbergs Altstadt ist am Wochenende auch spätabends gut bevölkert, und so hatte das folgende Spektakel etliche Zuschauer: Als Peter mich am Hemdkragen erwischte und mich auf den Boden schmiss, sprangen die Passanten um uns herum erschrocken zur Seite.

»WIE KONNTEST DU MIR DAS NUR ANTUN!?«, brüllte mein Freund und verpasste mir noch einen Schlag. Dass er inzwischen neben mir kniete, verlieh der Szene einen besonders melodramatischen Touch. »ICH HABE DICH DOCH GELIEBT!!!«

Ich sagte gar nichts. Mir war schlecht und ich wollte nur, dass er aufhörte zu schlagen. Mir fiel aber nichts ein, was ich sagen könnte, um ihn zu stoppen. Also blieb ich stumm liegen und versuchte, mich zusammenzurollen, um ihm keine Angriffsfläche zu bieten.

»DIE KANNST DU DEINER MUTTER BESTIMMT BESSER VORSTELLEN ALS MICH!!!« Bei jeder Silbe zuckte ich zusammen. »FÜR DIE MUSST DU DICH NICHT SCHÄMEN!«, Peters Stimme wurde langsam leiser. Ich hoffte, er würde sich bald beruhigen. »Schäm dich«, schluchzte er nach ein paar weiteren Sekunden verzweifelt und brach heulend neben mir zusammen. Ich überlegte, ob es schlau wäre, wegzurennen, aber dazu hatte ich einfach zu starke Schmerzen.

Stattdessen blinzelte ich zu Peter rüber und setzte mich langsam auf. Wirklich sauer konnte ich nicht auf ihn sein, dafür fühlte ich mich zu elend. Mit trübem Blick schaute ich zu dem zuckenden Muskelpaket, dessen Kopf mittlerweile in den trainierten Armen vergraben war und das von Heulkrämpfen geschüttelt wurde. Meine Schwäche für starke Männer war mir an diesem Abend wirklich zum Verhängnis geworden. Harte Schale, weicher Kern – jetzt wusste ich, was das bedeutete.

Nachdem ich Peter mit vorsichtigem Rückenstreicheln (immer bereit zum Spurt) und leisem Zureden beruhigt hatte, torkelten wir gemeinsam in meine glücklicherweise nahe gelegene Wohnung. Er musste mich stützen, denn meine Blessuren und die Restwirkung der Cocktails beeinträchtigten mich sehr. Zu Hause wollte ich nur noch schlafen. Erst am nächsten Morgen redeten wir miteinander. Entschuldigt haben wir uns schließlich beide. Ich für meine Knutscherei mit Sarah, Peter dafür, dass er mich verprügelt hatte. Nachdem wir uns gegenseitig vergeben hatten, trennten wir uns. Wir wussten beide, dass das mit uns nie wieder werden würde wie zuvor.

Auch Sarah verzieh mir ein paar Tage später und bombardierte mich in den folgenden Wochen mit Liebesbriefen. Sie meinte wohl, mich »heilen« zu können oder so. Unsere Freundschaft überstand diesen Interessenkonflikt nicht besonders lange. Ein halbes Jahr später lernte ich meinen nächsten Freund kennen und habe ihn meinen Eltern vorgestellt. Sie fanden ihn sehr nett. Mit Frauen habe ich seitdem nicht mehr rumgeknutscht, und verprügelt wurde ich danach auch nicht mehr. Ich schätze also, dass die Trennung – auch aus medizinischer Sicht – die richtige Entscheidung gewesen war.

EIN HAMMERTRIP NACH PARADISE ISLAND

Den Namen des Protagonisten der folgenden Geschichte habe ich leider inzwischen vergessen. Der Einfachheit halber nenne ich ihn Ronny, der Name passt ganz gut. Und seine Freundin soll hier einmal Mandy heißen. Die Geschichte passierte in unserem Ägyptenurlaub: Nach vier Tagen Entspannung am Pool hatten mein Freund und ich zur Abwechslung einen Schnorcheltrip gebucht. Klar, dass wir an Bord erst mal kritisch unsere Mitreisenden – mit denen wir zwangsläufig die nächsten neun Stunden auf engstem Raum verbringen würden – checkten. Und zu unserem Unmut entdeckten wir es auch gleich, das Proletenpärchen aus Köln-Porz.

Ein geiles Schiff war der Kahn, das sah ich sofort. Weiß war er, hatte zwei Stockwerke und sogar genauso viele Toiletten an Bord. 35 Euro für einen Ganztagstrip inklusive Getränken und Essen, da hatten Mandy und ich mal ein echtes Schnäppchen gemacht! Nur Bier kostete extra, aber das würde ich mit den Gulaschköpfen schon klären. Die Mannschaft bestand nämlich nur aus Ägyptern und die würden früher oder später verstehen, dass ein echter Kölner sein Kölsch braucht! Und zur Not eben auch ein ägyptisches Lagerpils, mit dem Zeug hatte ich mich bereits angefreundet.

Ich machte Mandy und mir ein schönes Plätzchen auf dem Sonnendeck klar und zog mir erst mal mein T-Shirt aus. Denn ich wusste, wenn schon Bierbauch, dann aber lecker braun gebrannt, da stehen die Mädels drauf. Unter uns setzten sich gerade ein paar Etepetete-Leute aus dem 5-Sterne-Hotel nebenan auf die Außenbänke. Auf einem Schiff sind eben alle gleich, da gibt's für die feinen Herrschaften keine Extrawürste. Die richtig geilen Plätze gehörten heute meiner Mandy und mir. Trotzdem gefiel es Mandy auf dem Schiff nicht so, sie hatte Angst vorm Wasser, obwohl sie wusste, dass ich sie immer beschütze. Beruhigend tätschelte ich ihr den strammen Oberschenkel und winkte einen der Ägypter zu mir.

»Bring mir mal 'n Bier, my friend!«, rief ich ihm zu und schon zwei Minuten später brachte er mir eine Dose. Das ägyptische Gebräu war sogar einigermaßen kalt, was ich sehr erfreulich fand. Allerdings wollte der Affe fünf Euro für ein Bier! Natürlich habe ich es geschafft, es runterzuhandeln, und vier Bier für 15 Euro bekommen. Mandy blickte mich bewundernd an, mein Geschick beim Handeln beeindruckte sie immer wieder. Den Typen neben mir auch, er machte es mir nach, kaufte sich ein Bier und wir stießen an.

»Auf einen tollen Tag auf hoher See, und ich bin übrigens der Heinz!«, stellte er sich vor.

»Ronny!«, antwortete ich, lehnte mich zurück und ließ mir die Sonne auf den Bauch scheinen. Das würde ein geiler Tag werden, da war ich mir sicher.

Zwei Bier später erreichten wir die erste Haltestation. Irgendein Riff bei irgendeiner Insel, ich weiß nicht mehr, wie sie hieß. Schnell sprang ich auf und hastete die Treppe runter, schließlich wollte ich der Erste im Wasser sein. Mandy blieb sowieso oben und sonnte sich. Nachdem ich mir die Fischlis angeschaut hatte und einmal ums Boot geschnorchelt war, wurde mir langweilig und ich bekam Durst. Also kletterte ich zurück an Bord und ließ mir auf dem Sonnendeck ein kühles Bier von Mandy servieren.

Allerdings wehte auf einmal ein ziemlich krasser Wind und mir wurde kalt, obwohl die Sonne noch brannte.

Als der Kapitän Kurs auf die nächste Insel nahm, schaukelte der Kahn ganz schön. Einem alten Kölner Piratenjung' wie mir machte das natürlich nix aus, mein Problem war eher, dass mein Bier schon wieder zur Neige ging. Bestimmt verarschten die Gulaschköpfe einen und füllten viel weniger als 0,5 Liter in die Dosen. Bei denen musste man echt höllisch aufpassen, das hatte ich schon im Türkeiurlaub letztes Jahr gelernt.

»My friend, my Kehle is drying aus! Another beer, bitte! Aber pronto!«, gab ich dem Bootsjungen Bescheid und musste wieder nur zwei Minuten auf mein neues Bier warten. Super Service, fand ich, nur Mandy war noch schneller.

Blöderweise wurde mir nach der nächsten halben Dose doch irgendwie übel. Wahrscheinlich war das Bier abgelaufen oder so. Dem Heinz neben mir ging es auch nicht mehr ganz so gut, der war schon richtig grün um die Nase. Mir gings aber noch viel beschissener, als der aussah! Besorgt streichelte mir Mandy über den Rücken und fragte, ob alles okay sei. Anstatt ihr zu antworten, drehte ich mich um, beugte mich über die Reling und kotzte das ganze gute Bier wieder raus. Leider saßen unten die 5-Sterne-Deppen und bekamen eine ziemliche Ladung von mir ab.

Schimpfend sprang so ein Prada-Pärchen auf. Die Frau fing an zu kreischen und zog sich schnell ihren Hut vom Kopf, und der Mann sah wütend zu uns rauf und drohte mit der Faust. Aber ich konnte doch überhaupt nichts dafür, bei dem Wellengang war es doch kein Wunder, wenn dem einen oder anderen schlecht wurde! Kein Grund, dass mich jetzt alle Passagiere strafend anschauten. Immerhin hatte ich die versammelte Mannschaft bis vor zehn Minuten noch mit meinen besten Karnevalsliedern unterhalten, da fand ich die wütenden Reaktionen ganz schön unangemessen. Außerdem spülte der Bootsjunge das Zeug ja schon wieder mit einem Eimer Wasser weg, und die Tussi konnte sich ja gleich beim nächsten Stopp im Meer waschen; ich verstand nicht, warum die so einen Aufstand machte.

Als wir das nächste Mal anhielten und ein Miniboot uns zu einer Sandinsel rüberfuhr, waren Mandy und ich immerhin als Einzige nicht wie die Ölsardinen eingezwängt. Ich freute mich, dass die anderen uns etwas Platz ließen. Später erfuhr ich, dass die Insel Paradise Island hieß, was ich sehr passend fand, denn dort kostete das Bier nur zwei Euro! So konnte ich meinen leeren Magen wieder auffüllen und auch gleich einen kleinen Vorrat mit an Bord schmuggeln.

Zurück auf dem Schiff gab es ein Mittagessen und danach legte ich mit dem ägyptischen Tourguide Ali einen kleinen Bauchtanz hin. »Shake your body, my friend!« Ali und ich verstanden uns blendend. Die Sonnenhutfraktion fand das aber mal wieder gar nicht lustig, was mich nur dazu anstachelte, meinen Bauch noch heftiger kreisen zu lassen und die arabischen Lieder noch lauter mitzugrölen. Ein Kölner Jung muss feiern, da war es mir doch egal, ob irgendwelche hochnäsigen Idioten keinen Spaß verstanden. Blöderweise habe ich beim Tanzen mit dem Ali das Gleichgewicht verloren, bin gestolpert und doch tatsächlich irgendwie von Bord gefallen. Mandy hat richtig geschrien vor Schreck. War aber alles kein Problem, das Boot musste nur kurz anhalten und wenden, und Ali hat mich dann wieder an Bord gehievt. Was die anderen so sauer gemacht hat, verstehe ich bis heute nicht. Immerhin hätte *ich* draufgehen können, nicht *die*!

Zwanzig Minuten später konnten wir auch schon weiterfahren und nach dem Schock lud ich Ali erst mal auf eine Dose Verbrüderungsbier ein, was wir mit noch mehr arabischer Volksmusik und Tanzeinlagen lautstark feierten. In Ägypten tanzen nicht nur schwule Männer miteinander, da gehört das zur Kultur, das fand ich im Urlaub ganz lustig, zu Hause würde ich das natürlich nur zum Karneval machen. Zur Sicherheit tanzten Ali, ich und jetzt auch der Bootsjunge diesmal auf dem unteren Deck, was den griesgrämigen Schickimickis mal wieder überhaupt nicht in den Kram passte – irgend so eine blonde Schickse hielt sich sogar die Ohren zu. Echte Langweiler waren das meiner Meinung nach.

Ali und ich tanzten und drehten uns immer ausgelassener. Beim arabischen Tanz muss man sich immer schneller im Kreis drehen und so wurde mir auf einmal wieder echt übel. Ich hatte beim Lunch ziemlich viel frittiertes Huhn gegessen. Die Zeit, aufs Klo zu rennen, hatte ich nicht mehr. Ich versuchte, mit dem Drehen aufzuhören, torkelte und musste plötzlich würgen. Mein Huhn lag schließlich mitten auf dem Schiff. Allerdings sah es nicht mehr so lecker aus wie vorher.

»Oh mein Gott!«, rief die doofe Tussi mit dem Sonnenhut und hielt sich eine Hand vor den Mund, während sie Richtung Toilette rannte, ihr komischer Macker gleich hinterher. Mir ging es aber auch gerade nicht so toll. Ich beschloss, ein paar Minuten Pause zu machen. Mit rumorendem Magen kletterte ich die Leiter zum Sonnendeck rauf und legte meinen Kopf in Mandys Schoß. »Mein armer Pirat«, flüsterte Mandy und streichelte mich in den Schlaf.

Von der restlichen Tour habe ich nix mehr mitbekommen. Wahrscheinlich habe ich kaum was versäumt, waren ja nur Langweiler unterwegs. Blöd waren nur das megamäßige Kopfweh und der Sonnenbrand nach dem Ausflug. Das Buffet und die Show abends im Hotel habe ich dann dummerweise verpasst, weil ich mit dickem Schädel im Zimmer bleiben musste. Aber von der geilen Schnorcheltour im Roten Meer erzähle ich meinen Kollegen trotzdem immer wieder gern.

DER HÖLLENTRIP NACH PARADISE ISLAND

Auch wenn die vorherige Geschichte den Anschein erweckt: An Bord unseres Ausflugsbootes befanden sich nicht nur Proleten. Für ein Pärchen, das uns schon im Hotel aufgefallen war, entwickelte sich der Ausflug weitaus unangenehmer als für uns. Den Anblick der kreischenden Dame mit der Fendi-Tasche unterm Arm und den Taucherflossen an den Füßen werde ich nie vergessen. Sie und ihr Begleiter erinnerten mich ein bisschen an Sandy Meyer-Wölden und Enrique Iglesias auf Klassenfahrt. Und ich glaube, mehr muss ich dazu nicht sagen ...

Wir hatten Glück und ergatterten das neueste und am wenigsten verunreinigte Boot am Steg. Ich hatte Gilbert gleich gesagt, dass wir den Ausflug lieber bei unserem deutschen Reiseveranstalter hätten buchen sollen. Dieses lokale Ausflugsunternehmen, dessen Angebot uns ein braun gebrannter Ägypter mit Dauergrinsen am Pool aufgeschwatzt hatte, war mir von Anfang an nicht geheuer gewesen. Ärgerlicherweise starteten die Ausflüge unseres Reiseveranstalters aber von Hurghada aus, und wir wollten uns auf keinen Fall in einem dieser überklimatisierten Busse in dieses Touristenloch karren lassen. Also hatte ich mich von Gilbert überreden lassen, und hier waren wir jetzt, mit zwanzig anderen Gästen, mindestens die Hälfte davon aus dem 3-Sterne-Bunker am anderen Ende der Bucht. Auf die Toilette würde ich hier bestimmt nicht gehen.

Nachdem die Proleten alle mit großem Gedrängel aufs obere Deck verschwunden waren, beschlossen wir, lieber unten zu bleiben. Und so teilten wir uns das komplette untere Deck mit den Angestellten und der deutschen Variante von Familie Flodder. Sie bestand aus Vater, Mutter, einem rothaarigen Sohn und einer pummeligen Tochter, die schon die ganze Zeit verdächtig meine 2000-Euro-Handtasche anstarrte. Nervös klemmte ich die Handtasche noch fester unter meinen Arm – man hört ja alles Mögliche von solchen Leuten.

Bevor wir uns auch nur zehn Meter vom Pier entfernen konnten, brüllte schon einer der Primaten oben an Deck nach Bier. Bestimmt war das dieser grobschlächtige Adiletten-Träger mit seiner frivolen Wasserstoffblondine. Furchtbare Menschen waren das und anscheinend auch furchtbar laut. Beflissen rannte sofort einer der Ägypter mit einer Dose aufs obere Deck. Ich mochte mir gar nicht vorstellen, welches Bild die Einheimischen dank solcher Leute von uns Europäern haben. Glücklicherweise sind Gilbert und ich anders, dachte ich mir und nippte an meinem Wasser.

Sobald wir das erste Riff erreichten, polterte der besagte Prolet die Treppe runter und stürzte sich kopfüber ins bis dahin traumhaft ruhige und türkisfarbene Meer. Sein Bauchklatscher war so heftig, dass meine Gucci-Sonnenbrille etliche Spritzer Salzwasser abbekam. Kopfschüttelnd trocknete ich sie an meiner Tunika ab und zog mir den Sonnenhut tiefer ins Gesicht. Bei diesem Stopp würde ich sowieso nicht ins Wasser gehen, schließlich wollten Gilbert und ich unsere Sachen nicht unbeaufsichtigt an Bord lassen. Immerhin blieben die halbe Mannschaft und ein Großteil der Proleten an Bord. Sandy aus dem Golfverein wurden bei einem ähnlichen Trip letztes Jahr die Uhr und sogar die Sonnencreme gestohlen! Deshalb wechselten Gilbert und ich uns ab, er ging beim ersten Riff ins Wasser und ich dann beim zweiten.

Mit einer Kusshand verabschiedete ich meinen schlanken Schatz und cremte mir dann in Ruhe die Beine ein. Kaum war Gilbert im Wasser, kam auch schon der Adiletten-Mensch wieder an Bord, hörbar außer Puste. Gott sei Dank kletterte er gleich ungelenk zurück aufs obere Deck, sodass ich mich unten wieder ohne größere Belästigungen dem Sonnen widmen konnte.

Nach zwanzig Minuten kam Gilbert dann auch an Bord zurück und berichtete von bunten Fischen, farbigen Korallen und leuchtenden Seesternen. Ich freute mich richtig auf das zweite Riff, zu dem der Kapitän sogleich aufbrach. Da mittlerweile Wind aufgekommen war, hatten wir beachtlichen Seegang und es wurde trotz wolkenlosem Himmel etwas kühl, weshalb ich Gilbert in seine schützende Windjacke half. Der starke Seegang machte uns beiden aber nichts aus, von den Segeltörns auf der Nordsee waren wir Heftigeres gewöhnt. Über uns brüllte der furchtbare Mensch schon wieder nach Bier und neben uns ließ Familie Flodder sich von den Einheimischen lustige Turbane aus den Hotelhandtüchern auf den Kopf knoten. Offenbar vom Biernachschub motiviert, grölte der grobschlächtige Idiot von oben mit seinem lauten Organ kurz darauf irgendwelche primitiven Volkslieder, anscheinend stammte er aus dem Rheinland. Ich betete, dass wir das nächste Riff rasch erreichen würden.

Um mir die Zeit zu vertreiben, probierte ich schon mal meine Taucherflossen an; da ich sehr schmale Füße habe, sind mir die meisten nämlich zu groß. Ich setzte mich auf die Außenbank an der Reling und schlüpfte in die schwarzen Flossen. Immerhin passten sie farblich zum Bikini. Gerade als ich die zweite Flosse übergestreift hatte, hörte ich über mir ein seltsames Geräusch. Noch bevor ich nach oben blicken konnte, fühlte ich etwas Nasses auf meinen Rücken klatschen und von meinem Sonnenhut tropfte es unangenehm auf meinen Arm. Und es stank! Nach Erbrochenem und Bier. Schreiend sprang ich auf und stapfte aus der Schusslinie, was mit den Taucherflossen keineswegs einfach war. Begleitet von einem lauten Würgen ergoss sich ein weiterer Strahl der hellgelben Flüssigkeit vom oberen Deck aus nach unten. Hätte ich mein Täschchen nicht so fest unter den Arm geklemmt, ich hätte es vermutlich vor lauter Schreck über Bord geworfen. Angewidert begann ich zu schreien und riss mir den nassen Hut vom Kopf. Gilbert schnappte sich geistesgegenwärtig eine Wasserflasche und kippte sie über meinen Rücken und meine Arme. Es war einfach grauenhaft, wie in einem schlechten Sketch.

»Sie volltrunkener Idiot!«, brüllte mein Schatz nach oben und drohte dem Primitivling mit der Faust. Ein Junge von der Mannschaft kam angerannt und reinigte die Bank mit einem Eimer Wasser. Es war nicht wirklich hygienisch, aber immerhin verschwand der Gestank daraufhin. Ich wusste überhaupt nicht mehr, wo ich mich hinsetzen sollte. Glücklicherweise kamen wir relativ bald zum nächsten Zwischenstopp und wurden mit einem einigermaßen sauberen Beiboot zu einer kleinen Insel chauffiert. Zu dem Primatenpärchen hielten nicht nur Gilbert und ich gehörigen Abstand. Der rotgesichtige Mann verströmte einen Gestank von Schweiß und Bier, und ich weiß nicht, welcher der beiden Gerüche schlimmer war. Wenigstens konnte ich mich in dem kristallklaren Wasser endlich von allen widerlichen Rückständen befreien.

Auf dem Rückweg zu unserem Schiff hatte sich mein fleischgewordener Alptraum drei Bierflaschen zwischen Hosenbund und Wanst geklemmt. Als er die Bordleiter hinaufkletterte, durften alle Passagiere im Beiboot seinen weißen und äußerst behaarten Hintern bewundern. Den Lunch an Bord ließ ich dann mangels Appetit aus. Gilbert knabberte an einer Hähnchenkeule, aber als der Primat mit vollem Mund und Hühnerflügel in der Hand anfing, mit freiem Oberkörper vor allen zu tanzen, brachte auch Gilbert keinen Bissen mehr runter. Es war einfach ekelerregend.

Zu allem Überfluss bestärkte der Tourguide den Rheinländer auch noch und tanzte mit ihm zu orientalischer Musik aus einem altersschwachen Kassettenrekorder. Immer wieder rutschte die Hose des Widerlings runter und gab den Blick auf seinen behaarten Hintern frei, während sein roter Bauch weiter in der Sonne schwabbelte. Laut grölend verlor der Fettwanst dann das Duell mit der Schwerkraft, stolperte und fiel – welch Freude – mit dem Kopf voran über Bord. Hätte seine Frisösenfreundin nicht so laut rumgekreischt, eine himmlische Ruhe wäre an Bord eingekehrt. Sogar die Flodders beugten sich stumm über die Reling und hielten nach dem im Wasser treibenden Seeungeheuer Ausschau. Unglücklicherweise konnte sich der Captain nicht dazu überwinden, den Mann einfach da zu lassen, wo er war. Vermutlich hätte die hysterische Proletenfrau ihm ansonsten die Augen ausgekratzt. Vor diesen rotlackierten scharfen Plastiknägeln hätte ich auch Angst gehabt. So musste das Boot nach einem aufwendigen Wendemanöver zu dem furchtbaren Menschen zurückkehren und ihn wieder an Bord nehmen. Wenigstens hatte sich der Biergestank nun etwas verflüchtigt.

Anstatt sich wieder nach oben zu begeben oder sich zumindest bei uns übrigen Gästen für die Verzögerung zu entschuldigen, griff der tropfende Rheinländer gleich zum nächsten Bier und feierte mit dem dämlich grinsenden Tourguide seine »Rettung«. Angewidert drehte ich mich weg, um dem erneuten Anblick der grässlichen Tanzdarbietung zu entgehen, und hielt mir die Ohren zu. Wir hatten die zweite Hälfte des Ausflugs noch vor uns und mir schwante, dass sie nicht unbedingt besser werden würde.

»Einfach nicht hinschauen, Liebes«, meinte Gilbert, als ich mich genervt umdrehte, um zu schauen, ob die lauten Menschen Anstalten machten, bald den Krawall zu beenden. Irgendwie war es auch ein bisschen wie ein Verkehrsunfall: eine schreckliche Sache, aber jeder schielt hin.

Jetzt drehten sich die zwei schwitzenden Männer johlend im Kreis, immer in der Gefahr, das Gleichgewicht zu verlieren und auf einen von uns zu stürzen. Ich hoffte inständig, dass es diesmal ein Mitglied der Familie Flodder treffen würde. Doch mitten in einer Drehung hielt der deutsche Bierbauch auf einmal an, schwankte kurz und beugte sich dann vornüber. Die altbekannten Geräusche ertönten aufs Neue und mir drehte sich der Magen um. Nach einem kurzen Ausruf des Entsetzens rannte ich schnell in Richtung Bug. Diesen Anblick wollte ich mir einfach ersparen. Gilbert folgte mir – auch er war ziemlich grün um die Nase.

Wider Erwarten wurde der Ausflug von da an entspannter. Der Primitivling schlief seinen Rausch auf dem oberen Deck aus und unten herrschte endlich Ruhe. Nach alldem erschien uns sogar Familie Flodder ganz erträglich. Letztendlich kam ich dann doch noch zum Schnorcheln: Ich habe viele Korallen gesehen und bin sogar mit einem Delfin geschwommen. Trotzdem atmeten wir auf, als wir wieder in unserer Hotelanlage waren, gesichert durch Security und Mauern. Hier würde kein Prolet so schnell reinkommen, sah man von den neureichen Russen einmal ab.

FEIERN BIS KEIN ARZT KOMMT

Es war ein besonderer Tag: Meine beste Freundin Sarah hatte Geburtstag. Für uns als damals frischgebackene Singles war das natürlich Grund zum Feiern. Doch wie so oft kam dann doch alles anders als geplant. Dies war allerdings der erste Abend, der in der Notaufnahme endete.

Ich wachte auf und sah über mir eine hellblau gestrichene, nicht besonders saubere Decke. In meinem Kopf hämmerte es nicht nur, nein, es fühlte sich so an, als ob eine Herde übergewichtiger Nashörner auf Futtersuche in ihm herumtrampelte. Beim Gedanken an Futter wurde mir schlecht. Oh nein, dachte ich, nur nicht schon wieder in fremde Betten kotzen …

Apropos fremde Betten … Mir drängte sich eine Frage auf: Wo war ich eigentlich?! Was für eine blöde, klischeehafte und doch in diesem Moment sehr passende Frage. Vorsichtig schielte ich – möglichst ohne den Kopf zu bewegen – nach links. Neben mir lugte etwas Blondes unter der Bettdecke hervor. Blond? Ich wunderte mich, darauf stand ich eigentlich gar nicht. Behutsam schob ich einen Zipfel der Bettdecke zurück und entdeckte immer mehr Locken. Huch, das ist 'ne Frau! Ich hatte doch wohl nicht …

»Ähhhh!«, murrend drehte sich das lockige Etwas um und ein schrecklicher Schnapsgestank schlug mir entgegen. Ach so, beruhigt atmete ich aus, das war nur Sarah, meine beste Freundin.

Ich erinnerte mich. Sarahs Geburtstag. Der fing gestern ganz langsam und beschaulich in einer größeren Runde in einer kleineren Bar an und setzte sich dann in einer kleineren Runde in einem größeren Club im Kunstpark Ost fort. Dank der Aktion »Zwei Caipis zum Preis von einem« kapitulierten so gegen drei Uhr endgültig alle unsere Begleiter und schwankten nach und nach aus dem Club. Was Sarah und mich jedoch nicht störte. Wir verlagerten unsere Party aufs Podest und tanzten über der Menge thronend weiter.

Leider fing keiner unserer zahlreichen männlichen »Untergebenen« meine beste Freundin schnell genug auf, so dass sie nach einer sexy Tanzeinlage erst mal unsanft auf dem Boden landete. Wäre mir nicht so schwindelig gewesen, ich wäre sicher runtergeklettert, um ihr aufzuhelfen. So habe ich immerhin überwacht, wie ein hochgewachsener muskulöser Brillenträger sie wieder aufs Podest hievte. Besorgt reichte ich ihr sogleich einen Caipirinha. »Ssdirwass passiert?« Ich kniff die Augen zusammen und versuchte, sie zu fixieren. Meiner Meinung nach sah sie noch ganz gut aus. Ihr Lippenstift war zwar ziemlich verschmiert, aber daran war wohl eher der Italiener aus der ersten Bar schuld.

»Sss passt schon, ssalls gutt. Prost Ssüße!« Schwankend hob Sarah ihr Cocktailglas in die Höhe und ich stieß mit ihr an, beziehungsweise ich hätte mit ihr angestoßen, wäre mein Cocktailglas nicht im hohen Bogen in die Menge zu unseren Füßen geflogen – uuups. Vorsichtig beugte ich mich vor, um besser auf die Tanzfläche sehen zu können. Anscheinend hatte es keine Verletzten gegeben, alle tanzten weiter, als ob nichts geschehen wäre. Beruhigt blickte ich mich nach dem blonden Typen von vorhin um, um ihm höflich zu signalisieren, dass er mich auf einen zweiten Drink einladen durfte. »Ey, mein Caipi is wech, also weggeflogen quasi … Kannst du mal noch …« Sofort war er unterwegs. Überflüssig zu erwähnen, mit wem ich dann tatsächlich angestoßen habe.

Allerdings war dieser letzte Drink für Sarah und mich wohl der eine zu viel, zumindest fühlte es sich so an, als wir eine Stunde später aus dem Club wankten. Etliche Männeraugen schauten uns – mittlerweile nicht mehr hoffnungsvoll – hinterher. Dass manche Männer wirklich glauben, sich mit ein paar Drinks den Weg ins Bett einer Frau erkaufen zu können, erstaunt mich immer wieder aufs Neue. Doch ich war zu betrunken, um mir darüber den Kopf zu zerbrechen.

Sarah hielt sich mit den frustrierten Männern auch nicht auf, sondern stolperte schon weiter. »Takssiii. Wir brauchn 'n Takssi!«, schrie sie immer wieder und ruderte wild mit den Armen. Bei ihrem Taxibalztanz knickte sie um und fiel, woraufhin sie auf der Straße sitzend einfach weitergestikulierte. Irgendwann erbarmte sich ein netter Taxifahrer und nahm uns mit.

Auf dem gesamten Heimweg fragte ich mich, wie Sarah es geschafft hatte, *noch* mehr zu trinken als ich. Denn so voll, dass ich alle paar Meter auf den Boden plumpste, war nicht mal ich. Als Sarah mich nach dem fünften missglückten Versuch, die Haustür aufzuschließen, schon wieder auf ihrem Hintern sitzend mit großen fragenden Kulleraugen anschaute, schloss ich – wie auch immer ich das geschafft habe – relativ zügig die Tür auf und wir konnten uns endlich ins Bett fallen lassen. Ich erst beim zweiten Versuch, der erste ging knapp daneben.

»Autsch!« Mit weinerlicher Stimme meldete sich Sarah zu Wort.

»Happy Birthday!«, antwortete ich ihr leise und mit heiserer Stimme. »Ohhhuuu.« Ihre Reaktion ließ vermuten, dass sie den Geburtstag bis eben verdrängt hatte. »Mein Fuß tut so weh!«, war alles, was Sarah artikulierte. Ist recht, dachte ich mir und drehte mich vorsichtig um. Diese Stilettos sind aber auch mörderisch. Im Gegensatz zu Sarah waren mir meine Füße momentan ziemlich gleichgültig, denn mir war so übel, dass ich Gefahr lief, mich jeden Moment zu übergeben. Nach dem ersten Versuch, mich aufzurichten und ins Bad zu laufen, gab ich auf. Laufen ging noch nicht. Mein Magen würde warten müssen.

Die kommenden sechzig Minuten verbrachte ich damit, meine Kopfschmerzen zu ignorieren und mich darauf zu konzentrieren, nicht ins Bett zu kotzen. Sarah jammerte die ganze Zeit wegen ihres Fußes rum. Irgendwann traute ich mir zu, mich vorsichtig aufzurichten und Sarahs Fuß am Bettende in Augenschein zu nehmen. Irgendwie beunruhigte mich ihr nicht enden wollendes Gejammer; sie ist normalerweise kein besonders wehleidiger Mensch und zu hohe Schuhe hat sie eigentlich andauernd an. Ein Blick unter die Bettdecke zeigte mir dann auch, dass an meiner Befürchtung etwas dran war. Dort, wo einmal eine schlanke Fessel gewesen war, sah ich nun einen dicken Elefantenfuß mit gigantischer Schwellung. Es sah so aus, als ob ihr ein roter Luftballon am Knöchel klebte. Ich kannte mich mit Verletzungen dieser Art nicht aus, aber für mich sah das verdammt nach Notaufnahme aus.

Nachdem eine blasse Sarah beim Anblick ihres Knöchels zu dem gleichen Schluss gekommen war, versuchten wir aufzustehen. Blöd nur, dass keine von uns dazu in der Lage war. Wir schafften es nicht einmal, uns etwas Anständiges anzuziehen, geschweige denn Auto zu fahren. Bereits das leichte Anheben des Kopfes löste bei mir weiterhin Horrorqualen und Übelkeitsattacken aus. Und Sarah ging es noch schlechter. Es war eine total aberwitzige Situation. Wir mussten so schnell wie möglich ins Krankenhaus, konnten aber nicht, weil wir beide noch zu betrunken waren. Irgendwann schaffte ich es, ins Bad zu wanken und mich ein Ründchen zu übergeben. Danach ging es zumindest mir etwas besser. Ich stützte Sarah anschließend auf dem Weg zum Klo, damit auch sie sich ein wenig von ihrer Last befreien konnte.

Vorsichtig begannen wir danach, uns anzuziehen. Ich versuchte zwar, Sarah so gut ich konnte zu helfen, trotzdem musste sie die ganze Zeit auf einem Bein hüpfen, was in Anbetracht des Zustandes ihres Magens denkbar ungünstig war. Sie hüpfte, bis die Galle kam.

Weil an diesem Morgen natürlich alles zusammenkommen musste, stand mein Auto noch bei einer Freundin. Statt mit meinem Smart (Automatik) versuchte ich also, Sarah möglichst sicher mit ihrer A-Klasse (Gangschaltung) in die nächstgelegene Notaufnahme zu fahren. Die Fahrt war ziemlich abenteuerlich, doch irgendwann hielt ich mit quietschenden Reifen vor dem Krankenhaus. Nach den ersten zwei gehoppelten Metern eilte uns eine beflissene Krankenschwester mit Rollstuhl zu Hilfe. Kurz darauf stellte ich Sarah im Wartezimmer vor der Milchglastür mit der Aufschrift »Notaufnahme« ab und parkte das Auto um, natürlich hatte ich im absoluten Halteverbot gestanden.

Als ich zurückkam, stritt sich im Wartezimmer eine vielköpfige türkische Familie in ihrer Muttersprache und Sarah schaute mit leicht entrücktem Blick in meine Richtung. Erschöpft kniete ich mich vor sie.

»Duuu«, Sarah wimmerte mehr, als dass sie sprach. »Ich glaub, ich kipp weg.« Im gleichen Moment verdrehten sich wie auf Kommando ihre Augen und sie rutschte sanft den Rollstuhl hinab. Ich hielt sie fest und rief panisch nach Hilfe.

»Ich brauche einen Arzt! Einen Aaharzt!« Die Türken verstummten und schauten mich irritiert an. Ein Arzt kam natürlich nicht. Ich drückte Sarah in ihren Rollstuhl und rollte sie rennend den Gang hinunter. Am laufenden Band schrie ich nach einem Arzt, in der leisen Hoffnung, dass ein McDreamy hinter der nächsten Ecke hervorstürzen, mich erst mal beruhigend in den Arm nehmen und dann meine Freundin retten würde. Irgendwann lief mir wenigstens ein pickeliger Krankenpfleger entgegen, der Sarah kurzerhand hinter die besagte Milchglastür schob.

Dann hörte ich erst mal zwei Stunden nichts mehr. Nachdem ich ein kostenloses Nachrichtenblatt vom letzten Monat zweimal durchgelesen hatte und vor Durst fast gestorben wäre (Getränke-automaten gibt es anscheinend nur in amerikanischen Kranken-häusern), kam der pickelige Krankenpfleger ins Wartezimmer und schaute mich ziemlich sauer an. Er stellte sich als Notarzt Dr. Sowieso vor und hielt mir eine Predigt über Alkoholkonsum und richtige Ernährung. Dann unterstellte er meiner Freundin Magersucht und befahl mir, sie zum Röntgen zu schieben, »denn mit dem Fuß war ja auch was«. Ich hätte ihn umbringen kön-nen. Erstens verputzten Sarah und ich zusammen mehr Fastfood als eine komplette Fußballmannschaft und zweitens hatte er sich noch nicht mal um ihren Knöchel gekümmert – ich kochte fast vor Wut.

Kurz darauf wurde Sarah in einem riesigen Krankenbett aus der Notaufnahme geschoben. In ihrem Arm steckte ein Schlauch und über ihr baumelte ein Infusionsbeutel. Ihrem Gesicht nach zu urteilen, war der Stoff darin ziemlich gut, sie wirkte wie die Glückseligkeit in Person und grinste mich an wie ein Honig-kuchenpferd. Während ich sie in ihrem Bett ächzend über die Krankenhausflure schob, schwärmte sie mir von den sexy Pfle-gern aus der Notaufnahme vor. Die Aufpäppelungskur aus der Nadel funktionierte anscheinend tadellos. Dafür befand ich mich mittlerweile mangels Wasser- und Nahrungsaufnahme kurz vorm Delirium. Während ich auf Sarahs Röntgenergebnisse wartete, bekam ich von einem kleinen Jungen mit Gipsbein glücklicher-weise den Tipp, dass um die Ecke ein Cola-Automat stand.

Die drei Flaschen Cola light retteten mich über die nächsten zweieinhalb Stunden Wartezeit. Nachdem ich Sarah zurück-geschoben hatte, musste ich nämlich wieder auf meinem Plas-tikstuhl im Wartezimmer Platz nehmen. Von den sexy Pflegern war weit und breit nichts zu sehen. Dafür füllte sich das Wartezimmer mehr und mehr mit übellaunigen und meist ebenso übel riechenden Menschen, die entweder blutige Handtücher um den Arm gewickelt hatten oder Eispacks auf diverse Gesichtspartien gedrückt hielten. Meine Szene war das hier nicht so: Wenn schon Krankenhaus, dann spektakulär mit Blaulicht und Notoperation – von Eispacks hielt ich nicht viel.

Plötzlich riss mich die Stimme von McEkel aus den Erinnerungen an meine Blinddarm-OP: »Ihre Freundin sollte eigentlich gerade entlassen werden, aber als wir ihr die Nadel aus der Vene gezogen haben, ist sie wieder umgekippt. Das kann noch etwas dauern!« Und schon war er wieder weg. Ich konnte gerade noch einen Zipfel seines weißen Kittels erkennen, bevor sich die Tür zu den heiligen Hallen hinter Milchglas wieder schloss. Die anderen Wartenden musterten mich mit misstrauischen Blicken. Wahrscheinlich dachten sie, ich warte auf meine suchtkranke Mutter, die nebenbei auf den Strich geht – so was hat man in München ja nicht gern.

Eine halbe Ewigkeit später und nach der Vernichtung all meiner *Grey's Anatomy*-Träume (kein einziger Arzt entsprach auch nur annähernd meinem Schönheitsideal) kam Sarah tatsächlich aus der Notaufnahme gehumpelt. Gestützt auf zwei Krücken und verschönert mit einem dicken weißen Gips ließ sie sich von mir zum Auto bringen. Ausgehungert und geplättet beschlossen wir, erst mal Burger essen zu gehen und Sarahs Kapselriss angemessen zu feiern.

Ungefähr achttausend Kalorien später ging es uns etwas besser und ich fühlte mich stark genug, um auf die Autobahn und nach Hause zu fahren, denn ich wohnte damals noch in Augsburg. Davor fuhr ich Sarah noch zur Wohnung ihres Exfreundes, weil sie dringend ihre Post brauchte. Sie würde sie in den nächsten Tagen nur schwer selbst abholen können – und eine Begegnung mit dem Ex wollte ich ihr in ihrem Zustand auch nicht zumuten.

In der Post war die Absage der Münchner Uni, bei der Sarah sich beworben hatte. Da mein Wechsel an die Münchner Uni bevorstand, waren wir zwei in den letzten Wochen schon fleißig dabei gewesen, unseren gemeinsamen Alltag zu planen. Diese Planungen hatten sich nun erledigt. Frustriert fuhr ich Sarah zurück in ihre neue leere Wohnung, stellte ihr Telefon ab, um sie vor nervigen Geburtstagsgratulanten zu bewahren, und fuhr zurück nach Augsburg in meine leere Wohnung.

Als ich aus der Dusche kam, klingelte das Telefon. Sarah war dran. Sie hatte keine Schmerztabletten und schimpfte heulend darüber, wie scheiße es sei, der einsamste Mensch der Welt zu sein, und dass Männer doch sowieso alle Arschlöcher seien. Also packte ich alles, was ich an Ibuprofen, Aspirin und Voltaren finden konnte, in meine Handtasche, klemmte mir zwei Flaschen Pinot Grigio unter den Arm und fuhr wieder nach München.

Und wir haben noch das Beste aus Sarahs Geburtstagsabend gemacht. Leider stank ihr Gips danach die nächsten sechs Wochen lang penetrant nach Weißwein. Zudem glaubte ihr kaum einer die Geschichte vom Joggingunfall. Aber hey, es hätte auch Schlimmeres passieren können! Heute kann Sarah wieder ohne Krücken auf Stilettos tanzen und studiert in Augsburg (und ich in München – Timing war noch nie unsere Stärke).

DIE WIESN, MEINE ELTERN UND ICH

Alicia kenne ich über eine Kommilitonin und habe sie als sehr feierlustigen Menschen kennengelernt. Sie kommt eigentlich aus einem kleinen Dorf in Schwaben, wollte aber schon immer in die Großstadt, was ich persönlich sehr sympathisch finde. Doch mit den Sitten dieser speziellen Big City hat sie sich das eine oder andere Mal ein bisschen zu gut bekannt gemacht ...

Ich hatte drei Jahre lang in Münster eine Ausbildung zur Krankenschwester absolviert und danach einen Platz in einem zusätzlichen Schulungsprogramm in München ergattert. Jetzt bildete ich mich seit zwei Monaten in der korrekten Bedienung von Röntgengeräten und im artgerechten Verspeisen von Weißwürsten weiter. Wobei ich bei den Röntgengeräten um einiges erfolgreicher war. Doch nun sollte ich eine besonders wichtige bayerische Tradition kennenlernen: die Wiesn – von Nichtmünchnern gern auch mal Oktoberfest genannt.

Da sich meine recht konservativen Eltern für den ersten Wiesntag angekündigt hatten, um mein neues Zuhause und die hiesigen Trinkgewohnheiten zu begutachten, wollte ich es langsam angehen lassen. Gegen Nachmittag sollten sie eintrudeln und sich mit mir auf der Theresienwiese treffen. Die Pläne, vorher meine Wohnung auf Vordermann zu bringen und mir beim Friseur noch einen anständigen Haarschnitt verpassen zu lassen, vereitelten meine liebenswerten Freunde. »Wenn du nicht beim Anstich im Schottenhammel dabei warst, warst du nicht auf der Wiesn!«,

hatte mir Dominik zwei Abende zuvor über den Kneipentisch zu-
gebrüllt. Nachdem die anderen mit ihrem zustimmenden Gebrüll
fast mein Trommelfell zum Platzen gebracht hatten, gab ich mich
geschlagen. Ich würde einfach nichts trinken, ein bisschen mit
den anderen feiern und nachmittags ganz entspannt mit meinen
Eltern Hendl essen und Karussell fahren gehen. Wie hätte ich es
nach nur zwei Monaten München auch besser wissen sollen?

Vor allem wusste ich zuvor nicht, dass man für den Anstich
morgens um halb acht zitternd im kurzen Dirndl vorm Zelt anstehen muss. Um mich herum kreisten die ersten Bierflaschen und
kaum jemand konnte vor lauter Müdigkeit seine Augen offen
halten. Schon bevor wir überhaupt im Zelt waren, wusste ich,
dass ich Weißbier frühmorgens nicht sonderlich gut vertrug. Die
ersten zwei Stunden bekam ich daher nur durch einen Schleier
mit, doch da Bier im Zelt erst ab zwölf Uhr ausgeschenkt wurde,
war ich bis zum Anstich wieder einigermaßen fit. Die Stimmung
war fast wie an Silvester, alle warteten auf zwölf Uhr. Nur dass
der Großteil der Wartenden hier noch relativ nüchtern war.

Um Punkt zwölf war es dann so weit, Stoiber machte den letzten Oktoberfestanstich seines Lebens und ich hatte eine halbe
Stunde später meine allererste Maß in der Hand, oder besser gesagt in den Händen. Alle prosteten sich zu und freuten sich, es
war so ähnlich wie Karneval, nur im Dirndl. Mit einer Gruppe
netter Amerikaner tanzten wir schon bald auf den Bänken und
grölten lauthals »Viva Bavaria«. Ich fand die Wiesn echt gut und
amüsierte mich prächtig. Deshalb wunderte ich mich auch nicht
darüber, dass mir regelmäßig eine volle Maß in den Arm gedrückt wurde. Sein eigenes Bier hatte man hier nicht, jeder trank
irgendwie bei jedem mit und so muss ich wohl den Überblick
verloren haben.

Als ich das erste Mal auf die Uhr schaute, war es 14 Uhr und
ich musste mich anstrengen, nicht von der Bank zu fallen. Als

ich runterkletterte, um auf die Toilette zu gehen, merkte ich erst, wie betrunken ich war. Ich ließ mich von der Masse durch die Gänge schieben und erreichte so die WCs. Im Vorraum spritzte ich mir kaltes Wasser ins Gesicht und beschloss, jetzt nur noch Apfelschorle zu bestellen und endlich mal etwas zu essen. Zurück am Platz kaufte ich mir von einem Mädchen mit üppigem Dekolleté und ebenso vollem Korb eine riesige Brezn und fühlte mich nach den ersten Bissen gleich besser.

Als die Kapelle *Hey Baby* zu spielen begann, zog mich einer der braunäugigen Amis zurück auf die Bank. Ich stand wieder einigermaßen sicher und ließ mich schnell von der Stimmung und den braunen Augen einfangen. Eine halbe Stunde später hatte ich eine halb leere Maß im Arm und eine amerikanische Zunge im Mund. Ich hätte ewig so weiterfeiern können, auf der Holzbank stehend, mit dem Lederhosenami knutschend, mehr hüpfend denn tanzend, alle zehn Minuten ein Prosit mitsingend und eine fünftel Maß runterschüttend. Wie formulierte mein Zungenakrobat es so passend: »It's so much fun!«

Um halb fünf erinnerte ich mich daran, dass ich mich in einer halben Stunde mit meinen Eltern treffen wollte. Um viertel vor leerte ich meine letzte Maß und um 16 Uhr 53 fiel ich recht unsanft vornüber auf den Tisch. Ich sah das als Zeichen und beschloss, mich auf den Weg zu machen. Das war allerdings einfacher vorgenommen als getan. Hatte ich mich ein paar Stunden zuvor auf dem Weg zum Klo etwas betrunken gefühlt, so fühlte ich jetzt gar nichts mehr. Vielleicht hätte ich die letzten zehn Prosits doch besser ausfallen lassen sollen. Total orientierungslos begab ich mich wieder in den Strom der Massen auf den Gängen und hoffte, irgendwie zum Ausgang geschoben zu werden. Die einzelnen Menschen um mich herum nahm ich gar nicht richtig wahr, sie waren mehr vorbeiziehende Schatten und Lichtgestalten. Ich glaube, einmal fasste mir jemand unter den Rock und kurz darauf bekam ich einen Ellenbogen ab, aber das machte mir nichts aus. Ich war einfach dankbar, dass ich mich in der Menschenmenge fortbewegen konnte, ohne umzufallen.

Als ich tatsächlich am Ausgang angekommen war, fand ich mich in der spätsommerlichen Realität wieder. Das helle Tageslicht blendete mich und ließ alles um mich herum nur noch mehr schwanken. Immer dem Licht folgend versuchte ich, den Weg zum Zelt Fischer-Vroni zu finden, vor dem ich mich mit meinen Eltern treffen wollte. Ununterbrochen kamen mir Gruppen betrunkener Männer entgegen und ein paar davon versuchten, mich zu umarmen und zum Mitkommen zu überreden. Aber sobald ich sie direkt anschaute, vergraulte ich sie wohl mit meinen blutunterlaufenen Säuferaugen. Dabei wollte ich sie nur fragen, ob sie mir den Weg zur Fischer-Vroni sagen können.

Irgendwann dämmerte es sogar meinem von Bier überfluteten Gehirn, dass ich in die falsche Richtung torkelte; ich blieb also mitten auf dem Weg stehen, um eine 180-Grad-Drehung zu machen. Beim dritten Versuch blieb ich in die richtige Richtung gewendet stehen und wanderte wieder zurück. Nach ein paar Minuten blieb ich erneut stehen und fing an zu schnuppern, denn ich konnte eindeutig Fisch riechen. Immerhin funktioniert mein Geruchssinn noch, freute ich mich und versuchte, irgendwo in der undefinierbaren Masse aus Körpern meine Eltern ausfindig zu machen.

»Kind, da bisch ja endlich! Vatti und ich haben schon gedenkt, dass du nimmer komsch! Unn ans Händie gehsch ja auch net!« Die schrille Stimme meiner Mutter war selbst im Vollsuff unverkennbar. Und schon standen sie vor mir. Meine Mutter in einer nach ihrem Empfinden recht bayerischen Karobluse und mein Vater mit dem unvermeidlichen Rucksack auf dem Bauch. Ihn auf dem Rücken zu tragen war nach seiner Meinung bei den ganzen Italienern hier ein zu hohes Risiko. »Bisch jetzt ganz allein herkomme? Dess is doch viel zu gfährlich hier mit de ganze Männer do!«, meinte meine Mutter und versuchte mir die Dirndl-Bluse hochzuziehen, um mein Dekolleté zu bedecken. »Her, wie du schon wieda rumläufschst, ährlich. Des habbe mir dir abber net beigebracht!«, schnatterte sie weiter in ihrer herzlichen Art. Ich lächelte sie vorsichtig an und versuchte, nicht allzu betrunken auszusehen. Da sie sich gleich bei mir einhakte und weiter Monologe hielt, bemerkten weder sie noch mein Vater, dass ich kein Wort von mir gab und nicht gerade laufen konnte.

Ich konzentrierte mich einfach darauf, mich nicht zu übergeben, sonst bekam ich nicht viel mit. Bis meine Eltern plötzlich ruckartig stehen blieben. Ich musste schnell kräftig schlucken, um Schlimmeres zu verhindern. »Schau ma, Mäusi, die Olymbbia-Ringe! Die stannnde im Reiseführer! Des fahre mir zwei Fraue jetzt zusamme, der Vatti wart solang hier unn passt auf die Sache uff!«, begeistert strahlte meine Mutter mich an und nickte, dass ihre Dauerwellenlocken nur so wippten. Ich konnte nicht fassen, dass sie das ernst meinte. Hatten sie vielleicht doch bemerkt, wie besoffen ich war, und wollten mich jetzt besonders sadistisch bestrafen, fragte ich mich ungläubig. Doch meine Mutter fasste mich schon energisch am Arm und zog mich in Richtung Kassenhäuschen.

Als ich kurz darauf von einem nach Schweiß riechenden Herrn einen Bügel übergeschnallt bekam, während ich mir das Gezeter meiner Mutter wegen des überteuerten Fahrpreises anhörte, betete ich zum ersten Mal seit langer Zeit wieder. Doch schon nach dem ersten Looping der Achterbahn wurde mir klar, dass ich es mir spätestens nach der Kommunion mit Gott verscherzt hatte, denn ich spürte, wie das Brezn-Bier-Gemisch meinen Hals hinaufschoss.

Ich weiß nicht, wen ich alles getroffen habe, aber einen guten Teil des Erbrochenen haben meine Mutter und ich selbst abbekommen. Als wir dem Geschimpfe des Bügelschließers entkommen waren, säuberte sich meine Mutter mit einem Taschentuch und reichlich Spucke und blickte mich dann verwirrt an. »Du warrsch doch früher net so empfinddlich mit deinem Mage! Oder hasch du etwa schon was gedrungge, Aliciaa?« Das »Alicia« klang wie eine Drohung.

Statt einer Antwort beugte ich mich nach vorne und kotzte noch mehr Breznbier aus. Leider erwischte ich den rechten Schuh meines Vaters, der erschrocken zurücksprang und dabei eine Gruppe chinesischer Touristen anrempelte. Meine Mutter fing an, hysterisch zu schreien. Doch mir war das alles egal. Ich fühlte mich hundeelend und wollte einfach nur sterben. Erschöpft ließ ich mich zu Boden sinken.

Laut den Erzählungen meiner Mutter hat mich mein Vater auf seinem kaputten Rücken zum nächsten Taxistand getragen, und ich habe mich unterwegs vier Mal übergeben. Meine Eltern mussten den Taxifahrer bestechen, damit er mich überhaupt mitnahm. Im Hotelbett meiner Eltern bin ich dann sofort eingeschlafen. Nachdem der Arzt, den meine Mutter gerufen hatte, eine leichte Alkoholvergiftung diagnostiziert hatte, konnte er meine Mutter nur noch mit Mühe davon überzeugen, dass es nicht notwendig sei, mir den Magen auszupumpen, da ich bereits den größten Teil des Alkohols erbrochen hatte. Die folgenden acht Stunden schlief ich im Bett meiner Eltern, die sich ein zweites Zimmer nehmen mussten.

Der restliche Münchenaufenthalt meiner Eltern fiel recht nüchtern aus. Und erst nachdem sich meine Mutter bei drei verschiedenen Stellen erkundigt hatte, gab sie sich mit der Tatsache zufrieden, dass meine spezielle Ausbildung wirklich nur in München und Berlin angeboten wurde. Da Berlin noch weiter weg und nach Ansicht meiner Mutter noch verlotterter war, bekam ich den zähneknirschenden Segen meiner Eltern, in München zu bleiben. Nur besucht haben sie mich seitdem nicht wieder.

FEUCHT, ABER FRÖHLICH

Meine ehemalige Arbeitskollegin Michaela ist 46, ge-
schieden und eine der toughsten Frauen, die ich kenne.
Ausgehen mit ihr und ihren Mädels ist nie langweilig,
aber auch die Proseccoabende in Michaelas Wohnzim-
mer sind legendär. Die folgende Geschichte erzählte sie
mir an einem solchen Abend, und schlapplachen kann ich
mich darüber heute noch, auch wenn die Geschichte zu-
gegebenermaßen ein klein wenig eklig ist ...

Es war Freitagabend und meine Teenie-Tochter verbrachte ein
verlängertes Wochenende bei ihrem reizenden Vater. Ich war
mit meiner besten Freundin Ursula verabredet. Zusammen wollten wir in die Stadt gehen und den lauen Sommerabend in einer
Weinbar auf dem Marktplatz genießen. Im Sommer verwandelte
sich der Marktplatz immer in ein einziges großes Freiluftcafé und
war der Treffpunkt der Stadt. Wir genossen es dann, in unserer
Lieblingsweinbar zu sitzen, an unserem trockenen Weißwein zu
nippen, uns stundenlang über Gott und die Welt zu unterhalten
und die Leute um uns herum zu beobachten.

An diesem Abend hatten wir Glück und ergatterten einen besonders schönen Tisch mit Blick auf den gesamten Platz. Als wir
die Getränkekarte anschauen wollten, stellten wir allerdings fest,
dass der Tisch, an dem wir saßen, gar nicht zu unserer geliebten
Weinbar gehörte, sondern zur Cocktailbar nebenan. Statt Chardonnay konnte man hier nur Cuba Libre ordern. Eigentlich war
unser Versehen kein Wunder. Die Tische der diversen Bars stan-

den so eng zusammen, dass man erst anhand der Karte erfuhr, in welcher Bar man sich gerade befand. Suchend blickten wir uns nach einem Tisch in der Weinbar um, doch jeder Platz war besetzt und am Rande wartete schon eine kleine Schlange von Menschen auf einen freien Tisch. Wir konnten uns also mit unserem tollen Platz in der falschen Bar zufrieden geben oder uns am Ende der Schlange anstellen und hoffen, dass im Laufe des Abends ein Plätzchen für uns frei werden würde.

»Lass uns sitzen bleiben, ich habe schon ewig keinen Caipirinha mehr getrunken! Und bis da drüben was frei wird, kann es ewig dauern!«, sprach Ursula mir aus der Seele. Also beugten wir uns dem Schicksal und winkten einer Kellnerin mit blonden Haaren und grünen Strähnen. Wider Erwarten sah sie uns sofort und kam zu unserem Tisch. Lucy, so stellte sie sich vor, war geschätzte zwölf Jahre alt, trug giftgrünen Lidschatten und hatte ihr weißes Arbeitshemd unter der Brust zusammengeknotet. Aus ihrem Bauchnabel grinste uns ein neongelber Smiley an. Ich musste an meine Tochter denken. Momentan beschränkte sich ihr Betteln noch auf meine Zustimmung zu blonden Strähnchen und ich hoffte, dass sie nach dem nächsten Friseurbesuch nicht aussah wie diese Lucy.

Bevor wir auch nur den Mund öffnen konnten, um unsere Bestellung aufzugeben, prasselte ein Wortschwall von Lucy auf uns nieder. »WirhabenheuteeinSpecial.AlleXL-Cocktailszumhalben Preis. DasgiltfüralleClassics,Non-ClassicsundSpecials.DoppeltRum kostetextra!WasdarficheuchzweiZuckerschneckenbringen?«

Fasziniert und mit offenen Mündern starrten wir Lucy an und warteten gespannt, ob sie nach Luft schnappen oder gleich tot umfallen würde. Aber nichts dergleichen geschah. Genervt von unserer Unentschlossenheit klopfte sie mit ihrem rosa Kuli auf den Bestellblock und blies sich eine grüne Strähne aus der Stirn. »Einen XL-Caipi mit zwei Strohhalmen bitte!«, Ursula erlöste

Lucy von ihrem Leid. Die fühlte sich von unserer Bestellung anscheinend grenzenlos unterfordert und schlurfte seufzend und kopfschüttelnd davon. Da uns nicht klar war, womit wir Lucy so enttäuscht hatten, zerbrachen wir uns auch nicht weiter den Kopf darüber, sondern widmeten uns interessanteren Dingen. Schließlich hatten wir uns zwei Wochen nicht mehr gesehen und es gab reichlich Neuigkeiten auszutauschen.

Als Lucy wieder zurückkam, schleppte sie einen 1,5-Liter-Caipirinha-Pott vor sich her und knallte das farblich ausgezeichnet zu ihrem Haar passende Ungetüm auf unseren Tisch. Wir waren beeindruckt. Dieses überdimensionale Cocktailmonster war schon etwas spektakulärer als ein 0,2-Liter-Glas Chardonnay und erinnerte mich an die neuerdings sehr beliebten Reportagen über XL-Food und Guinessbuch-Rekorde in zahlreichen Fernsehmagazinen. Beherzt griffen wir zu den bunten Strohhalmen und probierten den Caipi: Und das Zeug schmeckte sogar! Ehe wir uns versahen, waren die 1,5 Liter weg und nichts außer Eiswürfeln und Limetten übrig.

Ohne lange zu überlegen, bestellten wir einen zweiten XL-Cocktail und machten Lucy damit anscheinend eine große Freude. Wahrscheinlich wurde sie nach verkauften Drinks bezahlt und hatte Angst gehabt, dass wir den ganzen Abend an einem Cocktail nuckeln würden. Schon nach einer Minute kam sie mit einem neuen Riesenglas und zwei Strohhalmen an unseren Tisch und wünschte uns diesmal mit wesentlich mehr Elan »einen guten Durst«. Den hatten wir dann auch. Es wurde ein sehr lustiger Abend.

Nach dem dritten Riesencaipi, es war schon sehr spät geworden, ging den Barkeepern das Eis aus, sodass uns der vierte Cocktail zwar ohne Eis, aber dafür mit deutlich mehr Hochprozentigem serviert wurde. Schmecken tat er dennoch. Als wir irgendwann gegen eins aufbrechen wollten, war die Bar schon relativ leer – wir hingegen relativ voll. Kichernd ließ sich Ursula nach einem ersten missglückten Aufstehversuch wieder auf ihren Stuhl plumpsen. Ich wollte es besser machen, musste mich aber, nachdem meine Sinne sofort nach dem Aufstehen anfingen, Karussell zu fahren, auch wieder setzen. Aus sicherer Entfernung schaute Lucy uns neugierig zu, verschwand dann aber wieder kopfschüttelnd in der Bar. Von ihr war wohl keine Unterstützung zu erwarten.

Nachdem wir zugeben mussten, dass wir es in diesem Zustand niemals zur fünf Minuten entfernten S-Bahn-Haltestelle schaffen würden, beschlossen wir, den Taxistand auf der anderen Marktseite anzusteuern. Wir versuchten, uns gegenseitig stützend, den Platz zu überqueren und dabei den zahlreichen Tischen und Laternen auszuweichen – teils mit mehr, teils mit weniger Erfolg. Glücklicherweise war ich betrunken genug, um nicht darüber nachzudenken, was die vornehmlich zwanzig Jahre jüngeren Menschen um uns herum wohl über die zwei alten, kichernden Damen dachten, die da mitten in der Nacht über den Marktplatz schwankten. Plötzlich blieb Ursula stehen und schaute mich mit glasigen Augen und schmerzverzerrtem Gesicht an. »Ich muss Pipi«, jammerte sie, »ganz dringend!« Jetzt, da sie es sagte, merkte ich ebenfalls, dass sich meine Blase meldete und ganz schön drückte. Wir hatten vergessen, die letzten Cocktails auf der Toilette auch wieder loszuwerden. Nun hatte jede von uns mindestens einen Liter Caipi intus, der irgendwie wieder raus musste, und zwar möglichst schnell!

Mit zusammengepressten Beinen setzten wir unseren Weg in hastigen Mini-Schritten fort und steuerten nun eine Bar an, die noch geöffnet hatte und in der wir hoffentlich eine freie Toilette finden würden. Wir hatten es so eilig, die rettende Bar zu erreichen, dass wir aus Versehen in eine Gruppe von Jugendlichen stolperten und einen Jungen anrempelten, woraufhin ihm seine Flasche Bier aus der Hand fiel. Mehr als peinlich berührt entschuldigten wir uns lallend und machten, dass wir wegkamen. »Verrückte alte Omas!«, schrie uns der wütende Junge hinterher. »Haut bloß ab, ihr blöden Nutten!«

»Hat der grad Nutten gesagt?«, Ursula starrte mich mit weit aufgerissenen Augen an.

»Hab ich auch gehört!«, bestätigte ich ihr. Eine Sekunde lang waren wir beide ruhig, dann prusteten wir gleichzeitig los und fingen an lauthals zu lachen, bis uns die Tränen in die Augen stiegen. Wir konnten uns kaum mehr halten. Auf einmal merkte ich, dass ich es wirklich nicht mehr halten konnte. Meine Blase nutzte den Lachkrampf, um sich ungeniert zu entleeren. Schnell versuchte ich, die Beine zusammenzupressen und einen Fuß über den anderen zu kreuzen, aber es half nichts. Je heftiger ich lachte, desto mehr Pipi kam raus, und darüber musste ich vor lauter Scham noch mehr lachen. Mittlerweile hatte ich zwischen den Beinen große dunkle Flecken auf meinen Bluejeans, und sie vergrößerten sich von Sekunde zu Sekunde. Es war mir so peinlich und doch konnte ich nicht aufhören zu lachen und musste es gezwungenermaßen einfach weiterlaufen lassen. Mit vor Lachtränen feuchten Augen blickte ich Ursula an. Hatte sie schon bemerkt, was mir gerade passierte?

Auch Ursula konnte vor Lachen nicht mehr gerade stehen und wischte sich mit einer Hand die schwarzen Mascaratränen aus dem Gesicht. Die andere Hand presste sie fest zwischen die Beine. Auch auf ihren Jeans zeichneten sich verräterische dunkle Flecken ab. Prustend betrachtete sie mich von oben bis unten und während des gegenseitigen Verstehens überkam uns ein neuer, noch stärkerer Lachkrampf. Es wurde immer schlimmer. Während wir da so standen, lachten und uns in die Hosen machten, lief die Gruppe Jugendlicher wieder an uns vorbei.

»Ey guckt mal, die alten Omas brauchen Windeln! Die pinkeln sich hier vor allen Leuten in die Hosen, wie krass ist das denn?«, brüllte der blöde Junge über den ganzen Platz. Alle Leute schauten uns nun neugierig an. Manche lachten, andere guckten schnell angeekelt weg. Wir schämten uns so furchtbar, mussten aber, je peinlicher die Situation wurde, nur noch mehr lachen. Es war ein richtiger Teufelskreis.

Irgendwann hatten die Kids sich genug über uns amüsiert und zogen weiter. Bis auf ein paar vereinzelte Restlacher hatten wir uns nach ein paar Minuten wieder im Griff. Allerdings standen wir immer noch mit nassen Hosen und mittlerweile leeren Blasen mitten auf dem Marktplatz! Wir wollten nur noch weg und beteten, dass wir niemandem begegnen würden, den wir kannten. Sobald wir beim Taxistand ankamen, rissen wir die Tür des vordersten Taxis auf und stürmten auf die Rückbank. Unsere nassen Hosen klebten unangenehm an der Haut und an die Flecken, die wir auf der Autobank hinterlassen würden, mochten wir lieber nicht denken. Hoffentlich merkte der Taxifahrer nichts, solange wir noch im Auto waren. Um den langsam aufsteigenden Uringeruch zu überdecken, versprühte Ursula unauffällig ein wenig Parfum. Gleichzeitig nannte ich dem Fahrer meine Adresse: »Müllerstraße zwölf bitte!«

»Nein!«, rief Ursula und ließ erschrocken ihr Parfumfläschchen sinken. »Spinnst du? Da wohnt dein Exmann, du bist da vor vier Jahren ausgezogen, meine Liebe!«

Ich zuckte nur mit den Schultern. Wenn sie meinte … Mir war einfach nur schlecht und ich wollte in ein Bett, wo immer ich auch wohnte. Erstaunlich sachlich nannte Ursula dem Fahrer meine richtige Adresse und half mir dann, meinen Schlüssel aus der Handtasche zu kramen. Als wir vor meiner Wohnung ankamen, wollte sie sogar mit aussteigen und mir helfen. Da ich aber befürchtete, dass sich der Taxifahrer nach einem Blick auf die leere Rückbank weigern würde, sie weiter mitzunehmen, winkte ich ab. Bevor sie losfuhren, steckte ich Ursula jedoch noch ein gigantisches Trinkgeld für den Taxifahrer zu, der arme Mann tat mir wirklich leid, immerhin hatte er keinen Ton gesagt.

In meiner Wohnung angekommen, zog ich die nassen Klamotten aus und warf sie in die Badewanne. Ich war so müde und mir war so übel, dass ich es nicht einmal in Erwägung zog zu duschen und mir nur kurz mit einem Waschlappen meine Beine abwischte. Danach fiel ich sofort ins Bett, wo ich bemerkte, dass ich großen Durst hatte – einen ungeheuren Brand. Auf meinem Nachttisch stand glücklicherweise noch eine halb volle Flasche Wasser, die ich hastig in einem Zug leerte, bevor ich mich umdrehte, die Augen zumachte und versuchte, trotz des ungeheuren Schwindelgefühls so schnell wie möglich einzuschlafen. Was mir nach circa einer Minute auch gelang.

Irgendwann, draußen dämmerte es schon, wachte ich auf und spürte, dass meine Blase kurz vorm Platzen war. Nicht schon wieder, dachte ich nur und setzte mich so schnell es ging auf. Ein scharfer Schmerz fuhr in meinen Kopf und ließ mich zusammenzucken. Aber es war mir egal, Hauptsache, nicht ins Bett pinkeln, das war das Einzige, woran ich denken konnte. Barfuß hastete ich, so schnell es ging und reichlich unkoordiniert, auf die Zimmertür zu. In meiner Eile stieß ich dabei mit dem linken großen Zeh an den Rand meines Holzbettes. Tränen schossen mir in die Augen, aber ich ließ mich nicht beirren und humpelte weiter ins Bad. Gerade noch rechtzeitig. Nachdem ich mich erleichtert hatte, humpelte ich wieder zurück ins Bett und versuchte, meinen schmerzenden Zeh zu ignorieren. Kurz darauf schlief ich ein.

Am nächsten Morgen weckte mich ein äußerst aggressiver Sonnenstrahl, draußen blühte das Leben. In mir blühte gar nichts. Kaum war ich wach, konnte ich vor Schmerz kaum atmen. Der Kopf war eine Sache, viel schlimmer aber war der Zeh. Vorsichtig hob ich meinen Fuß seitlich unter der Bettdecke hervor und schaute ihn mir an. Der Zeh war blau und ungefähr auf die doppelte Größe angeschwollen. »Aua«, sagte ich leise und ließ mich wieder aufs Kopfkissen fallen. Es war ziemlich klar, dass der Zeh gebrochen war. Ich biss also die Zähne zusammen, duschte, zog mich an und fuhr dank Automatikschaltung ohne größere Zwischenfälle zu meinem Hausarzt. Bis auf den fehlenden linken Schuh sah ich dabei sogar einigermaßen gesellschaftsfähig aus.

Im Wartezimmer konnten mich die zahlreichen Boulevardblättchen nur mäßig ablenken. Mit jeder Warteminute bahnten sich unangenehme Erinnerungen an den gestrigen Abend einen Weg in mein Bewusstsein und ließen mich unbehaglich auf meinem Plastikstuhl herumrutschen. Mit einem Blick in die Gesichter der anderen Patienten fragte ich mich, ob einer von denen mich gestern wohl zufällig gesehen hatte. Anscheinend war dies aber nicht der Fall, denn anstatt mit ausgestrecktem Finger auf mich zu zeigen, ignorierten die vorwiegend älteren Herrschaften mich freundlicherweise.

Als ich endlich zum Arzt durfte, verpasste der nette Doktor mir einen riesigen weißen Gips, mit dem ich mich die nächsten vier Wochen nur noch humpelnd durch die Welt bewegte. Meiner Tochter erzählte ich, dass mir das Bügeleisen auf den Fuß gefallen war, was sie mir zum Glück glaubte. Und auch alle anderen, mit Ausnahme von Ursula, nahmen mir diese Erklärung ab.

Nicht nur wegen des Gipses musste ich noch lange an diesen peinlichen Abend denken. Als meine Tochter mir kurz darauf zum Geburtstag ein Set mit Caipirinha-Gläsern, Stößel, Rohrzucker und Cachaça schenkte, hielt sich meine Freude in Grenzen. Jetzt versteht sie vielleicht auch, warum.

SAUNASEX IM STUBAITAL

Lars kenne ich als überaus nervenstarken Segellehrer, den keine noch so talentfreie Stadtindianerin so schnell aus der Ruhe bringen kann. Sein braun gebranntes Gesicht verzieht auch kurz vorm Kentern nach Mastbruch keine Miene, während alle anderen Menschen in helle Panik ausbrechen und in bunte Schwimmwesten gehüllt über Bord springen. Es gibt nur eine Sache, der sich Lars irgendwann, wenn auch erst nach rekordverdächtig langer Zeit, geschlagen geben muss: Alkohol.

Der Skiurlaub war für mich immer die beste Zeit des Jahres. Da ich mein Geld zeitweise als Skilehrer verdiente, mangelte es nie an Nachschub netter Mädels zum Flirten. So viel Sex wie in den zwei Monaten im Stubaital hatte ich sonst das ganze Jahr nicht. Doch in diesem einen Jahr hatte ich einen reinen Erholungsurlaub geplant und deshalb nur zwei magere Wochen im Skiort gebucht. Unglücklicherweise erwiesen sich die ersten 13 Tage davon als frauentechnische Flaute. Der Schnee war perfekt, die Sonne schien und das Bier auf den Hütten war damals noch relativ günstig – es hätte perfekt sein können. Wenn nicht so ein akuter Mangel an Schneehaserln mir die Laune gründlich verdorben hätte.

Am letzten Tag – bevor am nächsten Morgen um acht der Bus zurück nach Deutschland startete – landete ich auf der Alois-Hütte endlich einen Volltreffer. Sie hieß Anja, war blond, konnte zwar nicht Ski fahren, aber nach eigenen Angaben umso besser blasen. Zumindest kicherte sie das nach dem dritten Ramazotti auf Eis hinter vorgehaltener Hand. Zwar war sie verheiratet, aber mit ihren Freundinnen im Urlaub, während ihr Mann zu Hause geblieben war. Da ich damals gegenüber festen Beziehungen jeglicher Art eine starke Abneigung empfand, war mir das heilige Gebot der Ehe alles andere als wichtig, und die Aussicht auf einen anständigen Fick schaltete jeden Anflug eines schlechten Gewissens sofort aus.

Der Schneehaserl-Gott war an diesem Tag auf meiner Seite, denn Anja war gerade erst angereist und wohnte mit »ihren Mädels« im gleichen Hotel wie ich und meine Freunde. Nichts war naheliegender gewesen, als sich mit ihr in der Sauna zu verabreden. Das ist meiner Meinung nach der größte Vorteil im Skiurlaub. Statt Kinobesuch bekommt man gleich am ersten Abend die volle Ladung – da fallen die Hemmungen für gewöhnlich spätestens nach dem zweiten Aufguss.

Da wir uns mit der gesamten Runde vor dem Saunagang noch einen Drink an der Bar gegönnt hatten und ich die Nachwehen unseres Gelages auf der Hütte noch spüren konnte, vertrug ich die Saunahitze an diesem Tag leider nicht besonders gut. Nach dem ersten Aufguss musste ich kurz rausgehen und mich im Pool abkühlen. Mein Kopf drehte sich und ich ließ mich auf den Grund des Beckens sinken und genoss die Stille des Wassers. Als ich gerade wieder prustend auftauchte, stand auf einmal Anja im Bademantel vor mir, eine Flasche Ramazotti in der Hand. Ich lächelte sie überrascht an und zog mich schwungvoll am Beckenrand hoch. Dann stand ich vor ihr, wie Gott mich schuf, und hoffte, dass das Wasser nicht allzu kalt gewesen war. Doch offenbar waren meine Bedenken unbegründet, denn Anja ließ ihren Bademantel kommentarlos zu Boden gleiten und reichte mir die offene Ramazottiflasche.

Eine halbe Stunde später hatten wir die Stabilität der weißen Plastikliegen am Beckenrand gründlicher getestet als jeder Stiftung-Warentest-Fuzzi und die halbe Flasche Kräuterlikör geleert. Sex macht durstig. Als wir die Stimmen der anderen hörten, zogen wir schnell Anjas Bademantel über unsere Körper und grinsten in die Runde. Meine Kumpels wollten vor der Disco noch auf die Zimmer und die Koffer packen. Danach stand mir der Sinn momentan aber überhaupt nicht. Ich hatte mein Soll eroberungstechnisch schon erfüllt, wofür sollte ich also noch in die Disco?

»Ich mache noch einen zweiten Saunagang, sonst hat es sich für mich ja gar nicht richtig gelohnt!«, rief ich den Jungs hinterher und erntete schallendes Gelächter. Nur Achim, mein bester Freund, drehte sich noch mal um und meinte mahnend, dass ich das Packen ja nicht vergessen sollte. Er kannte mich ziemlich gut. Anja dagegen fand meine Idee natürlich toll und wollte sofort mit mir in das kleine Blockhaus. Da saßen wir zwei dann, der späten Uhrzeit wegen ganz allein, die Ramazottiflasche in der Hand, und schwitzten das Zeug gemeinsam wieder aus. Der vollständigen Verdunstung des Kräuterlikörs in meinem Körper kam ich allerdings zuvor, indem ich regelmäßig große Schlucke aus der lauwarmen Flasche nahm.

Im schummrigen Saunalicht sah Anja noch knackiger aus als vorhin, und wir machten es noch einmal. Nach dem anstrengendsten Saunagang meines Lebens sprangen wir beide splitternackt und lachend in den Pool. Als ich mich gerade in ein flauschig weißes Handtuch gewickelt hatte und mich auf einer der Liegen etwas ausruhte, verschwand Anja, um kurz darauf mit einer Flasche Schampus zurückzukommen. »Habe ich auf dein Zimmer schreiben lassen«, flüsterte sie mir ins Ohr und lachte wie ein kleines Mädchen, das einen Kaugummi geklaut hat. In meiner babywohlen Zufriedenheit störte mich das überhaupt nicht und ich köpfte die Flasche unter Anjas begeistertem Gekreische wie ein Meister-Sommelier. Der Schampus sprudelte über mein Handtuch und das blubbernde Zeug floss in meinen Schoß. Anja machte sich vorsichtig daran, mich zu säubern, und das war es dann fürs Erste mit der Erholung. Nachdem wir uns gegenseitig den Verstand aus dem Körper gevögelt hatten, schlichen wir wieder in die Sauna. Die war inzwischen nicht mehr wirklich heiß, aber immerhin noch kuschelig warm.

Je länger wir auf den warmen Holzbrettern lagen, desto klarer wurde mir eins: Ich vertrug das blöde Blubberwasser einfach nicht. Die Holzwände fingen an, sich vor meinen Augen in Bewegung zu setzen, und Anjas Gekicher hörte ich wie ein Echo. Das ist nicht gut, dämmerte es mir leise. Ich erinnerte mich an Achims Mahnung und wollte aufstehen und auf mein Zimmer gehen, um die Sachen für morgen zu packen, aber ich schaffte es einfach nicht, bis zur Tür zu kommen. Genauer gesagt schaffte ich es nicht einmal, unfallfrei von der obersten Holzbank runterzukommen.

Ich muss wohl ausgesehen haben wie der letzte Trottel, denn Anja lachte sich auf der Stufe über mir schlapp. Langsam fing sie an, mich ziemlich zu nerven. Ich atmete tief durch, versuchte, ihre schrille Lache zu überhören, und startete einen neuen Anlauf in Richtung Tür. Ich kam mir vor wie auf einer Jolle bei Windstärke acht, alles schwankte und ich verfehlte wieder die Stufe unter mir und knallte diesmal besonders brutal auf die Holzfläche. Nicht mal der Alkohol konnte die Schmerzen in meinem Kopf betäuben, und so wurden die kleinen dunkelbraunen Flecken auf dem Holz der Decke lebendig und tanzten wie kleine Sterne um meinen Kopf herum. Ich spürte, wie mein Magen anfing zu rebellieren, aber diese Blöße wollte ich mir nicht auch noch geben. Ich rollte mich auf der untersten Stufe mit dem letzten Rest an Körperbeherrschung, den ich besaß, einfach zusammen und schloss die Augen. Die Schmerzen ließen etwas nach, dafür drehte sich mein Kopfkarussell jetzt umso schneller. Als ich hörte, wie Anja zu mir geklettert kam, und spürte, wie sich ihr Hinterteil an mich schmiegte, knurrte ich unwillig. Doch als sie das ignorierte und sich weiter an mich drückte, beschloss ich, sie einfach zu ignorieren und blieb reglos liegen. Was Frauen nur immer mit ihrem Den-Hintern-Anschmiegen haben, war der letzte, einigermaßen klare Gedanke, den ich vorm Einschlafen hatte.

*

Es war genau 8 Uhr 20 morgens und der Bus war bis auf den letzten Platz besetzt. Pardon, hatte ich gesagt bis auf den letzten Platz? Das stimmte natürlich nicht. Der Bus war voll besetzt bis auf den einen Platz, den Platz neben *mir*! LARS, dachte ich, du bescheuerter Idiot! Wo treibst du dich verdammt noch mal rum??? Ich tobte innerlich.

Alle Busreisenden starrten mich vorwurfsvoll bis feindselig an, und die Jungs in den Reihen hinter mir johlten schadenfroh. Der Ärger blieb natürlich mal wieder an mir, dem ach so fürsorglichen Achim, hängen, ich hatte es ja schon geahnt. Seufzend erhob ich mich aus meinem Sitz und stapfte durch den Schneeregen zurück in die Hotellobby. Laut der Dame an der Rezeption hatte Lars noch nicht einmal ausgecheckt. In weiser Vorahnung ließ ich mir einen Zweitschlüssel zu seinem Zimmer mitgeben und machte mich auf den Weg in den dritten Stock.

»Da hat der Depp wieder vor lauter Geilheit die Realität vergessen«, knurrte ich in mich hinein und fragte mich, wieso ausgerechnet Lars wieder als Einziger ein Mädchen abgeschleppt hatte. Die Welt ist einfach ungerecht, fand ich, und klopfte an die Zimmertür meines besten Freundes. Wie erwartet kam keine Reaktion. Also schloss ich die Tür auf und betrat das Zimmer, um den Weiberhelden zu wecken. Nur dummerweise fand ich niemanden zum Wecken. Bis auf das Chaos aus Klamotten, leeren Bierflaschen und Skisocken war das Zimmer leer. Ich konnte nicht fassen, dass der Idiot es nicht einmal geschafft hatte zu packen. Draußen wartete ein voller Bus nur auf ihn, oder mittlerweile auf uns, korrigierte ich mich selbst. Wütend stapfte ich zurück in die Empfangshalle und fragte nach der Zimmernummer dieser Anja. Glücklicherweise wusste die Rezeptionistin, wen ich meinte, und nannte mir mit einem Grinsen auf dem sonst so professionell dreinschauenden Gesicht die Nummer. Nur den Schlüssel wollte sie partout nicht rausrücken. Also dackelte ich wieder zum Aufzug und fuhr in den sechsten Stock.

Abermals machte mir auf mein Klopfen hin niemand auf. Nach ein paar Minuten Gehämmere öffnete sich aber die Nachbartür zu Anjas Zimmer und eine verschlafene Blondine mit ungeschminktem Pickelgesicht erklärte mir gähnend, dass Anja die Nacht nicht in ihrem Zimmer verbracht habe, sondern »bei irgend so einem Typen« sei. Ich musste schon fast lachen, den Typen kannte ich, aber bei dem war sie definitiv nicht. Draußen hörte ich penetrantes Hupen und stellte mir vor, wie es wohl wäre, hier ohne Gepäck und Resturlaub einfach zurückgelassen zu werden. Vielleicht würde der Busfahrer ja so freundlich sein, mir mein Gepäck in den Schneeregen zu stellen, bevor er mit quietschenden Reifen in Richtung Autobahn davonfuhr. Eins war jedenfalls sicher: Wenn Lars nicht bald auftauchte, fuhr der Bus ohne uns beide los, denn einfach abhauen und meinen besten Freund im Stich lassen, das konnte ich nicht.

In Windeseile stopfte ich Lars' Sachen in seinen Seesack und hoffte, dass mir währenddessen ein zündender Einfall kommen würde. Als ich seine Badehose in der Hand hatte, kam mir tatsächlich einer. Ich hatte Lars das letzte Mal im Wellnessbereich gesehen und – wer weiß, dachte beziehungsweise hoffte ich – vielleicht waren die Liegen ja dort bequem genug für die Herrschaften. Ich verzichtete darauf, auch noch die Sachen aus dem Bad zu holen, warf mir den Seesack über die Schulter, rannte alle sechs Stockwerke hinunter und steuerte direkt in den Poolbereich.

Völlig aus der Puste kam ich schließlich am Pool an, doch alle Liegen waren leer. Nur eine leere Ramazottiflasche und ein paar zerknüllte Handtücher lagen herum. Ich konnte Lars' Anwesenheit förmlich riechen. Er musste hier irgendwo sein, dessen war ich mir ganz sicher. Ich schlich lauernd über den gefliesten Boden, schaute in den Duschkabinen, hinter den Umkleiden und in der Damentoilette nach, doch nirgendwo fand ich ihn.

Vor dem Saunahäuschen blieb ich stehen und überlegte. Sogar hier unten konnte ich das Hupen des Busses hören. Mehr aus Verzweiflung als aus Verdacht riss ich die Saunatür auf und sofort schlug mir ein ekelhafter Gestank nach abgestandenem Alkohol und Schweiß entgegen. Splitterfasernackt lag da mein bester Freund neben seiner ebenso nackten Eroberung und schnarchte friedlich vor sich hin. »LARS!«, brüllte ich und drehte mich sofort wieder weg, um frische Luft zu bekommen.

»Hä?«, kam es mit Katerstimme aus der Kabine, »was'n los?« Das erklärte ich ihm in den nächsten zehn Minuten ausführlichst und brüllend. In aller Eile kramte ich ihm Hose, Pullover und Schuhe aus dem Seesack – Zeit für Socken hatten wir jetzt nicht – und jagte den stinkenden Lars an die Rezeption. Am Empfang reichte er seine Kreditkarte und den Schlüssel halbkomatös über den Tresen, nahm seine Rechnung in einem Umschlag entgegen und schlurfte kurz darauf hinter mir her in Richtung Bus. Ich meinte, aus dem Augenwinkel noch erkennen zu können, wie die Rezeptionsdame hektisch ein Fenster öffnete.

Im Inneren des Busses erwartete uns eine nicht enden wollende Schimpfkanonade. Von allen Seiten wurde auf uns beide eingebrüllt, dabei konnte ich nun wirklich nichts dafür. Ich fühlte mich ungerecht behandelt, doch damit nicht genug: Nachdem Lars sich auf meinem Fensterplatz breitgemacht hatte und mit dem Kopf an seinen Seesack gelehnt augenblicklich einschlief, lag es nämlich an mir, die nächsten fünfhundert Kilometer mit dem unerträglichen Gestank meines Sitznachbarn zu leben.

Als wir nach zweieinhalb Stunden Fahrt endlich die erste Pause an einem Rasthof machten, stürmte ich erleichtert ins Freie. Tief ein- und ausatmend drehte ich gerade eine Runde um den Bus, als ich ein ohrenbetäubendes Gebrüll hörte: »Zweihundertfünfzig Euro für eine Flasche Schampus?! Ja spinnen die Säcke denn???« Lars war wohl aufgewacht und hatte den Umschlag mit der Rechnung geöffnet. Ich musste lächeln. Es gab wohl doch so etwas wie Gerechtigkeit.

DIE ZERREISSPROBE

Meine Bekannte Maria ist unglaublich kreativ, hat wunderschöne braune Rehaugen und mixt die besten Cosmopolitans, die man außerhalb von New York bekommen kann. Die größte Partymaus ist sie deswegen trotzdem nicht, aber irgendwie kann ich das nach dieser Geschichte auch verstehen ...

Es war Samstagabend und ich war supernervös. Heute Abend würde eine megastylishe Party in einem total angesagten Club starten und meine beste Freundin und ich waren dabei. Allein deshalb war es enorm wichtig, dass ich absolut hinreißend aussah, aber es gab noch einen viel triftigeren Grund: Manuel, mein Schwarm und derzeitiger Traummann, würde auch anwesend sein. Deswegen versuchte ich, mich möglichst perfekt auf den Abend vorzubereiten. Ich hatte die ganze Woche über keine Kohlenhydrate zu mir genommen, war jeden zweiten Tag ins Solarium und heute Morgen sogar noch zum Intim-Waxing gerannt. Ich wollte wirklich für alle Fälle gerüstet sein.

Meine Freundin Nadja kam vor der Party noch bei mir vorbei, um mir zu helfen, in meine zwei Nummern zu kleine supersexy Designerjeans zu steigen. Ich hatte mir die sündhaft teuren Jeans mal in einem Anfall von Wahnsinn gekauft und war eigentlich nie ernsthaft davon ausgegangen, wirklich eines Tages in sie hineinzupassen. Doch die kohlenhydratfreie Woche hatte mir neben Stresspickelchen auch einen erstaunlich kleinen Hintern beschert und so schafften wir es an diesem Tag tatsächlich, den Knopf unterhalb meines Bauchnabels zu schließen. Am Anfang bekam ich nur sehr schwer Luft, doch mit der Zeit hatte ich den Dreh raus und solange ich weder etwas essen noch trinken würde, wäre alles in bester Ordnung – dachte ich.

Im Club angekommen, war ich total begeistert. Die ganz in Schwarz und Silber gehaltenen Räumlichkeiten waren voller stylisher und gut aussehender Menschen. Ich kam mir vor, als wäre ich in New York oder London anstatt im hessischen Frankfurt. Halb nackte Models servierten kostenlosen Champagner, von dem ich leider aus Rücksicht auf die Dehnungskapazität meiner Hose nichts trinken konnte. Dafür schlug Nadja hemmungslos zu. Ihr neuer Job in einer Werbeagentur hatte uns die Einladung zu diesem Event verschafft und Nadja genoss die Atmosphäre fast noch mehr als ich. Sie ist ein echtes Partygirl und war mit dem Platz auf der Gästeliste endlich in ihren persönlichen Olymp aufgestiegen. Deshalb schleppte sie mich auch gleich auf die Tanzfläche und fing an, sich den Schampus wieder aus dem Leib zu tanzen. Da ich stocknüchtern erst recht keine ekstatische Tänzerin bin und zudem die ganze Zeit Angst hatte, mit einer falschen Bewegung meine Hose zum Platzen zu bringen, stand ich etwas gequält und ziemlich steif neben ihr.

»Mach dich locker, Süße, die Party ist zu toll, um nicht zu tanzen! Außerdem steht da hinten Manuel und interessiert sich bestimmt nicht für langweilige Trantüten!«, schrie sie mir ins Ohr und zeigte nach rechts auf die etwas höher gelegene Bar. Mit laut klopfendem Herzen blickte ich vorsichtig in die angegebene Richtung und: Da stand er.

Manuel sah umwerfend aus. Eigentlich war er viel zu schön für mich, aber seit ich diesen Traummann das erste Mal auf einer Messe gesehen hatte, bekam ich ihn einfach nicht mehr aus dem Kopf. Er war Grafiker, wie ich, und hatte mir auf besagter Messe ein Taschentuch gereicht, als ich niesen musste, und mir mit einem tiefen Blick in die Augen »Gesundheit« gewünscht. Seitdem war ich ihm verfallen. Manuel hatte dunkle Locken, blaue Augen und unglaublich breite Schultern. Er hätte ein Model sein können. Jetzt ruhten die Blicke aller Frauen in seiner Umgebung nur auf ihm. Mich würde er hier niemals bemerken. Da konnte ich so viel niesen, wie ich wollte.

So etwas Ähnliches dachte sich wohl auch Nadja gerade, denn sie beugte sich zu mir rüber und schrie gegen den Lärm der Musik an: »Wenn du dir einen wie ihn angeln willst, musst du offensiver sein! Mach die Männer auf dich aufmerksam, tanze, sei sexy, sei ein bisschen wild. Das mögen sie!« Nadja musste wissen, wovon sie sprach, denn bisher hatte sie noch jeden Mann bekommen, den sie wollte. Und das waren nicht gerade wenige gewesen. Doch so nüchtern wie ich war, konnte ich auf keinen Fall den Vamp spielen, das ist einfach nicht meine Art. Da ich Manuel aber auf jeden Fall für mich gewinnen wollte, zog ich den Bauch ein, versuchte flacher zu atmen und angelte mir ein Glas Champagner vom nächsten vorbeischwebenden Tablett. Nadja prostete mir zu, leerte ihr Glas in einem Zug und schnappte sich den nächstbesten gut aussehenden Kerl und tanzte mit ihm.

Ich nippte vorsichtig an meinem Glas und versuchte, nach jedem Schluck zu spüren, ob meine Hose schon mehr spannte oder nicht. Doch anscheinend war alles im grünen Bereich, also trank ich meinen Champagner etwas mutiger und wagte schon zaghafte Tanzbewegungen. Etwas unsicher blickte ich in die Gesichter um mich herum, doch die Leute lächelten mich alle an, keiner lachte mich aus oder so. Das machte mir Mut und ich begann, etwas lasziver zu tanzen. Die Qualität der Jeans schien tatsächlich nicht die schlechteste zu sein, denn die Hose passte sich meinen Bewegungen geschmeidig an und machte keinerlei Anstalten zu reißen. Ich wurde immer selbstsicherer und das Tanzen machte langsam Spaß. Nur Manuel würdigte mich nach wie vor keines

Blickes. Als ich das Nadja sagte, drückte sie mir ein zweites Glas Schampus in die Hand. »Ist ja klar, du gehst hier in der Masse unter, egal wie gut du tanzt. Los, lass uns aufs Podest! Wenn du an der Stange bist, sieht er dich garantiert!« Bevor ich überhaupt nur Nein! denken konnte, zog sie mich schon in Richtung Podest. Ich konnte ja nicht mal durch eine volle U-Bahn gehen, ohne Angst zu haben, dass alle Menschen mich anstarrten, und jetzt sollte ich aufs Podest? Das würde eine einzige Katastrophe werden!

In Windeseile hatte uns Nadja durch die tanzende Menge bugsiert und war bereits dabei, die Sprossen des podestartigen Stahlgerüstes zu erklimmen. »Nadja!«, brüllte ich sie an und riss mich von ihrer Hand los, »ich will das nicht!« Sie unterbrach ihre Klettertour, beugte sich zu mir herunter und zischte mich an: »Willst du diesen Typen wirklich haben? Dann zeig ihm endlich, dass du existierst! Du bist verdammt sexy, also zeig's ihm auch!«

Ich musste schlucken. Was war, wenn sie recht hatte? Mit meiner schüchternen Kleinmädchenart war ich bisher nicht wirklich weit gekommen. Ich atmete tief ein. Ich wollte Manuel unbedingt kennenlernen, ich wollte, dass *er* mich kennenlernen wollte. Also sammelte ich allen Mut, den ich finden konnte, zusammen, kippte den Champagner runter, zog den Bauch ein und kletterte Nadja hinterher.

Oben tanzten schon zwei Mädchen, aber Nadja meinte nur ganz cool zu ihnen: »Schichtwechsel, Mädels, erholt euch an der Bar!« Schon waren sie weg und Nadja drehte ihre ersten Runden an der Stange. Ich war ziemlich unsicher und kam mir vor wie auf einem Präsentierteller. Aber die Typen direkt unter dem Podest feuerten uns bereits an, und als ich bemerkte, dass auch die meisten Jungs an der Bar zu uns rüberschauten, gab ich einfach Gas. Ich lachte, so lasziv ich konnte, und probierte die ersten Hüftschwünge. Ich konnte es selbst kaum glauben, aber es funktionierte! Auf einmal wusste ich genau, wie ich mich zu bewegen hatte, dachte gar nicht mehr nach, sondern tanzte einfach, als ob ich allein wäre. Natürlich schielte ich immer wieder zu meinem Schwarm an der Bar und plötzlich trafen sich wirklich unsere Blicke. Manuel lachte mich an und nickte wohlgefällig. Anscheinend gefiel ich ihm. Ich hätte platzen können vor Glück! Als ich Nadja davon erzählen wollte, packte sie mich, presste sich von hinten an mich heran und begann, ihre Hüften im gleichen Rhythmus wie meine kreisen zu lassen. Die Kerle unter uns flippten fast aus und Manuel stand von der Bar auf, um uns besser sehen zu können.

»Los, geh an die Stange, gleich hast du ihn!«, rief mir Nadja ins Ohr und tanzte am Rand des Podestes weiter. Wie ein Sportler vor dem Wettkampf atmete ich ein paar Mal kurz hintereinander aus, gab mir einen Ruck und schwang mich an die Stange. Ich war überrascht – so schwer war das gar nicht. Man musste sich nur sexy an der Stange auf und ab bewegen und hin und wieder eine Drehung machen, schon brüllten die Jungs unten begeistert. Eigentlich war es sogar weniger anstrengend, als normal zu tanzen, denn hier konnte man sich ja an der Stange festhalten.

Auf einmal sah ich, wie Manuel die Tanzfläche überquerte und mich dabei nicht aus den Augen ließ. Mein Herz schlug bis zum Hals. Ich lächelte ihm zu und er lächelte zurück. Jetzt stand er unterhalb des Podestes: Das war meine Chance, ihn zu beeindrucken. Ich holte mit einem Bein Schwung, streckte meinen Hintern raus und glitt gerade besonders lasziv zu Boden, als ich einen lauten Knall hörte. Und nicht nur ich. Überrascht schauten sich die Leute unter mir um und versuchten herauszufinden, was die Ursache des Knalls gewesen war. Ich ahnte Schlimmes, denn an meinem Hintern wurde es plötzlich ziemlich luftig.

Ich glaube, meine Gesichtszüge sind mir in diesem Moment völlig entgleist. Während die anderen wieder anfingen zu tanzen und Manuel noch näher an mich herankam, kroch in mir die nackte Panik hoch. Ohne mich von der Stelle zu bewegen, streckte ich meinen Arm nach Nadja aus und zog sie zu mir runter: »Ich glaube, meine Hose ist gerissen!«

»Was? Ich kann dich nicht verstehen, Süße!«, lachte Nadja mich an.

»Meine Hose ist gerissen!«, schrie ich panisch und sah aus dem Augenwinkel Manuels schelmisches Gesicht. Er stand direkt vor dem Podest und da ich noch am Boden kauerte, befanden wir uns auf Augenhöhe. Anscheinend hatte er gehört, was ich eben ausgerufen hatte, denn er versuchte, einen Blick auf meinen Hintern zu erhaschen. Das Gleiche tat nun auch Nadja und ihr entfuhr ein »Oh Scheiße!«, als sie meine Hinterseite sah. Hektisch half sie mir auf, schob mich vom Podest runter und führte mich zügig Richtung Ausgang. Ich versuchte die ganze Zeit, das Desaster notdürftig mit meinen Händen zu verdecken, aber so klein ist mein Hintern leider nicht. Während wir durch die Menge eilten, hörte ich hinter uns Gejohle. An Manuels Reaktion wagte ich gar nicht zu denken.

Da Nadja und ich nur kurze Blazerjäckchen dabeihatten, die wir auch noch an der Garderobe abholen mussten, verlängerte sich mein Spießrutenlauf bis hin zum Taxi. Zu allem Überfluss hatte ich beim Anstehen an der Garderobe meine Rückseite vor Scham so fest an die Wand gepresst, dass hinterher ein Kaugummi an meinem Hintern klebte. Leider merkte ich das erst im Taxi und der unfreundliche Fahrer wollte auch noch das Geld für die Reinigung seines Rücksitzes von mir. Angeblich lässt sich Kaugummi nur sehr schwer aus Polyester entfernen.

Zu Hause habe ich mir meinen Po im Spiegel angeschaut und bin in Tränen ausgebrochen. Mein kompletter Hintern quoll unschön aus den zerfetzten Jeans heraus und auch mein rosafarbener Spitzentanga machte den Anblick nicht besser. Es war sogar viel schlimmer, als ich es mir vorgestellt hatte. Ich schmiss die elenden Designerjeans – oder das, was von dem 300-Euro-Teil noch übrig geblieben war – sofort in die Mülltonne.

Manuel habe ich seit diesem Abend gemieden und aus meinen Träumen verbannt. Taschentücher für eventuelle Niesanfälle habe ich jetzt immer selbst dabei, und meine Jeans kaufe ich nur noch dort, wo es Hosen in meiner Größe gibt, zum Beispiel bei H&M!

BUENOS DIAS, MALLORCA!

Manche Geschichten, die man mir erzählt, kann ich selbst kaum glauben. Und diese gehört definitiv zu den unglaublichen Abstürzen. Aber mein Kommilitone Tobias aus Oberbayern hat mir glaubhaft versichert, dass das folgende Erlebnis seines Kumpels Jens sich genau so zugetragen hat. Manche Menschen sind eben richtige Profis, wenn's ums Abstürzen geht ...

Ich war zu ein paar Kumpels nach München gefahren, um mit ihnen ordentlich zu feiern. Bei uns im Dorf ist es zwar schön, aber der Bär steppt dort nicht gerade ... Da geht's bei den Kollegen im Kunstpark schon mehr ab. Nachdem wir Samstagabend angefangen hatten zu feiern, war ich Sonntagnachmittag nach fast zwanzig Stunden Party nicht nur sturzbetrunken, sondern auch ziemlich fertig mit der Welt. Da ich am nächsten Morgen wieder in Rosenheim arbeiten musste, wurde es für mich langsam Zeit, zurück zum Bahnhof zu fahren und die Heimreise anzutreten. Doch mit jedem Meter, den ich zurücklegte, hatte ich weniger Lust darauf, in den Dorfalltag und eine Woche voller Arbeit zurückzukehren. Obendrein fing es auch noch an zu regnen und meine depressive Stimmung verschlechterte sich weiter.

Ich trottete den Gehweg entlang, bemüht, nicht allzu schnell und nicht in zu großen Schlangenlinien zu laufen, und bemitleidete mich selbst. Dann fuhr auch noch ein Bus an mir vorbei und spritzte mich mit gefühlten 10 Litern dreckigem Regenwasser voll. Mit tropfenden Haaren sah ich dem blauen Bus hin-

terher und las »Flughafen« auf der Neonanzeige an der Heck-
scheibe des Busses. In diesem Moment kam mir der Geistesblitz:
Was tat ich überhaupt noch hier? Meine alkoholisierte Stimmung
schlug innerhalb von Sekunden von total depressiv in extrem eu-
phorisch um. Ich muss ein interessantes Bild abgegeben haben,
wie ich da so im strömenden Regen stand, erschöpft, dreckig und
bis über beide Ohren strahlend. Warum hier im Regen stehen,
wenn anderswo die Sonne scheint, fragte ich mich und winkte
mir ein vorbeifahrendes Taxi heran. Der Taxifahrer hielt sofort
und das wertete ich als Zeichen. Es sollte wohl so sein! Was die
in dem Arschlochbus konnten, konnte ich schon lange. »Zum
Flughafen bitte!«, wies ich den Fahrer an und lehnte mich entspannt zurück.

Am Flughafen angekommen, gab ich dem Taxifahrer zwanzig Euro Trinkgeld und torkelte gut gelaunt in die Abflughalle.
Freundliche Polizisten erklärten mir den Weg zum Last-Minu-
te-Schalter, an welchem ich den gesamten Bargeldinhalt meiner
Geldbörse ausschüttete und der sehr freundlichen Dame erklärte,
dass ich irgendwohin wolle, »wo es nicht so pisst wie hier«.

Fünf Minuten später war ich um 112 Euro ärmer und hatte
ein Flugticket nach Palma de Mallorca in der Hand. Mein erster Weg führte mich zum nächsten Geldautomaten, denn ohne
Kohle fühlte ich mich selbst in betrunkenem Zustand nicht wohl.
Stolz, dass ich noch so vernünftig denken konnte, belohnte ich
mich an einem Erfrischungsstand erst mal mit einem kühlen Bier.
Ich hatte noch eine halbe Stunde bis zum Boarding und leerte in
dieser Zeit noch zwei Halbe. Beim Start des Ferienfliegers flog ich
noch ein bisschen höher als die anderen Passagiere. Ich hatte das
Gefühl, endlich mal das Richtige zu tun, und fühlte mich wie der
König der Welt.

Bei der Landung in Palma hatte ich gerade die zweite Mini-
dose Bier geleert und freute mich schon, denn ich würde nicht an

der Kofferausgabe anstehen müssen. Ich nahm mir vor, nur noch ohne Gepäck zu verreisen, und stieg auf dem Flughafenparkplatz in irgendeinen der Touristenbusse ein. Keinem fiel auf, dass ich eigentlich kein Kunde von Rudis Super Sparreisen war und so stieg ich zweieinhalb Stunden später wieder unbehelligt aus dem Bus. Ab da kann ich mich an den Abend nicht mehr ganz so gut erinnern. Ich weiß noch, dass ich in eine Kneipe – Bodega oder so – gegangen bin und mit ein paar Spaniern Sangria getrunken habe. Ich glaube, es war sehr lustig.

Besser erinnern kann ich mich an den Morgen danach. Ich wachte auf, weil die Sonne so heiß brannte. Aber ich hatte keine Ahnung, warum ich in der Sonne war. Ich lag auf einer Wiese in einem Park und wusste nicht, wie ich dort hingekommen war. Heimisch sah es mit den ganzen Orangenbäumen statt der üblichen Blautannen jedenfalls nicht aus. Außerdem hatte ich Kopfschmerzen und Durst.

Mühsam rappelte ich mich auf und klopfte mir den Dreck von den zerknitterten Klamotten. Ich hatte wohl wirklich die Nacht in diesem Park verbracht und fragte mich, wieso. Ich fand einen kleinen Kiesweg und hoffte, dass dieser mich aus dem Park rausführen würde. Tatsächlich kam ich auf einen kleinen Platz, der von Palmen umsäumt war. Also wie Oberbayern sah das hier wirklich nicht aus. Zwei Männer gingen wild gestikulierend an mir vorbei und unterhielten sich in einer fremden Sprache. Im gleichen Moment klingelte mein Handy. Verwirrt sah ich den beiden Männern hinterher und klappte währenddessen mein Telefon auf.

»Tobi, sapperlot, wo treibst du dich denn umi? Du hast seit zwei Stunden Dienst, du Depp! Wo bist?«, fragte mich die Stimme meines Kollegen Hans.

»Hansi, i wois es net! Aber die redn hier alle so saukomisch!«, antwortete ich etwas kleinlaut. »Ich ruf di wieda an!«, schickte ich hinterher und legte auf, bevor Hans noch etwas sagen konnte. Irgendwie war mir die ganze Situation ziemlich peinlich. Aber ich würde jetzt rausfinden, was hier eigentlich los war und vor allem, wo ich überhaupt war.

Entschlossen steuerte ich auf einen kleinen Supermarkt zu. Dank eines netten Verkäufers, eines Ständers mit Postkarten und der Zufuhr von erfrischendem Trinkwasser war ich kurz darauf fähig festzustellen, dass ich mich in Spanien, auf Mallorca und ganz konkret in einem kleinen Dorf namens Sollér befand. Jetzt, da ich wusste, wo ich war, meine Kopfschmerzen mit Aspirin aus dem Supermarkt betäubt hatte und gerade ein Bocadillo mit Schinken verschlang, wurde mir langsam das Ausmaß meines kleinen Abenteuers bewusst. Die Erinnerung an die gestrige Euphorie und das Flugzeug mit den kleinen Bierdosen kam allmählich zurück. Wahrscheinlich war mein Konto bereits überzogen, würde mein Chef mich bald feuern und meine Freundin vor lauter Wut mein Auto zerkratzen. Die Probleme prasselten geradezu auf mich ein. Nach einer kurzen Denkzeit beschloss ich jedoch, das Unangenehme erst mal nach hinten zu schieben und meine Kumpels anzurufen. Zuerst klingelte ich bei Basti durch: »Ey Alter, du rätst nie, wo i grad bin!«

Nachdem ich meinen Bekanntenkreis mehr oder weniger durchtelefoniert hatte, bestellte ich mir einen frisch gepressten Orangensaft und kaufte eine Ansichtskarte für meine Oma. Als zwischendurch mein Handy vibrierte und ich die Nummer meiner Freundin sah, schaltete ich es lieber aus. Den Anschiss würde ich noch früh genug kassieren. Aber mein schlechtes Gewissen meldete sich trotzdem. Schweren Herzens trank ich den Orangensaft aus und machte mich auf die Suche nach einem Bahnhof – Taxi fahre ich nur, wenn ich betrunken bin.

Am Flughafen von Palma zückte ich meine Kreditkarte und kaufte mir das Rückflugticket nach München. Alles in allem kostete mich das Feierwochenende um die sechshundert Euro, einen mordsmäßigen Anschiss vom Chef und zwei Watschen von meiner Freundin. Aber ganz ehrlich, der Trip war es wert.

MEERJUNGFRAUEN
SCHLAFEN BESSER

*Eigentlich hatten Sarah und ich uns vorgenommen, mei-
nen 19. Geburtstag mit unseren beiden Traumprinzen und
einem entspannten Wochenende in den Bergen zu feiern.
Wir hatten uns das ganz besonders romantisch vorgestellt
und den Trip als unser verdientes Happy End nach einem,
sagen wir mal, männertechnisch schwierigen Jahr geplant.
Es hätte perfekt werden können.*

Leider verdünnisierten sich unsere damaligen Prinzen bereits
vor dem großen Tag, weshalb die Planungen recht jäh abge-
brochen werden mussten. Den Wochenendtrip wollten wir uns
aber nicht nehmen lassen, also fuhren Sarah und ich ohne männ-
liche Begleitung in ein 5-Sterne-Wellnesshotel. Statt auf Roman-
tik setzten wir auf Ablenkung und achteten deshalb darauf, ein
Hotel mit eigener Diskothek zu buchen. Wir sahen uns schon im
Whirlpool relaxen, an der Bar mit diversen netten Jungunterneh-
mern flirten und die Nächte durchfeiern, bis die Berge wackeln.

Wir landeten dann auch in einem sehr exklusiven Wellnesshotel im Schwarzwald, nur leider wimmelte es nicht von jungen
smarten Polohemd-Trägern. Die Männer hier trugen eher Stütz-
strümpfe und Toupets. Abgesehen von uns war fast niemand der
Hotelgäste jünger als 65 Jahre. Und wenn doch, handelte es sich
um Mitglieder glücklicher Familien, die alle die gleichen weißen
Tennisshorts trugen. Wir fielen mit unseren kleinen Rollköffer-
chen und den hohen Riemchenpumps ziemlich aus der Reihe.

Allerdings lernten wir schnell, die Vorteile der Situation zu erkennen und zu nutzen, immerhin war der Squashplatz so gut wie immer frei und die Kellner rissen sich geradezu darum, unseren Tisch bedienen zu dürfen. Den ersten Wellnesstag brachten wir sehr entspannt hinter uns. Nach einem mehrgängigen Dinner mit einer Flasche ganz köstlichen Rotweins wollten wir in der Lavabar, so hieß der gelobte Club des Hotels, in meinen Geburtstag hineinfeiern. Leider war der Club nicht ganz so gut besucht wie versprochen – bis auf zwei dickliche Anzugträger an der Bar war er komplett leer.

Wir resignierten allerdings nicht sofort, sondern bestellten uns erst mal zwei extrastarke Cocktails. In einer loungigen Ecke genehmigten wir uns dann die nächsten zwei Cocktails und ließen den sehr stylishen, aber leider nach wie vor menschenleeren Club auf uns wirken. Es war zugegebenermaßen ein eher unaufgeregter Abend. Als es kurz vor zwölf war und ich bemerkte, dass mein Handy kein Netz hatte und ich damit auch keine Hoffnung auf Anrufe von Freunden, ging Sarah an die Bar, um etwas zum Anstoßen zu besorgen. Statt zwei Champagnerflöten brachte sie zwei neue Cocktails und zwei Gläser Tequila mit. »Das wirkt schneller, wir müssen nur in Stimmung kommen, dann wird's noch ein richtig cooler Abend!«, meinte sie mit einem aufmunternden Lächeln. Wir stießen an und ahnten beide, dass dieser Geburtstag nicht so legendär werden würde, wie wir es erhofft hatten.

Wir kippten dieses und noch zwei weitere Gläser Tequila plus Cocktails weg und danach war ich mehr als nur geneigt, aufzugeben und aufs Zimmer zu gehen. Nicht mal die Musik war gut, der DJ sah wohl in den zwei Anzugträgern an der Bar die bessere Kundschaft und legte Musik von vorvorgestern auf. Sarah machte sich gerade daran, eine letzte Runde von der Bar zu holen, als auf einmal irgendein aktuelles Stück von Beyoncé kam, das wir schon auf der Hinfahrt im Auto mitgesungen hatten. Begeistert und ihre letzte Chance witternd, zerrte Sarah mich auf die leere Tanz-fläche. Wir sangen aus vollem Halse mit und hüpften wie kleine Mädchen zur Musik. Es war schließlich niemand da, den wir be-eindrucken oder dem wir gefallen wollten, also hatten wir einfach Spaß. Und der Rotwein-Caipi-Tequila-Mix tat sein Übriges.

Anscheinend gefiel den alten Herren unser Kleinmädchentanz, denn unaufgefordert standen auf einmal zwei Tequilas an der Bar und die beiden Sesselhocker prosteten uns zu. Auch der DJ freute sich über den plötzlichen Zulauf auf der Tanzfläche und spielte fortan mehr Songs, die erst nach 1965 aufgenommen wurden. Die alten Männer stellten sich – zumindest in unserem promille-bedingt euphorischen Zustand – doch als ganz nett heraus. Sie waren rührend um unseren Flüssigkeitshaushalt besorgt und achteten immer darauf, dass zwei gefüllte Gläser an der Bar für uns bereitstanden. Da wir den Punkt, an dem man Alkohol nicht mehr als Alkohol, sondern eher als eine Art starke Limonade wahrnimmt, bereits erreicht hatten, hatte der Barkeeper mit seinen vier Gästen plötzlich alle Hände voll zu tun.

In den Tanzpausen (beziehungsweise Rauchpausen) unter-hielten wir uns mit den netten Opas über unser Leben. Ich er-zählte von meinen Abenteuern als Diplomatentochter im chine-sischen Dschungel und Sarah gab Anekdoten von ihrer Zeit als Burlesque-Tänzerin in New York zum Besten. Wir sponnen die fantastischsten Geschichten zusammen und die Herren lauschten gespannt und versuchten nebenbei, den Flaschenvorrat des Bar-keepers zur Neige zu bringen. Irgendwann belaberte Sarah den DJ so lange, bis er diesen einzig wahren Allerwelts-Happy-Birth-day-Song spielte, und weil es so schön war, gleich noch einmal und noch mal.

Nach einer halben Stunde Geburtstagswünschen in der Dauer-schleife schleppten wir vier uns wieder an die Bar. Das dreißig-minütige Sich-im-Kreis-Drehen hatte den zwei Herren sichtlich zugesetzt und sie sanken schwer atmend auf ihre Barhocker. Durch die Clubtür kam just neue Ablenkung hereingeschneit, zwei Bauerntrampel aus dem Dorf hatten offensichtlich den Weg hinauf ins Hotel gefunden. Nachdem sie sich kurz beim DJ-Pult herumgedrückt hatten, kamen sie recht uncharmant auf uns zu. Ungefragt setzten sie sich neben uns und bestellten Jägermeister. Wir ignorierten sie daher einfach.

Langsam spürte ich überdeutlich, dass die letzten sechs Tequila sieben zu viel gewesen waren, und bat den Barkeeper um etwas »Normales« zu trinken. Auch Sarah wollte zur Abwechslung etwas Magenfreundliches trinken, da irgendwann die Zitronen ausgegangen waren und wir seit einer halben Stunde den Schnaps pur runterkippten. Gierig nahmen wir die Wassergläser in Empfang und stießen zum ersten Mal an diesem Abend mit etwas Alkoholfreiem an. Gleichzeitig setzten wir die Gläser an und spuckten den Inhalt auch fast gleichzeitig wieder aus. Das vermeintliche Wasser entpuppte sich als Martini Bianco. Anscheinend deckte sich die Vorstellung des Barkeepers von einem »normalen« Getränk nicht so ganz mit unserer.

Kurz darauf zückten unsere Oldies ihre Kreditkarten und kündigten an, ins Bett zu gehen. Sie verabschiedeten sich mit väterlichen Umarmungen von uns und hinterließen uns großzügig eine Flasche Martini. Kaum waren die zwei Herren von dannen gezogen, rückten uns die Dorfdeppen auf die Pelle.

»Was wollten denn die zwei alten Säcke von euch?«, fragte der Größere von beiden.

»Das waren keine alten Säcke!«, antwortete ich empört. Natürlich waren sie alte Säcke, aber es waren *unsere* alten Säcke, und außerdem hatten sie uns den Abend gerettet. Nach diesem denkbar schlechten Start versuchte Sarah, das feindselige Schweigen zu brechen, indem sie den beiden erzählte, dass ich heute Geburtstag hatte.

»Was'n Zufall, ich auch!«, meinte der vorlaute Große. Ich konnte nicht fassen, dass er ernsthaft davon ausging, wir würden so eine dreiste Lüge glauben. Das wollte ich ihm auch gerade lautstark erklären, als er mir unaufgefordert seinen Personalausweis vor die Nase hielt und mich triumphierend angrinste. Der Depp hatte wirklich am selben Tag wie ich Geburtstag. Da er offenbar auch mit dem DJ befreundet war, erklang genau in diesem Moment das uns so vertraute Happy-Birthday-Gedudel. Beschwingt wie wir waren – durch unsere Adern strömten Unmengen von Ethanol und Euphorie –, ließen wir uns auf eine zweite, nicht minder alberne Tanzsession ein und fegten kichernd übers Parkett.

Zwei Stunden und besagte Flasche Martini später ließ sich der DJ auch von seinen einheimischen Freunden nicht mehr überreden, seinen Feierabend noch weiter zu verschieben, und der Club machte zu. Der Barkeeper entschuldigte sich für das Ende der Geburtstagsparty auf seine eigene Weise, indem er uns eine weitere Flasche Martini als Wegzehrung mitgab. In der Hotellobby standen wir den zwei Dörflern recht ratlos gegenüber. Sarah und ich waren zwar noch total aufgekratzt, aber wir wollten den Jungs keine falschen Signale senden, denn anziehend waren die beiden weiß Gott nicht. Deswegen lehnten wir auch dankend ab, als sie enthusiastisch vorschlugen, auf unserem Zimmer weiterzufeiern. So stark war das Zusammengehörigkeitsgefühl unter Geburtstagskindern dann doch nicht.

»Ein bisschen Entspannung im Whirlpool wäre jetzt ganz nett, um runterzukommen«, meinte ich gedankenverloren. Die anderen griffen meinen eigentlich nicht ernst gemeinten Vorschlag sofort begeistert auf, und Sarah setzte sich schon in Richtung Wellnessbereich in Bewegung. Mir fiel auf, dass sie dabei ganz schön schwankte und im gleichen Moment stolperte ich über eine Türschwelle. Ich wusste, dass wir ziemlich betrunken waren, und ich war mir nicht sicher, ob die Idee mit dem Whirlpool so genial gewesen war, wie die Jungs und Sarah fanden.

Die Wellnesslandschaft war menschenleer und der Whirlpool leuchtete smaragdgrün in der Dunkelheit. Sarah erreichte ihn als Erste und sprang laut jauchzend in das warme Wasser. Komplett angezogen wohlgemerkt. Die Jungs folgten ihr unter lautem Platschen und öffneten sogleich die Flasche Martini. Ich hörte auf, mir Gedanken zu machen, ob uns jemand entdecken würde, und ließ mich auch ins Wasser gleiten. Vorsichtig setzte ich mich neben meine Freundin und schloss die Augen. Es fühlte sich so schön an, die warmen Blubberblasen harmonierten perfekt mit den tequilagetränkten Wattebäuschen in meinem Kopf, und ich fühlte mich wie ein Baby im Mutterbauch. Jedenfalls stellte ich es mir in diesem Moment so vor. Wir wurden alle ganz still und man hörte nur noch das Blubbern des Wassers. Ich lehnte meinen Kopf an Sarahs Schulter, gähnte einmal herzhaft und schlief ein ...

Grelles Licht, das durch eine riesige Glasfront einfiel, weckte mich und entfachte sofort stechende Kopfschmerzen. Doch sobald ich fähig war, meine Umgebung klar zu erkennen, war das Hämmern im Kopf Nebensache. Ich lag immer noch neben Sarah im Whirlpool und fühlte mich, als ob ich durch eine Autowaschstraße spaziert wäre. Als ich Sarah schüttelte, um sie zu wecken, stellte ich mit Entsetzen fest, dass meine Hand zu einer weißen labbrigen Masse geworden war, und als ich erschrocken aufsprang, musste ich feststellen, dass es um den Rest meines Körpers unter den nassen Klamotten nicht besser stand. Auch Sarah sprang entsetzt auf und blickte angeekelt an sich herunter. Wir sahen aus wie lebendige Wasserleichen. Doch damit nicht genug, der Blick nach unten zeigte auch, dass im Wasser noch einige andere kleine Dinge schwammen. Und es waren keine Badeperlen. Da war den Jungs wohl etwas schlecht geworden, wahrscheinlich waren sie deshalb schon verschwunden.

Als wir endlich aus dem Wasser geklettert waren, blieb uns beinahe das Herz stehen. Wir meinten, Stimmen zu hören.

»Oh Gott, die ersten Badegäste kommen!«, flüsterte Sarah. »Dass Rentner aber auch nie ausschlafen können«, knurrte ich und watschelte Sarah, so schnell es ging, hinterher. Wir eilten platschend in Richtung Hotelzimmer und hinterließen eine Spur aus kleinen Pfützen. Erst der Teppichboden des Fahrstuhls schluckte unseren Lärm und unser Tropfwasser. Glücklicherweise trafen wir niemanden auf unserer Flucht und konnten uns unbemerkt ins Zimmer verdrücken, bevor die ersten Frühaufsteher in Richtung Frühstückssaal pilgerten. Wir fühlten uns noch schlimmer, als wir aussahen, und das war eigentlich kaum möglich.

Erst gegen Abend sahen wir wieder einigermaßen gesellschaftsfähig und entschrumpelt aus, aber es ging uns so schlecht, dass wir einfach im Bett blieben. Immerhin warf uns niemand aus dem Hotel, bei einem Verhör hätten wir sowieso alles auf die zwei Jungs geschoben. Es war ja auch nicht gerade die feine Art gewesen, uns wie zwei betrunkene Meerjungfrauen einfach im Pool zurückzulassen. Dass Whirlpools normalerweise nicht zu Sarahs und meinen natürlichen Schlafplätzen gehören, hätten die beiden eigentlich an den fehlenden Schwimmhäuten erkennen müssen. Letztere sind uns übrigens trotz der feuchten Nacht nicht gewachsen. Sähe wohl auch sehr doof aus in High Heels.

SALSA MORTALE

Elli ist eine unglaublich liebenswerte Bekannte von mir und arbeitet als Grundschullehrerin. Sollte ich jemals in die Verlegenheit kommen, Mutter zu werden, muss sie unbedingt mein Kind unterrichten. Elli ist einfach eine vertrauenswürdige und nette Person, der man seine Kinder ohne Bedenken anvertrauen würde. Umso erstaunter war ich, als sie mir diese Geschichte erzählte. Eine typische Episode der Kategorie »Stille Wasser sind tief« ...

Ich war seit drei Monaten mit Jan zusammen. Und ich war so unfassbar verliebt in ihn. Wir hatten uns im Supermarkt kennengelernt. Vor dem Nudelregal. Er konnte sich einfach nicht entscheiden, welche Sorte er kaufen sollte. Da habe ich ihm ein bisschen geholfen. Und die Spaghetti aus seinem Einkaufswagen kochte ich zwei Stunden später schon in meiner Küche für unser erstes gemeinsames Essen. Seitdem war mein Spaghettikonsum rasant gestiegen, denn irgendwie war das jetzt »unser« Essen und wir konnten weder von der Pasta noch voneinander genug bekommen. Ich konnte mein Glück, einen so tollen, intelligenten und trotzdem gut aussehenden Mann gefunden zu haben, kaum fassen. Sonst waren die Männer, die ich kennenlernte, entweder attraktiv, aber unfähig, drei korrekte Sätze zu bilden, oder sie waren Grammatikexperten und sahen auch so aus.

Ein Mindestmaß an Bildung ist einfach ein Muss: Da ich Grundschullehrerin bin, korrigiere ich jeden Tag genug Rechtschreibfehler, da will ich wenigstens privat ein bisschen Erwachsenensprache hören, auch wenn es vielleicht oberflächlich ist.

Bei Jan war das kein Problem. Wenn er mich mit seinen stahlgrauen Augen ansah, schmolz ich sowieso nur noch dahin. Und das Schönste war, ihm ging es mit mir genauso! Ich war im siebten Himmel. Deswegen hatte ich auch gar keine Lust auf einen Frauenabend, sondern hätte mich viel lieber mit meinem Schatz auf die Couch gekuschelt. Da aber der Geburtstag meiner Schwester und zugleich besten Freundin Bettina anstand, konnte ich unmöglich kneifen, denn das hätte sie mir nie verziehen. Deswegen legte ich am Freitagabend lustlos leichtes Make-up auf, zog mir ein wadenlanges, bequemes, pastellfarbenes Kleid an und fuhr mit dem Taxi zu Bettina.

Als ich ins Wohnzimmer kam, waren die meisten unserer Freundinnen schon da und entsprechend hoch war der Lärmpegel. Alles lachte, erzählte und kicherte. Fast zehn Frauen hatten sich mit ebenso vielen Sektgläsern rund um Bettinas Couchtisch versammelt. Wer auf dem braunen Ledersofa keinen Platz mehr gefunden hatte, saß auf dem Boden und machte es sich auf großen Kissen gemütlich. Schon im Hausflur waren mir die zahlreichen ordentlich nebeneinander gestellten Pumps aufgefallen. Über ein getigertes Paar mit besonders hohen Absätzen wäre ich sogar beinahe gestolpert, da es das Ende der Pumpskolonie bildete und diese erst mitten im Flur endete. Jetzt saßen die Besitzerinnen der Schuhe alle barfüßig oder mit Strümpfen im Wohnzimmer und schonten das Parkett.

Vorsichtig bahnte ich mir auf dem glatten Boden (Feinstrumpfhosen geben nicht den besten Halt) den Weg zu Bettina, um sie kräftig zu drücken und ihr zum Geburtstag zu gratulieren. Mein Geschenk hatte sie schon vor vier Monaten bekommen. Als wir damals an einem Reisebüro vorbeigegangen waren, hatte ein Plakat mit einem super Angebot für einen Kurztrip nach London solches Fernweh in uns geweckt, dass wir die Reise sofort buchten. Da Bettina gerade knapp bei Kasse gewesen war, hatte ich ihr die Reise einfach vorzeitig zum Geburtstag geschenkt, und nächste Woche würde es losgehen. Das erzählte Bettina gerade allen Anwesenden zum fünften Mal, und die neidischen Gesichter ließen sie nur noch mehr strahlen. Da hatte ich als große Schwester mal einen richtigen Volltreffer gelandet!

Allerdings hielt sich meine Freude ziemlich in Grenzen. Vier ganze Tage ohne Jan! Mir kam das wie eine Ewigkeit vor. Aber absagen wollte ich Bettina jetzt auch nicht mehr, das konnte ich ihr nicht antun. Also stieß ich mit den Mädels auf London an und kippte mein Glas Sekt fast auf ex hinunter. Die anderen waren alle schon ganz schön angeschickert und die einzig nüchterne Frau in einem Rudel kichernder Partymäuse zu sein, ist keine Freude, diese Erfahrung musste ich schon einmal machen. Wenn ich den Abend schon ohne meinen Jan verbringen musste, dann wollte ich wenigstens Spaß dabei haben.

In der nächsten Stunde leerten wir gemeinsam fast neun Flaschen Sekt und hatten einen Riesenspaß dabei. Als Bettina in die Hände klatschte und verkündete, dass uns gleich zwei Großraumtaxis abholen und in die Stadt fahren würden, hätte ich noch stundenlang auf dem Boden sitzen und mit den anderen quatschen können. Durch meine Dates mit Jan hatte ich in letzter Zeit nicht viel mit Freundinnen unternommen und war deshalb kein bisschen über den neuesten Klatsch informiert. Dieses Defizit hatte ich in der einen Stunde fast wieder ausgleichen können, nur über die angebliche Schwangerschaft von Eva, die eine Arbeitskollegin meiner Freundin Britta war und die ich gar nicht leiden konnte, da sie mir mal einen Mann ausgespannt hatte, war ich noch nicht informiert. Ich ärgerte mich darüber, dass sich immer die schlimmsten Frauen zuerst fortpflanzen müssen. Und ich hatte das Ergebnis dieser Fortpflanzungen dann natürlich später in der ic sitzen und durfte versuchen, dem armen Kind das Einmaleins beizubringen. Hoffentlich würde Eva dann nicht irgendwann mit meinem Ex zum Elternabend kommen. Ich musste unbedingt noch herauskriegen, wer der Vater des Kindes sein sollte. Das konnte aber nur Claudia wissen und die war schon in Richtung Großraumtaxi geeilt. Also machte ich mich daran, meine Schuhe aus dem nicht mehr so ordentlichen Schuhhaufen zu fischen.

Wir merkten alle die neun Flaschen Sekt und hatten ziemliche Probleme damit, gleichzeitig in dem engen Flur unsere Pumps über die Füße zu streifen. Zwei, drei Mädels kippten sogar um, verletzt hat sich aber niemand, sodass wir zehn Minuten später vollzählig in den Großraumtaxis saßen. Die leicht gestresst wirkende Bettina zählte noch mal durch und ließ sich danach erleichtert in den Sitz fallen. »Alle da! Es kann losgehen!«, rief sie dem Taxifahrer zu, der genervt mit den Augen rollte. Auf so einen kichernden Hühnerhaufen war er gewiss nicht vorbereitet gewesen. Trotzdem brachte er uns sicher in die Innenstadt und ließ uns vor einem neuen Salsaclub aussteigen.

Ich hatte zuvor noch nie Salsa getanzt und heute Mittag sogar etwas Bammel bekommen, als mir Bettina von ihren Plänen für den Abend erzählte, aber inzwischen, ich schätze, es war der Sekt, freute ich mich schon richtig darauf, gleich mit den Mädels zu tanzen. Die hatten bestimmt auch nicht mehr Ahnung als ich, und wenn es Spaß machte, konnte ich ja vielleicht mal mit Jan einen Salsakurs machen. Das Rhythmusgefühl hatte er jedenfalls.

In dem Salsaclub war es sehr laut, sehr stickig, sehr voll und es gab die besten Margaritas, die ich jemals getrunken hatte. Das fand auch Bettina und orderte gleich drei überdimensionale Pitcher von dem köstlichen Zeug.

Mir gefiel der Abend immer besser und ich schob Jan tatsächlich aus meinem Bewusstsein, jetzt war Frauenpower angesagt!

Gemeinsam stürmten wir auf die Tanzfläche und versuchten, wie Madonna in *La Isla Bonita* zu tanzen und die Hüften kreisen zu lassen. Objektiv betrachtet vermutlich mit wenig Erfolg, aber wir hatten einfach nur Spaß dabei. Mit jeder Margarita fühlte ich mich freier und bewegte die Hüften noch ein bisschen mehr. Wir feuerten uns zusätzlich alle gegenseitig an.

»Du bist die nächste Jennifer Lopez!«, brüllte ich gerade Britta zu, was bei ihrem Hintern nicht mal gelogen war, als sich plötzlich von hinten zwei Arme um meine Hüften schlangen und sich ein Jemand im Takt der Musik an meine Hinterseite schmiegte. »Süße, das mit der Salsabar war so eine tolle Idee!«, rief ich über meine Schulter nach hinten und passte mich in dem Glauben, dass da Bettina an mir klebte, den Bewegungen an.

»Du bist nicht ganz im Takt, lass mich führen, ich helfe dir!«, raunte mir plötzlich eine tiefe Männerstimme ins Ohr.

Vor Schreck machte ich erst mal einen Satz nach vorn, verlor fast das Gleichgewicht und kippte mir dabei das halbe Glas Erdbeermargarita übers Kleid. Wütend drehte ich mich um. Vor mir stand ein schelmisch grinsender Latino und fixierte den roten Fleck auf meiner Brust. »Was fällt Ihnen ein!«, blaffte ich ihn an und versuchte, mit meiner Hand den blöden Erdbeerfleck zu verbergen.

»Mach dich locker, du musst die Musik fühlen, den Takt, die Leidenschaft. Das ist das Geheimnis von Salsa!«, sagte er und griff nach meiner Hand. Da hat wohl einer zu oft *Dirty Dancing* geschaut, dachte ich mir. Gerade holte ich Luft, um ihn mit einer spitzen Bemerkung endgültig abzufertigen und mich auf die Suche nach Bettina zu machen, als der schwarzhaarige Typ mich am Handgelenk fasste, mich mit dem Gesicht zu sich drehte und mir mit einem auffordernden Blick einen Tanzschritt zeigte. »Versuch es, schöne Frau, es ist ganz einfach! Ihre Freundin kann es auch schon!«, sagte er und deutete mit dem Kinn zu

Britta. Die nickte lachend zu uns rüber und machte dann wieder ein paar Schritte nach vorn, zur Seite und wieder zurück. Meiner Meinung nach sah das zwar nicht besonders professionell aus, aber das war bei Brittas mangelndem Taktgefühl auch kaum möglich.

Erst zögerte ich noch etwas, aber dann sagte ich mir, dass der Latinotänzer mich vermutlich gar nicht anbaggerte, sondern uns allen nur ein paar Tanzschritte beibringen wollte. Wahrscheinlich bezahlte Bettina ihn sogar dafür. Da wollte ich nicht die einzige Spielverderberin sein. Also lächelte ich den lateinamerikanischen Patrick Swayze verhalten an und tat, wie mir geheißen.

Am Anfang zuckte ich noch zusammen, wenn Paolo meine Hüfte berührte. Doch mit der Zeit wurde ich immer lockerer, Salsa tanzen ohne Anfassen war ja schlicht unmöglich, zu bedeuten hatte die eine oder andere Berührung nichts. Zwischendurch tanzte Bettina vorbei und drückte uns neue Margaritas in die Hand. Irgendwie kam es mir komisch vor, dass sie mich erst verwundert und dann verschwörerisch angrinste. Hatte sie Paolo nicht extra engagiert? Wahrscheinlich traute sie es ihrer älteren Schwester einfach nicht zu, länger als zehn Minuten mit einem echten Salsatänzer mitzuhalten. Auffordernd lächelte ich Paolo an und machte einen besonders lasziven Hüftschwung. So prüde war ich nämlich gar nicht, das sollten die anderen ruhig einmal merken.

Je mehr Margaritas wir während des Tanzens schlürften, desto lockerer wurde und desto besser tanzte ich. Ich fühlte mich wie im Urlaub: die lateinamerikanische Musik, die Drinks und irgendwie auch die stickige schwüle Luft. Nach anderthalb Stunden war ich total verschwitzt und im Salsarausch. Irgendetwas war mit mir geschehen, denn um mich herum nahm ich nur noch ein Lichtermeer und vorbeirauschende Schatten wahr. Die anderen Mädels sah ich gar nicht mehr. Ich hörte nur noch die Musik, fühlte meine Bewegungen und sah Paolo. Seine schwarzen Augen waren die einzigen Punkte, die ich noch deutlich erkennen konnte – oder vielleicht auch wollte. Ich fixierte seine Augen und er meine.

Zusammen tanzten wir in einem eigenen Universum. Unsere Körper pressten sich immer enger aneinander, es passte kein Blatt Papier mehr zwischen uns und wir wiegten unsere Hüften im Takt der Musik. Sein verschwitztes Hemd klebte an meinem margaritagetränkten Kleid, jede einzelne Bewegung brachte uns näher zusammen. Und es fühlte sich irgendwie richtig an. Das war Salsa, das war Magie, wir tanzten uns zu einer Einheit, wir verschmolzen regelrecht miteinander. Irgendwann spürte ich Paolos Lippen auf meinem verschwitzten Hals. Suchend bahnten sie sich ihren Weg zu meinen Lippen und ich konnte nicht anders, ich erwiderte seine Küsse. Nun verschmolzen wir wirklich miteinander. Wie eine Ertrinkende klammerte ich mich an ihn, spürte seinen Körper, spürte die Musik und fühlte einfach nur den Moment.

Als er sich von mir löste und mich an der Hand in Richtung Männertoilette führte, ließ ich es einfach geschehen. Ich wäre ihm überallhin gefolgt. Benebelt von den Margaritas konnte ich keinen klaren Gedanken fassen und war froh, dass ich mich einfach treiben und von Paolos Hand führen lassen konnte. Bettina war nirgendwo zu sehen und auch keins der anderen Mädels hielt mich zurück.

Auf der glücklicherweise leeren Herrentoilette drängte mich Paolo in eine der Kabinen und begann wieder, mich zu küssen. Sein Bart kratzte an meinen Lippen, doch ich spürte es kaum, Paolo zu küssen war wie eine Sucht. Ich konnte nicht aufhören. Mein Blick war verschwommen wie in einem Traum, doch Paolo zu küssen, fühlte sich real an, es fühlte sich gut an, ich hatte sogar das Gefühl, es sollte so sein. Nachdem er sich die Hosen runtergezogen und auf den Klodeckel gesetzt hatte, ließ ich ihn meinen Slip runterstreifen und setzte mich auf ihn. Wir schliefen miteinander. Ohne Kondom, ohne Worte und ohne Scham.

Der Sex war gigantisch, ich kann es nicht anders sagen. Doch genau in dem Moment, als es vorbei war, als ich meinen Kopf erschöpft nach hinten fallen ließ und Paolos schwarze Lockenpracht an meinem Bauch kitzelte, schlich sich die Erkenntnis in meine Schattenwelt. Erst ganz vorsichtig und auf leisen Sohlen, dann plötzlich brüllend und mit aller Gewalt. Was hatte ich getan?

Panisch fischte ich meinen Slip vom dreckigen Boden, zog ihn hastig an und stürmte aus der engen Kabine. Im Vorraum der Toilette spritzte ich mir kaltes Wasser ins Gesicht und sah mich im Spiegel an. Die Schattenwelt war Vergangenheit, ich konnte mein Spiegelbild genau sehen. Schwarze Mascarabäche liefen mir die Wangen runter und meine schweißnassen Haare klebten an meiner Stirn. Ich hasse dieses Wort, aber ich sah einfach nur zerfickt aus. Auf einmal ging die Tür zur Tanzfläche auf und ein Paolo-Double betrat den Raum. Grinsend zwinkerte er mir zu, ging zu einem der Pissoirs an der Wand, holte sein Ding raus und fing an zu pinkeln. Das war definitiv nicht meine Welt. Was hatte *ich* auf einer Männertoilette zu suchen? Es war wie ein Alptraum. Ich wollte einfach nur aufwachen.

Wie ein Blitz schoss mir Jans Bild durch den Kopf, wie er mich vorhin mit einem Kuss auf die Nase verabschiedet hatte und lächelnd in der Tür stehen geblieben war, bis ich um die Ecke gebogen war. Der Gedanke an ihn trieb mir sofort die Tränen in die Augen. Als sich der Griff von Paolos Kabinentür zu bewegen begann, rannte ich so schnell wie möglich aus der Toilette und raus aus dem Club. Ich riss der Frau von der Garderobe meine Jacke und Tasche aus der Hand, bevor sie sie auch nur vom Bügel nehmen konnte, und rannte zum Taxistand. Im Taxi schickte ich Bettina schnell eine SMS, dass ich mich nicht wohlfühlte und nach Hause gefahren sei, doch sie wusste wahrscheinlich sowieso schon Bescheid. *Jeder* hatte es mitbekommen.

Zu Hause angekommen, Jan war in seiner Wohnung, riss ich mir alle Klamotten vom Leib und schmiss sie in den Mülleimer. Ich kam mir vor wie in einem Film, als ich heulend und verzweifelt so lange duschte, bis das heiße Wasser aus war. In dieser Nacht schlief ich nicht. Ich schrie, ich weinte, ich lachte und ich erkannte mich selbst nicht wieder. Irgendwann im Morgengrauen beschloss ich, die Beziehung nicht aufs Spiel zu setzen, die Sache zu vergessen und Jan einfach nichts zu sagen. Erschöpft schlief ich ein.

Am nächsten Morgen stand ich auf, zog mich an, fuhr zu Jan und beichtete ihm alles. Ich konnte den Kurzfilm von letzter Nacht, den mein Kopf immer und immer wieder abspielte, nicht verdrängen. Und ich wusste, dass es immer schlimmer werden würde. Es gibt Menschen, die gehen fremd, kaufen am nächsten Tag ein paar Blumen und gehen am Sonntag in die Kirche. Ich kann das nicht, und deswegen konnte ich Jan damals auch nicht anlügen. Er warf mich aus seiner Wohnung und sagte, er wolle mich nie wieder sehen. Das hat er dann auch nie wieder. Ich glaube, ich hätte genauso reagiert.

Der Londontrip mit Bettina war nicht nur verregnet, sondern auch äußerst verheult. Irgendwo zwischen Big Ben und Tower Bridge konnte ich dann das erste Mal wieder lachen. Dennoch fühlte ich mich schlecht und konnte meine Schuldgefühle auch Monate später nicht abstellen. Es war bisher mein einziger Absturz – und ich kam schließlich darüber hinweg. Nur die Lust am Salsatanzen ist mir gehörig vergangen.

BRIZZEBREIT UND RATZEPUTZEVOLL

Jule ist eine Kollegin meines Freundes, quirlig und immer gut gelaunt. Bei Weißweinschorle und Dauerregen hat sie mir einen Blick in ihre persönliche Absturzkiste gewährt. Und ich muss sagen, das Hineinschauen hat sich gelohnt ...

Es war Ende September, ich war 25 und hatte meine Sturm-und-Drang-Zeit, um es mal literarisch zu umschreiben. Dieses Stürmen und Drängen äußerte sich vorwiegend in übermäßigem Alkoholgenuss in der Öffentlichkeit mit meiner Freundin Vroni. Wir feierten nach dem Motto »Auffallen um jeden Preis«, Hauptsache laut, wild und kein Ende vor Sonnenaufgang. Ein Wochenende ohne Knutscherlebnis war für uns ein verlorenes Wochenende.

Allerdings drehte sich nicht immer alles um Männer: An diesem einen genialen Mädchenwochenende machten wir einfach nur Party auf der Wiesn, waren seit neun Uhr morgens unterwegs, schwangen unsere Dirndl im Akkord und tanzten auf den Bänken, bis die Maßkrüge flogen. Als die Zelte schließlich dichtmachten, waren Vroni und ich das zwar auch, aber noch kein bisschen müde. Also zogen wir weiter in den Kunstpark Ost, in dem ein Club neben dem anderen lag und wo man uns nicht vor acht Uhr morgens auf die Straße setzen würde.

In unserem Lieblingsclub feierten wir weiter, getragen von der magischen Wirkung etlicher Gläser Wodka Bull und Prosecco.

Wir tauschten die Bierbänke einfach gegen die Tanzfläche und rockten in unseren Dirndln, bis uns die Kondition oder auch die Standfestigkeit abhanden kam. Um kurz etwas runterzukommen und neue Kraft zu tanken, beschlossen wir, mal schnell an die frische Luft zu gehen.

»Ich bin so brizzebreit ...«, stöhnte ich draußen und lehnte mich an eine Straßenlaterne.

»Frag mal, ich bin ratzeputzevoll!«, lallte Vroni und versuchte gleichzeitig, sich das Gegenteil zu beweisen, indem sie mit ausgestreckten Armen den Bordstein entlangbalancierte. Allerdings ging der Beweis gründlich daneben und Vroni stolperte, verlor das Gleichgewicht und konnte sich gerade noch so an einer Kehrmaschine, die auf dem Gehweg parkte, festhalten. Ich brach in lautes Gelächter aus und verlor dabei fast selbst das Gleichgewicht. Aber davon bekam Vroni gar nichts mit, denn sie starrte fasziniert das große orangefarbene Teil der Münchner Stadtwerke an.

»Wooooowww«, kam es mit unverhohlener Bewunderung aus der kleinen Person raus. So andächtig, wie es ihr noch möglich war, schritt sie um das fast traktorgroße Gefährt und fuhr dabei mit der Hand an der Seite der Maschine entlang, wie ein Autoliebhaber es bei einem Ferrari tun würde. »Was'n das für'n cooles Teil?«, rief sie zu mir rüber.

»Ne Putzmaschine!«, antwortete ich und trabte zu Vroni. Wenn man direkt davor stand, war das Ding echt ganz schön eindrucksvoll, musste ich zugeben. Knallorange mit großen Bürsten an der Seite und einem einzelnen schwarzen majestätischen Plastiksitz ganz oben. Sogar ein Lenkrad hatte das Teil.

»Ob es da wohl auch eine Kupplung gibt? Oder wie fährt'n so'n Ding?«, schallte es von der anderen Seite der Maschine rüber.

»Müss'n wir mal nachschauen!«, rief ich zurück und zog mich versuchsweise an der Seite hoch. Und ehe ich mich versah, saß ich auf dem harten Plastiksitz und strahlte über beide Ohren. So einfach hatte ich mir die Eroberung des Monstrums gar nicht vorgestellt. Vom Neid motiviert, schwang Vroni sich in ebenso rekordverdächtiger Geschwindigkeit auf das Gefährt.

»Rück ma'n Stück!«, meinte sie und platzierte ihren Dirndlhintern neben meinem. Für zwei Hinterteile war der Sitz zwar nicht gemacht, aber das berauschende Gefühl, Herrinnen über eine echte Putzmaschine zu sein, beflügelte uns in unserem Wodka-Bull-Zustand so sehr, dass wir die Unbequemlichkeit ignorierten. Andererseits: Wer braucht schon Flügel, wenn er eine städtische Kehrmaschine hat?

Da saßen wir aneinandergelehnt und glücklich auf unserer Maschine und spürten, wie sich die Erschöpfung nach 19 Stunden Dauerparty langsam in uns ausbreitete. Unter uns zogen Feiernde in Tracht und High Heels vorbei. Die meisten sahen jedoch wesentlich frischer aus als wir und nahmen in ihrer Partystimmung kaum Notiz von den zwei Trachtenmädels auf der Kehrmaschine. So saßen wir schweigend auf unserer eigenen kleinen Privatinsel mitten im nächtlichen Kunstpark Ost.

»Das wäre so schön...«, seufzte Vroni plötzlich.

»Was'n?«, fragte ich müde zurück.

»Wenn wir mit dem Ding jetzt einfach nach Hause fahren könnten ...«, hauchte Vroni verträumt.

»Ja«, nickte ich, »wäre auch billiger als'n Taxi. Aber wir kriegen das Ding ja bestimmt nicht mal zum Anspringen.« Noch während ich das aussprach, kam mir eine Idee. Ich kramte in meinem Täschchen nach meinem Schlüsselbund. Mein Haustürschlüssel passte aber leider nicht in das kleine Zündschloss. Prüfend hielt ich die Schlüssel ins Licht. Der für den Briefkasten könnte eventuell passen, mutmaßte ich. Auf gut Glück steckte ich ihn in die Öffnung, versuchte, ihn zu drehen und – spürte einen Ruck. Laut brummend wurde die Maschine lebendig und begann zu ruckeln und zu vibrieren. Augenblicklich wurden wir in eine dichte Wolke aus schwarzem Rauch gehüllt. Vor Schreck reagierten wir erst einmal gar nicht, dann fingen wir an zu schreien und freuten uns wie kleine Kinder. Wir hatten das Ungetüm zum Leben erweckt und konnten jetzt wirklich mit dem Ding fahren!

Ich hatte noch nie in meinem Leben hinter dem Steuer einer Putzmaschine gesessen, aber instinktiv drückte ich einfach mal aufs Gas (eine Kupplung gab es tatsächlich nicht) und das orangefarbene Ungetüm gehorchte mir. Unter Vronis anfeuernden Zurufen fuhr ich los und lenkte die Maschine gleich in Richtung Straßenmitte. Die Leute sahen uns erst staunend, dann lachend an und machten sofort Platz. Ein paar fragten, ob sie mitfahren dürften, aber da keine richtig süßen Typen darunter waren, beschloss ich, das Risiko einer Vollbremsung nicht einzugehen, sondern gab einfach weiter Gas. Das konnte ich gut, denn wir bewegten uns immer schneller durch den Kunstpark.

Einmal wurde ich kurz langsamer, denn einer dieser Szenefotografen winkte uns vom Bürgersteig und rannte vor uns auf die Straße, um ein Foto zu schießen. Wir lachten beide in die Kamera und posierten in unseren Dirndln so sexy, wie es auf dem Plastiksitz möglich war. Ich weiß nicht, wie viele Fotos er machte, aber als ich ihn um ein Haar umgefahren hätte, sprang er noch schnell zur Seite und winkte uns hinterher. Wir winkten zurück und fühlten uns wie die Königinnen der Straße. Ich gab wieder Gas und Vroni verteilte Luftküsschen an die Partypassanten unter uns.

Als ich gerade das Gefühl hatte, die sensible Technik der Putzmaschine so richtig im Griff zu haben, tönte es neben mir laut »Au Scheiße!«. Ich sah zu Vroni rüber und sah, dass sie entsetzt nach hinten schaute. Ich blickte mich ebenfalls um und erspähte drei ganz in Schwarz gekleidete Männer, die aufgeregt hinter uns herrannten. Dabei gestikulierten sie wild mit ihren Händen und wollten uns ganz offensichtlich zum Anhalten bewegen.

»Die kassieren uns voll ein, wenn die uns erwischen!«, zischte Vroni, »das ist bestimmt irgendwie strafbar!« In mir keimte eine leichte Panik auf. Ich hatte keine Lust darauf, verhaftet zu werden, und die drei Männer sahen wirklich nicht gerade freundlich aus, auch beim zweiten Blick über die Schulter nicht.

»Halt dich fest! Die kriegen uns nie!«, schrie ich und trat kurzentschlossen mit meinem Wildlederballerina das Gaspedal, so fest ich konnte. Ich glaube, wir wurden wirklich etwas schneller und konnten mit den geschätzten zwölf km/h unseren Vorsprung leicht ausbauen, aber kurz darauf mussten wir leider mit ansehen, wie auch unsere Jäger ihr Tempo erhöhten.

»Scheiße, Jule, die kommen näher!«, brüllte mir Vroni panisch ins Ohr. Ich überlegte. Irgendwie musste aus dieser Situation doch wieder rauszukommen sein, da war ich mir sicher. Wir zogen an einem Clubeingang nach dem anderen vorbei, bald würden wir am Ende der Straße angelangt sein und dort zwangsweise unseren Jägern ins Netz gehen. Doch so weit musste es nicht kommen, ich hatte eine Idee.

»Pass auf! Ich zähle bis drei!«, schrie ich zu Vroni rüber, »und dann springen wir und rennen ins Titty Twister! Im Gedränge finden die uns nie! Alles klar?«

Vroni sah mich mit großen Augen an, schluckte einmal und nickte stumm mit dem Kopf. Was hätte sie auch für eine andere Wahl gehabt, als meinen Plan zu befolgen? Ich schaute noch einmal über die Schulter und schätzte, dass der Abstand zu den Möchtegern-Men-in-Black reichen müsste. Dann versuchte ich, genau den Moment abzupassen, in dem unsere orangefarbene Rennmaschine auf Höhe des Eingangs des besagten Clubs war. Ich zog den Schlüssel, stand auf, presste mir den Dirndlrock an den Hintern, zählte bis drei und sprang. Sobald ich den Asphalt unter meinen Füßen spürte, begann ich zu rennen. Hinter mir konnte ich Vronis Keuchen hören. Wir zwinkerten im Laufschritt dem Türsteher zu und verschwanden im anonymen Dunkel des Clubs.

So unauffällig wie möglich gingen wir in Richtung Bar und drehten uns immer wieder ängstlich um, aber keiner unserer Jäger tauchte auf. Gott sei Dank waren wir in München und es war Wiesnzeit. In einem Club in Hamburg wären zwei Mädels in Dirndln mit hochgeschraubten Brüsten ziemlich aufgefallen, aber hier hatten fast alle Tracht an und Tennissocken im Dekolleté. Wir waren ideal an die Masse angepasst – normalerweise ein Albtraum für uns, aber jetzt war es ausnahmsweise sehr praktisch. Wir fuhren unseren Kreislauf erst mal mit ein wenig Wodka Bull runter und lümmelten die nächsten eineinhalb Stunden in einer Ecke in der Nähe der Bar herum. Dann erst trauten wir uns, langsam nach Hause zu gehen. Als wir rauskamen, war unsere Putzmaschine verschwunden, ebenso unsere Verfolger, insofern konnten wir den Verlust verschmerzen.

Wir nahmen dann doch ein Taxi für den Heimweg. Das Einzige, was uns am nächsten Tag noch von der Putzmaschine geblieben war, waren mein leicht verbogener Briefkastenschlüssel und die zig Anrufe von Freunden und Bekannten, die uns im Internet gesehen hatten. Als ich daraufhin die Szene-Website des Fotografen von letzter Nacht aufrief, sah ich das riesige Foto von Vroni und mir auf der Startseite. Glücklich grinsten wir von unserer Kehrmaschine runter in die Kamera, die Dirndlröcke lustig im Fahrtwind fliegend. Die Überschrift lautete »Münchner Madln kehren Kunstpark Ost«. Ich musste lachen. Noch nie hatte mir Putzen so viel Spaß gemacht.

MANOLOMANIA

oder

Eine wahrlich atemberaubende Überraschung

Manche Menschen leben nach dem Mondkalender, viele bekennen sich zu einer religiösen Glaubensgemeinschaft und andere glauben an Schuhe. Meiner Meinung nach ist das das wahre Verdienst von »Sex and the City«. Die Serie gibt nicht nur Frauen jeden Alters die Hoffnung, dass jede von uns früher oder später ihren Traumprinzen findet – »SATC« erteilt uns vor allem die Absolution, ohne Scham irrsinnig viel Geld für Schuhe auszugeben. Danke HBO!

Irrsinnig viel Geld ist allerdings eine Sache der Definition. Und die Kategorie »Irrsinnig viel Geld für Schuhe« fängt bei einer Studentin schon bei vergleichsweise geringfügigen Beträgen an. Deshalb jage ich, seit ich denken kann, bei Reisen rund um den Globus einem ausgefallenen Paar Schuhe nach dem anderen hinterher. Das Geheimnis von besonderen Schuhen ist, dass sie nicht nur schön, sondern auch selten sein müssen. Ein Schuh, den in San Francisco, Palma oder London jede zehnte Frau trägt, kann trotzdem eine gewisse Zeit lang ein absoluter Eyecatcher in München sein. Und dabei muss ein Schuh nicht einmal teuer sein, nur irgendwie besonders eben.

Allerdings handelt es sich bei dieser Methode des Schuhkaufs natürlich nicht um die Königsklasse, sondern nur um die kleinen Tricks einer schuhverliebten Studentin. Der Königsklasse bin ich vor dem folgenden Absturz vorsichtshalber aus dem Weg gegangen. Auch wenn ich schon immer bereitwillig etwas mehr Geld für Schuhe ausgegeben habe als die Durchschnittsshopperin, an dem ersten Manolo Blahnik Store, den ich je zu Gesicht bekommen habe, im The Venetian in Las Vegas, bin ich mit gesenktem Kopf vorbeigeschlichen und hatte vorher sicherheitshalber meine Kreditkarten im Hotelzimmersafe eingeschlossen. Ich hoffe, dass nach dieser kleinen Einführung in »Mein Verhältnis zu Schuhen« auch meine heterosexuellen männlichen Freunde den folgenden Absturz besser nachfühlen können. Ihre Freundinnen werden es ihnen danken.

Es war spät und mein Freund und ich waren schon ins Bett gegangen. An seinen regelmäßigen Atemzügen konnte ich erkennen, dass der Glückliche schon seelenruhig schlief. Ich befand mich kurz vor meinen Zwischenprüfungen, mit deren Lernstoff ich mal wieder dermaßen hintenan war, dass mein Gewissen rund um die Uhr Pingpong spielte. Nebenbei musste ich noch meinem Nebenjob in einer TV-Redaktion nachgehen und habe, by the way, auch schon an diesem entzückenden kleinen Buch geschrieben. Mein Schlaf war in dieser Nacht also nicht ganz so gesegnet.

Vielmehr lag ich mit weit geöffneten Augen in der Dunkelheit und ging in Gedanken noch mal meinen Lernplan für die nächsten Tage durch. Heute war Donnerstag, die Prüfung fand am kommenden Montag statt. Mir blieben also Freitag, Samstag, Sonntag, um den Stoff, von dem ich bisher nicht mal einen Schimmer hatte (und zu dem ich niemals einen Kurs besucht hatte), noch irgendwie in meinen Kopf zu prügeln. Eigentlich hätte ich für den Zeitplan noch dankbar sein müssen, denn die Prüfung sollte ursprünglich schon eine Woche früher stattfinden und dann hätte sich meine Lernzeit so ziemlich auf Null belaufen.

Schon meldete sich bei mir der nächste Pingpong-Ball und hüpfte in meinem Kopf aufgeregt auf und ab. Ich konnte ja morgen nicht einmal lange lernen, denn ich musste auf jeden Fall noch in die Redaktion, ein Thema vorbereiten, das nicht warten konnte. Ich richtete mich im Bett auf, knipste das Licht wieder an und tapste ins Wohnzimmer.

»Was'n los?«, brummte mein verschlafener Schatz und gähnte herzhaft.

»Ich muss Tina eine SMS schreiben, dass ich morgen ins Büro komme«, nuschelte ich in mich rein.

»Was? Aber morgen ist doch Feiertag!«, protestierte mein überraschend wacher Freund.

»Mhm ...«, ich tippte weiter, ohne näher auf den Protest einzugehen. Feiertage werden bei uns zu Hause generell nicht sehr hochgehalten, deswegen rechnete ich nicht mit weiterem Protest.

»Das geht aber nicht. Hör sofort auf zu schreiben!«, monierte Matthias weiter und machte Anstalten, sich aus dem Bett zu erheben.

»Wieso denn das?«, fragte ich irritiert und tippte, ohne aufzusehen, zu Ende. Als er plötzlich vor mir stand und sich mein Handy schnappte, wurde ich erst wirklich stutzig. Und sauer. Es war spät, ich musste morgen früh raus und hatte drei doofe Lerntage und eine vermutlich katastrophale Prüfung vor mir. »Hey!«, schrie ich dementsprechend energisch, als ich sah, wie er mein Handy zuklappte, »geht's noch?«

Aber mein Freund ließ sich davon nicht beirren, sondern stapfte wieder in Richtung Bett, legte mein Handy auf seinen Nachttisch und kontrollierte noch einmal den Wecker.

»Ohhhhho!«, schrie ich und stampfte mit dem Fuß – immer wenn ich richtig sauer bin, muss ich vor lauter Zorn mit dem Fuß einmal auf den Boden stampfen und jetzt war ich richtig sauer. Ich atmete tief ein, um die Gelegenheit zu nutzen, meinem ganzen Lern- und Arbeitsdruckstau und dem Ärger über meinen vom Stampfen schmerzenden Fuß mit einem kleinen Tobsuchtsanfall Luft zu machen, als Matthias mit engelssüßer Stimme »Jetzt komm endlich ins Bett, Schatzi« hauchte und neben sich auf die Bettdecke klopfte. Keine besonders gute Vorlage für einen Tobsuchtsanfall. Also begnügte ich mich damit, »Ich bin kein Hund!« zu knurren und mich so schwungvoll ins Bett zu werfen, dass der Wellengang des Wasserbettes meinen Schatz fast auf den Fußboden beförderte.

»Gute Nacht, Engelchen.«

Statt ihm darauf zu antworten, brummte ich nur leise, legte mich auf den Rücken und schloss die Augen.

Zwei Minuten später starrte ich wieder nach oben ins schwarze Nichts und begann, laut zu seufzen. Als keine Reaktion von nebenan kam, drehte ich mich auf die Seite und kurz darauf wieder auf die andere. Nach dem sechsten Umdrehen beschloss ich, meine innere Unruhe anders zum Ausdruck zu bringen, und bellte trotzig: »Ich geh morgen trotzdem in die Redaktion!« Alle von mir zuvor so heiß ersehnten Reaktionen bekam ich jetzt in einer Ladung: Matthias richtete sich energisch auf, knipste das Licht an und schaute mich mit dem vorwurfsvollsten Blick an, den er draufhatte. »Nein! Und bitte gib jetzt Ruhe. Du wirst morgen sehen, wieso. Vertrau mir einfach, bitte.«

Auf dem Rücken liegend und mit verschränkten Armen versuchte ich, in meinem rosa Spitzenhemdchen so souverän wie möglich auszusehen und formulierte langsam meine als Befehl vorgetragene Bitte: »Mein Handy. Jetzt. Bitte.« Ich wollte meiner Kollegin immer noch wegen morgen Bescheid geben und außerdem ging's jetzt ums Prinzip.

Matthias schaute mich weiterhin an. Jetzt sah er weniger vorwurfsvoll aus, sondern eher so, als ob er mit sich selbst ringen würde. »Schatz, ich muss dir was sagen.«

Oh Gott, schlagartig wurde mir schwindelig. Auf so einen Satz folgt selten etwas Gutes. Entweder er hat dich betrogen oder er macht dir einen Heiratsantrag, schoss es mir durch den Kopf. Beides wenig erfreuliche Perspektiven. Nicht, dass ich Matthias nicht irgendwann einmal heiraten wollte – wenn es meinen Mister Big gab, dann kam ihm Matthias zweifelsohne am nächsten –, aber einen Heiratsantrag ungeschminkt und mit verstrubbeltem Haar werktags im heimischen Bett zu bekommen ... Na, ich weiß nicht, ich hatte mir das anders vorgestellt. Das entsprach aber auch nicht wirklich Matthias' Stil.

Dann hat er dich betrogen! Dieser Pingpong-Ball hämmerte gegen meine Schädelwand. Betrogen, betrogen, betrogen, ich schlug mir unauffällig gegen den Kopf und versuchte, den dopsenden Ball zur Ruhe zu bringen. »Was'n?« Mit unschuldigen Rehaugen und plötzlich lammfromm blickte ich ihm tief in die Augen.

»Also, eigentlich wollte ich es dir erst morgen früh sagen, aber jetzt ... Na ja, ist vielleicht besser so ... Also, ich mach's kurz, ich weiß, es ist blöd, weil deine Prüfung jetzt auf Montag verschoben wurde, aber wir zwei fahren morgen auf den Flughafen, fliegen nach London und dann bekommst du von mir deine ersten Manolos! Das habe ich schon seit Wochen geplant. Ich liebe dich, mein Schatz. Freust du dich?«, erwartungsvoll strahlte er mich an.

»Aha«, in meinem Kopf herrschte absolute Stille. Alle Pingpong-Bälle hatten sich vor Schreck ins Aus geschossen. Ich muss wohl sehr nachdenklich ausgesehen haben, denn Matthias nahm vorsichtig meine Hand und fragte: »Schatzi? Alles gut? Was denkst du?«

Ich starrte weiter schweigend vor mich hin. Der Arme hatte sich wohl eine andere Reaktion von mir erhofft. Ich holte Luft. »Wir fliegen also nach London«, eine der weltweiten Modehauptstädte, die ich noch nie zu Gesicht bekommen hatte, »und kaufen Manolos«, über den Part wagte ich noch nicht einmal nachzudenken, »morgen«, ich schluckte.

Mein Freund nickte langsam und strahlte über beide Ohren. Ich spürte, wie sich langsam mein Hals zuzog. »Manolos ...«, wiederholte ich leise. »London, der Original Store von Manolo«, krächzte ich mit heiserer Stimme. Matthias nickte nun etwas energischer, froh, dass ich wieder zurück zur Sprache gefunden hatte und keinem Synapsenkatarrh zum Opfer gefallen war. »Oh mein Go...«, weiter kam ich nicht, denn nun ging er los, der Asthmaanfall. Ich schnappte nach Luft, doch ich bekam keine. Mein Hals war zu, dicht, die Luftröhre nicht mehr zu gebrauchen. Ich versuchte, trotzdem Luft zu bekommen, und machte dabei Geräusche wie ein aufgeregter Seehund. Jetzt war es Matthias, der mich mit weit aufgerissenen Augen anstarrte und zusehends in Panik verfiel.

Ich richtete mich auf, um irgendwie die Atemwege freizumachen, doch wie ich mich auch drehte und wendete, es half nichts. Und ich hatte nicht mal ein Asthmaspray da. Mein letzter Anfall war zu Abizeiten, die schon etwas länger zurücklagen. Diese Erkenntnis verschlimmerte meinen Anfall nur noch mehr. Und eine weitere gab mir den Rest: Morgen sollte ich meine ersten Manolos bekommen und jetzt würde ich sehr wahrscheinlich hier, so kurz davor, in meinem rosa Spitzenhemdchen elendig und denkbar unglamourös verenden. Das Leben ist so unfair, heulte ich innerlich und röhrte noch heftiger.

Matthias hatte sich inzwischen wieder gefasst und sah mich eindringlich an. »Wir atmen jetzt zusammen, Schatz, ein und aus. Und ein und aus.« Ich wollte ihm sagen, dass das eine echt gute Idee wäre, ich nur leider nicht atmen *konnte*, aber stattdessen kamen wieder nur Seehundgeräusche. Als Matthias merkte, dass es so keinen Sinn machte, begann er, sich hektisch anzuziehen, half mir – mittlerweile klang ich wie ein heiseres Robbenbaby –, in Jeans und Lederjacke zu schlüpfen, und fuhr mit mir in die Tiefgarage.

Als ich kurz darauf neben ihm im Auto saß, fühlte ich, wie mein Hals etwas freier wurde. Ich schaute zu meinem Freund und wimmerte leise: »Manolos. Echt?« Schon schwoll die Luftröhre wieder an und der Innenraum des SUVs wurde wieder zum Seelöwengehege. In der nächstgelegenen Notfallambulanz spritzte man mir nicht nur ein Antiallergikum, sondern gab mir auch ein Asthmaspray für alle Fälle mit, wahrscheinlich falls ich mal zu einer Fendi-Tasche oder zu Louboutins kommen sollte.

Als wir wieder zu Hause waren, war es drei Uhr nachts. Um zehn ging der Flieger. Ich glaube, mein Freund hatte sich die Nacht anders vorgestellt. Aber als um 6 Uhr 30 der Wecker klingelte und wir ein paar Klamotten in unseren Trolley schmissen, waren wir erstaunlich fit. Und ab diesem Zeitpunkt ging es dann auf der Romantikskala steil bergauf.

London war ein Traum. Die Sonne strahlte, die Shops waren voller traumhafter Londoner Mode und bei Ben & Jerry's gab es meine Lieblings-Double-Brownie-Chocolate-Chip-Non-Fat-Ice Cream. Bis auf mein Halsweh war alles perfekt. Wir bewohnten eine Suite im 16. Stock eines Luxushotels mit Blick auf das London Eye, Big Ben und das Parlament. Nach einer wunderschönen Nacht fuhr uns ein schwarzes Londoner Cab in die Old Church Street zu Manolo Blahnik. Was soll ich sagen? Sie sind pink, verdammt hoch, unglaublich bequem und ich liebe sie.

Meine Prüfung am Montag war übrigens ein Desaster, und jedes Mal, wenn ich mich jetzt im Kino am Popcorn verschlucke, tippt Matthias bereits hektisch die 110 in sein iPhone. Doch ich konnte ihn bisher immer beruhigen. Für einen Asthmaanfall braucht es bei mir schon etwas mehr als widerspenstiges Popcorn. Schwarze Louboutins zum Beispiel.

*Bitte beachten Sie auch die Hinweise
auf den folgenden Seiten.*

SCHLECHTER SEX

DER SPIEGEL-BESTSELLER VON MIA MING! 33 FRAUEN BERICHTEN ÜBER
IHRE LUSTIGSTEN, PEINLICHSTEN & ABSURDESTEN ERLEBNISSE

MIA MING: SCHLECHTER SEX
33 FRAUEN BERICHTEN ÜBER IHRE LUSTIGSTEN,
PEINLICHSTEN & ABSURDESTEN ERLEBNISSE
200 Seiten, Taschenbuch
ISBN 978-3-89602-814-3 | Preis 9,90 €

»Die Berliner Autorin Mia Ming hat mit ihrem Erzählband ›Schlechter Sex‹, in dem Frauen mit schlechten Liebhabern abrechnen, einen Bestseller gelandet.« *Focus*

»Das sind sie, die kleinen und großen Dramen des Liebeslebens. Es ist gut zu wissen, dass andere ähnlich groteske Erfahrungen gemacht haben und dass man die ruhig mit Humor nehmen darf. Schlechter Sex ist wirklich keine Seltenheit. Und da in Mia Mings These von den ›schuldigen‹ Männern vielleicht sogar ein Körnchen Wahrheit steckt, sollten diese auch einen Blick in das Buch werfen.« *freundin.de*

»Die Autorin Mia Ming hat 33 unvergessliche Bett-Katastrophen versammelt – Geschichten von Inkompetenz bis Unfähigkeit.« *Hamburger Abendblatt*

SCHLECHTER SEX 2

DER ZWEITE BESTSELLER VON MIA MING! JETZT BERICHTEN 33 MÄNNER ÜBER
IHRE LUSTIGSTEN, PEINLICHSTEN & ABSURDESTEN ERLEBNISSE

MIA MING: SCHLECHTER SEX 2
33 MÄNNER BERICHTEN ÜBER IHRE LUSTIGSTEN,
PEINLICHSTEN & ABSURDESTEN ERLEBNISSE
232 Seiten, Taschenbuch
ISBN 978-3-89602-849-5 | Preis 9,90 €

»Die Jungs plaudern offen und ohne Rücksichtnahme über ihre intimsten Flops. Fazit nach beiden Bänden: Zu gutem Sex gehören immer noch zwei!«   *McFit*

»Wenn 33 Männer ihre witzigsten Bett-Geschichten auspacken, werden Sie die Augen aufreißen. Weil Sie naturgemäß nie dabei sind, wenn er seinen Kumpels davon erzählt. Weil Sie erfahren, wie Sie's besser (nicht)

machen. Und weil jede einzelne Geschichte wirklich passiert ist. Autorin Mia Ming hat diesmal Männer zum Erzählen gebracht.«   *Petra*

»Bisher dachten wir, für Männer gelte die Devise: Hauptsache Sex – Details unwichtig. Irrtum! Auch er leidet. Männer und ihre schlimmsten Bettgeschichten gibt's in ›Schlechter Sex 2‹.«   *Jolie*

SCHWARZKOPF & SCHWARZKOPF

SCHLECHTER SEX 3

33 FRAUEN BERICHTEN ÜBER IHRE LUSTIGSTEN, PEINLICHSTEN & ABSURDESTEN ERLEBNISSE

SCHLECHTER SEX 3
33 FRAUEN BERICHTEN ÜBER IHRE LUSTIGSTEN,
PEINLICHSTEN & ABSURDESTEN ERLEBNISSE
Von Mia Ming
240 Seiten, Taschenbuch
ISBN 978-3-89602-868-6 | Preis 9,90 €

»Mia Ming hat mehr als 100.000 Bücher verkauft. Ihr Thema: schlechter Sex! Ihre Protagonisten: ›Normalos‹, die Mia Ming die schlimmsten Bett-Geschichten ihres Lebens erzählen.«   *Bild.de*

»Mia Ming ist Deutschlands Expertin für desolaten Beischlaf. Ihre Bücher sind eine Reise tief in die dunkelsten Kapitel der kollektiven Kopulationskatastrophen. Machen wir uns nichts vor: Sex ist ein Minenfeld. Viele haben auf diesem Gebiet durchaus traumatische Erlebnisse zu verarbeiten. Humor ist oft der beste Ausweg. So wird aus dem Desaster wenigstens noch eine lustige Anekdote.«   *Playboy*

»Das Buch ist nicht nur ironischer Lesespaß für Frauen, sondern auch eine Offenbarung für Männer: Mia Ming verrät, welche Fallen es zu meiden gilt.«   *Wochenspiegel*

WWW.SCHWARZKOPF-SCHWARZKOPF.DE

SCHWARZKOPF & SCHWARZKOPF

BESTER SEX

33 LUSTVOLLE UND ANREGENDE ANTWORTEN AUF
MIA MINGS BESTSELLER-REIHE »SCHLECHTER SEX«

BESTER SEX
33 FRAUEN ERZÄHLEN IHRE AUFREGENDSTEN,
UNANSTÄNDIGSTEN UND ROMANTISCHSTEN ABENTEUER
Von Ina Küper und Marlene Burba
256 Seiten, Taschenbuch
ISBN 978-3-89602-925-6 | Preis 9,90 €

»Ina Küper und Marlene Burba, die Macherinnen des Erotik-Magazins ›Alley Cat‹, lieben Sex und schrieben ein Buch über die schönste Nebensache der Welt. Dazu entlockten sie 33 Freundinnen ihre schärfsten Geschichten.«
BILD.de

»Real, romantisch, aber nicht kitschig. ›Bester Sex‹ erzählt 33 authentische Bettgeschichten.«
Freundin.de

»Wie Sex wirklich sein muss, um zum besten des Lebens zu werden, haben Ina Küper und Marlene Burba herausgefunden.«
Glamour.de

»Geschichten, die allen Klischees trotzen, von herzerwärmend über animalisch bis humorvoll und ungewöhnlich.«
Coolibri

»Buch des Monats«
FHM

WWW.SCHWARZKOPF-SCHWARZKOPF.DE

SCHWARZKOPF & SCHWARZKOPF

HERZMIST

SPIEGEL-BESTSELLER! FÜNF JUNGE FRAUEN: 33 MÄDCHENGESPRÄCHE ÜBER LIEBE, LEID UND LEIDENSCHAFT

HERZMIST
FÜNF JUNGE FRAUEN: 33 MÄDCHENGESPRÄCHE ÜBER
LIEBE, LEID UND LEIDENSCHAFT
Von Juleska Vonhagen.
304 Seiten, Taschenbuch
ISBN 978-3-89602-876-1 | Preis 9,90 €

»Worüber reden Frauen eigentlich ständig? Juleska Vonhagen hat die Antwort. Für ihr erstes Buch ›Herzmist‹ dokumentierte sie die Gespräche ihrer Mädelsrunde und löst damit bei ihren Leserinnen heftiges Kopfnicken aus. Es geht um Liebe, Leid und natürlich die Männer.«   Glam.de

»Wenn die beste Freundin gerade weit weg ist, ist dieses Buch der perfekte Ersatz. Jungs können endlich mal Mäuschen spielen bei Mädchengesprächen.«   rbb Fritz

»Auch wenn es mitunter hoch hergeht: Die Gespräche bleiben bodenständig und angenehm unglamourös.« Kölnische Rundschau

»Fünf Frauen zwischen 22 und 23 Jahren, Single oder vergeben, erzählen über ihr persönliches Männerchaos.«   Unicum

WWW.SCHWARZKOPF-SCHWARZKOPF.DE

DAS KUSCHELSUTRA

EINE HEMMUNGSLOSE HOMMAGE AN DIE ZÄRTLICHKEIT, DIE ALLERSCHÖNSTE SACHE DER WELT!

DAS KUSCHELSUTRA
EINE LIEBEVOLLE HOMMAGE AN DIE ZÄRTLICHKEIT
Von Rob Grader
120 Seiten, Hardcover im Geschenkbuchformat,
durchgängig in Farbe gedruckt
ISBN 978-3-89602-853-2 | Preis 12,90 €

»Vergessen Sie das Kamasutra & akrobatische Stellungen – jetzt wird gekuschelt!«
News Leben (Österreich)

»Insgesamt 48 Kuschelstellungen werden in diesem Buch liebevoll illustriert und beschrieben, eine wahre Inspiration für alle Pärchen – und nein, es sind durchaus nicht alle Positionen aus diesem Werk bekannt. Denn auch wenn die meisten mit ›69‹ beim

Sex was anfangen können – was ist wohl ›68 ½‹«?
Kurier.at

»US-Autor Rob Grader schrieb mit ›Das Kuschelsutra‹ eine Hommage an die Zärtlichkeit zu zweit. Sein Credo: ›Sex ist toll, aber Kuscheln ist das Nonplusultra der Zweisamkeit!‹ Er zeigt 48-Pärchen-Posen, bei denen man sich nah ist und sich nicht verrenken muss.«
BILD am Sonntag

WWW.SCHWARZKOPF-SCHWARZKOPF.DE

DIE AUTORIN

Natascha Sagorski ist 24 Jahre alt, wohnt in München und trinkt am liebsten Prosecco. Abstürze sind trotzdem eher eine Ausnahme in ihrem Alltag. Deshalb beobachtet sie gern die gelegentlichen Ausfälle in ihrem großen Bekanntenkreis. Außer den Peinlichkeiten ihrer Freunde studiert die Autorin Politikwissenschaft und arbeitet neben dem Studium im Medienbereich.

Natascha Sagorski
KRASSE ABSTÜRZE
33 fabelhafte Berichte über heftige Filmrisse,
verrückte Totalausfälle und peinliche sexuelle Ausrutscher

ISBN 978-3-89602-926-3

Lektorat: Sylvia Gelinek, Carolin Stanneck
© bei Schwarzkopf & Schwarzkopf Verlag GmbH, 2009
Alle Rechte vorbehalten. Dieses Werk ist urheberrechtlich geschützt. Jede Verwendung, die über den Rahmen des Zitatrechtes bei korrekter vollständiger Quellenangabe hinausgeht, ist honorarpflichtig und bedarf der schriftlichen Genehmigung des Verlages.

KATALOG
Wir senden Ihnen gern kostenlos unseren Katalog
Schwarzkopf & Schwarzkopf Verlag GmbH / Abt. Service
Kastanienallee 32 | 10435 Berlin
Telefon: 030 – 44 33 63 00 | Fax: 030 – 44 33 63 044

INTERNET | E-MAIL
www.schwarzkopf-schwarzkopf.de
info@schwarzkopf-schwarzkopf.de